"十三五"高职高专经济与管理校企合作系列规划教材

现代物流管理基础

XIANDAI WULIU GUANLI JICHU

"十三五"高职高专经济与管理校企合作系列规划教材编委会

顾　　问　樊行健（西南财经大学原副校长、博士生导师、会计学教授）

主　　任　王媚莎

副 主 任　程忠国　谢宗云

编　　委　李越恒　李立新　阚文婷　覃常员

　　　　　邱漠河　李佩珍（企业）　戴玉林（企业）

本书编委会

主　编　劳　健

副主编　付海青　邓　怡　李春红

广东高等教育出版社
Guangdong Higher Education Press

·广州·

内 容 提 要

本教材是一部校企合作开发的高职物流管理教材，以企业一线管理实际工作过程为依据，用项目、任务的形式重构了教学内容体系，围绕职业能力的形成组织课程内容，突出职业能力培养。

本教材共设计了9个项目，分别是：现代物流认知、物流活动构成、物流信息技术基础、物流系统、物流综合管理、企业物流、物流客户管理与第三方物流、国际物流和多式联运与集装物流系统。

本教材可作为物流、电子商务、工商管理、国际经济与贸易和供应链管理等专业的教学用书，也可作为企业培训和企业专业人员的参考书。

图书在版编目（CIP）数据

现代物流管理基础/劳健主编. —广州：广东高等教育出版社，2016.9
ISBN 978 - 7 - 5361 - 5704 - 0

（"十三五"高职高专经济与管理校企合作系列规划教材）

Ⅰ. ①现… Ⅱ. ①劳… Ⅲ. ①物流管理 - 教材 Ⅳ. ①F252

中国版本图书馆 CIP 数据核字（2016）第 193202 号

出版发行	广东高等教育出版社
	社址：广州市天河区林和西横路
	邮编：510500 营销电话：(020) 87554152 87553735
	http://www.gdgjs.com.cn
印 刷	佛山市迎高彩印有限公司
开 本	787 毫米×1 092 毫米 1/16
印 张	13.75
字 数	334 千
版 次	2016 年 9 月第 1 版
印 次	2016 年 9 月第 1 次印刷
定 价	32.00 元

总　序

　　我国经济发展从"低端制造"向"精品制造"转型升级的关键是大力发展高等职业教育，高职院校已成为高素质产业大军的重要培养基地，成为契合产业升级、发展经济的中坚力量。但据国家统计局公布的统计数据显示，我国当今技能劳动者仅占就业人员的19%，高技能人才的数量不足5%，高职院校肩负着为社会输送高端技能型人才的历史重任。我国自1999年大规模创办高等职业教育以来，教育部先后出台了一系列重要文件，对高职教育改革发展及人才培养等方面提出了明确的要求。

　　我国高职教育起步晚、基础弱，需要学习、借鉴、创新与改革，教材改革是高职教育改革的重要组成部分。教材作为体现高职教育特色的知识载体和教学工具，直接关系到高职院校能否培养出符合社会要求的高端技能型人才。

　　为适应我国经济发展和就业形势的需要，我们联合广东及兄弟省份20多所高职院校经管类专业教师共同筹划出版经济与管理系列教材。为编写本套系列教材，我们成立了由经管类行业企业专家、企业管理人员、高职院校经管类专业教师组成的教材编委会。在组编教材过程中，我们做了大量的前期工作，如：认真研读国家教育部关于高职教育改革的文件，领会主要精神；深入调研，了解社会与企业对经管类专业人才的需求与要求；分析当前教材编写存在的问题，总结经验，构建教材编写思路等。

　　本套经管类系列教材涵盖财务会计、工商企业管理、市场营销、金融管理、投资理财、物流管理、电子商务、连锁经营等10多个专业，涉及经管类专业主干课程所需要的教材30余部。教材编委会统一教材编写体例，分期分批推进出版。总体来看，本套教材具有以下特点：

1. 理论与实践并重，突出能力培养

　　现代高职教育要求理论教学与实践教学并举，重视实践教学，突出能力培养，要求学生做到既要具有一定的理论基础，同时，要具备一定的实践操作能力。因此，我们在设计教材内容时，尽可能做到理论知识内容完整、够用，同时，通过一定数量的项目实训，训练同学们运用有关理论解决实际问题，提高同学们发现问题、分析问题与解决问题的能力。以基于工作岗位、工作任务、行动导向为基本出发点，"教学做"一体，理论与实践并重，突出能力培养。

2. 教材体例符合高职教育规律

本套教材编写体例基本上是按照能力与知识目标要求、情景案例导入、相关知识链接、项目操作与实训等逻辑顺序安排教材内容。课程项目化，项目任务化，在教材体例及行文逻辑方面，注重符合条理性强、思路清晰且缜密的要求。同时，教材中植入了大量与专业课程相关的案例、事例或情景，包括导入式、说明式、启发式、分析讨论式等各种案例、事例或情景，以培养学生运用知识的能力。

3. 行业、企业与学校三方联合，共同开发

编写本套系列教材，我们成立了由经管类行业企业专家、企业管理人员、高职院校经管类专业教师组成的教材编委会。行业企业专家和企业管理人员参与教材的指导及讨论工作，在反复的调研、分析与讨论的基础上，构建教材内容与编写体例，力求教材理论与实训内容切合实际需要，力求反映高职教育教学规律。

4. 教材内容与职业技能鉴定内容对接，与职业资格证书考试对接

在编写本套教材时，主编及参编人员认真研读相应专业的职业技能鉴定及职业从业资格考试的内容与要求，设计教材内容，使教材内容与职业技能鉴定内容对接，与职业资格证书考试对接。学好课程知识，为以后参加相应职业资格考试和实现高质量就业，带来相应帮助。

5. 反映专业领域新发展

经管类专业知识更新换代快，客观要求我们及时更新教学内容。一方面，我们密切关注专业领域最新动态与成果，同时，我们认真研究同类教材，汲取其科学合理的成分，坚持创新与汲取相结合的原则。根据专业实际，在教材内容安排上，适当融入新理论、新思想、新方法、新技术，反映专业领域的新成果与新发展。

本套经管类系列教材在一定程度上体现了以培养高等技术应用性专门人才为根本任务，以适应社会需要为目标，以培养技术应用能力为主线，以服务为宗旨，以就业为导向，工学结合，校企结合，适应经济和社会发展需要，突出实践能力培养等高职教育教学改革要求与精神，具有一定的特色。该系列教材既可作为普通高等院校经管类专业应用型本科教材，也可作为高等职业院校和中职学校相应专业教材，企业管理人员也可根据需要选用本系列教材作为学习与培训参考用书。

本套系列教材的出版，是广东及兄弟省份众多院校合作交流的成果，教材的编写得到 20 多所高等职业院校的学校领导及二级学院领导、经管类专业带头人及骨干教师的支持和参与。行业企业专家参与教材的指导、讨论，并负责教材部分内容的撰写。教育部高职高专教学指导委员会、广东省众多行业协会、广东高等教育出版社等单位领导，对教材规划与编写提出了许多宝贵意见。我们教材编委会对大家的辛勤付出表示诚挚的谢意。

由于编写时间仓促，编著者学识、眼界及经验的局限，书中疏漏在所难免，敬请同行、专家和广大读者批评指正。

"十三五"高职高专经济与管理校企合作系列规划教材编委会

2015 年 12 月

前　　言

物流管理这门课程是高职高专院校物流管理专业中的核心基础课程之一，是一门专业必修课。如今市面上的物流管理教材，重理论传授，轻技能培养，缺乏基于岗位"教、学、做一体化"的高职物流管理教材，结合这一实际情况，有必要统一编写使用新的高职物流管理教材。本教材以企业一线管理实际工作过程为依据，用项目、任务的形式重构了教学内容体系；坚持知识的掌握服务于职业能力的构建，围绕职业能力的形成组织课程内容，以项目为载体、以工作任务为中心来整合相应的知识和技能；将教学目标分解成能力目标、知识目标和素质目标，以突出职业能力培养。

《现代物流管理基础》一书本着科学性、理论性和实用性相结合、现实性和前瞻性相结合的原则，共设计了 9 个项目，尽可能地将国外的先进理论、方法和实践经验与我国的实际需要紧密联系起来，针对经管类专业人才的培养目标，系统介绍了物流管理的理论构架，包括它的含义、性质、特点、职能、基本内容、形成发展、环境因素、基本原理、基础理论、应用和实践等问题。对现代物流管理进行了较系统、较全面的介绍，主要内容为物流管理概述、运输管理、仓储管理、配送中心管理、物流信息系统、企业物流组织、国际物流基础等，具有较高的理论研究与实操价值。

本教材吸收了国内外企业物流管理理论和技术的最新成果，可作为物流、电子商务、工商管理、国际经济与贸易和供应链管理等专业的教学用书，也可作为企业培训和企业专业人员的参考书。

在本书编写过程中，参阅了相关同行的文献资料等，在此表示衷心的感谢。

由于水平有限，书中难免存在疏漏之处，恳请专家、读者批评指正。

编　者

2015 年 12 月 15 日

目　录

项目一　现代物流认知

项目二　物流活动构成

项目三　物流信息技术基础

项目四　物流系统

项目五　物流综合管理

项目六　企 业 物 流

项目七　物流客户管理与第三方物流

项目八　国 际 物 流

项目九　多式联运与集装物流系统

项目一
现代物流认知

能力目标

1. 了解物流业的发展。
2. 了解物流所涵盖的传统行业和它们之间的有机关联。
3. 了解物流作为第三利润源的新兴产业将对我国国民经济发展所带来的巨大影响。

知识目标

1. 了解物流概念及物流管理的基本概念。
2. 理解物流理论及物流观念。
3. 了解物流的基本构成要素。
4. 理解现代物流业。

情景导入

2002 年，某物流公司的创始人在天津市某货运中心投资 200 万成立了该公司。

时光荏苒，十年时间弹指一挥间，如今，该公司早已羽翼丰满、身强体壮，成为天津物流界的翘楚，不仅取得骄人的业绩，而且积攒了雄厚的实力和行业内的声望，赢取了众多客户。

之所以有如此成就，是因为该公司"出生"合法，值得信赖。十年前，经过天津市运输局批准，该公司在市工商局经过正规注册获得"准生证"，开始经营物流服务。

据相关信息，该公司现在主要从事货物运输、包车零担、长短途搬场搬家、行李托运、货物包装等业务，已经开设了从天津到全国各地的多条线路。

1. 设备车辆齐全，公司制度严谨科学

作为私营服务企业，市场是检验企业战斗力和生存力的试金石。该公司从成立之日起就无比重视服务质量，从硬件和软件两方面不断提升自己。

本着"诚信为本、客户至上、运价合理、安全快捷"的服务宗旨，该公司经过十年的积累和发展，目前已经具备强大的运输实力。不仅拥有 50 余部运输车辆，还不断创新，总结积累经验，结合先进的管理理念和科学的管理方法，配备信息化管理，能为广大客户提供低成本、安全可靠、高效运输、仓储配送一体化的服务。

不仅如此，人才始终是企业发展的不竭动力。在人才储备上，该公司同样走在业界前列。公司在不断创立最佳服务质量信誉、最佳企业形象的同时，超前完成了设备更新、人才培训的工作。现公司已打造了一支精力充沛、技术娴熟、经验丰富的驾驶员队伍和一批以"顾客至上"为理念的资深货运管理专家及认真敬业的工作人员，阵容强大，管理严格。

凭借着雄厚的硬软件综合实力，该公司业务范围扩展到普通货物运输、商品车专业运输、长短途整车、零担运输、厂家搬家、长途个人搬家和货物包装等，可以为客户提供全国各大城市整车零担的公路货物运输、仓储、城市派送等物流服务，其卓越的物流服务和严格的业务管理流程赢得了信誉，能时刻让客户身心体会到方便、安全、快捷、舒心和放心。

该公司把"坚持诚信"作为发展的前提和基础，把"顾客至上，服务好客户"作为公司的最大目标，把"持续改进"作为公司前进和发展的动力。这些都为他们争取客户、扩大影响力起了重要作用。

2．开创新模式，引领物流行业发展

为了做好物流本业，为客户提供更高质量的服务，该公司建成了天津至全国各地物流专线业务的货物运输业务物流专线。

据悉，货物运输业务物流专线是指生产经营企业为集中精力搞好主业，把原来靠自己处理的物流专线活动，以合同方式委托给专业物流专线服务企业，同时通过信息系统与物流专线企业保持密切联系，以达到对物流专线全程管理与控制的一种物流专线运作与管理方式。

经过长期的实验和摸索，该公司这种经营模式已经逐渐成熟，渐渐具备了以下五个特征。

（1）关系契约化。首先，天津至全国各地轿车物流业务的运输业务物流专线是通过契约形式来规范物流专线经营者与物流专线消费者之间关系的。物流专线经营者根据契约的规定，提供多功能、全方位、一体化的物流专线服务，并以契约形式规范物流服务活动及其过程。其次，天津至全国各地轿车物流业务的运输业务物流专线发展的物流专线联盟也是通过契约的形式来明确各物流专线联盟参加者之间的权责利相互关系的。

（2）服务个性化。首先，不同的物流专线消费者存在不同的物流服务要求，天津至全国各地轿车物流业务的运输业务物流专线公司需要根据不同物流专线消费者在企业形象、业务流程、产品特征、顾客需求特征、竞争需要等方面的不同要求，提供针对性强的个性化物流专线服务和增值服务。其次，从事天津至全国各地轿车物流业务的运输业务物流专线的经营者也因为市场竞争、物流专线资源、物流专线能力的影响需要形成核心业务，不断强化所提供物流专线服务的个性化和特色化，以增强物流专线市场竞争能力。

（3）功能专业化。天津至全国各地轿车物流业务的运输业务物流专线所提供的是专业的物流专线服务。从物流专线设计、物流专线操作过程、物流专线技术工具、物流专线设施到物流专线管理必须体现专门化和专业水平，这既是物流专线消费者的需要，也是天津至全国各地轿车物流业务的运输业务物流专线自身发展的基本要求。

（4）管理系统化。天津至全国各地轿车物流业务的运输业务物流专线应具有系统的物流专线功能，是天津至全国各地整车零担业务的运输业务物流专线产生和发展的基本要求。天津至全国各地轿车物流业务的运输业务物流专线需要建立现代管理系统才能满足运行和发展的基本要求。

（5）信息网络化。信息技术是天津至全国各地轿车物流业务的运输业务物流专线发展的基础。在物流专线服务过程中，信息技术发展实现了信息实时共享，促进了物流专线管理的科学化，极大地提高了物流专线效率和物流专线效益。

值得关注的是，多部委日前发布了关于促进物流行业发展的意见。该意见强调要鼓励民资进入物流行业。有这样的利好政策，相信该公司的未来必然会如虎添翼，再创佳绩。

◉讨论与分析：

该物流公司为什么能快速发展起来？总结该公司经验，提炼现代物流业应该如何把握方向。

任务一 物流认知

一、物流概念及发展

1. 早期物流概念

"物流"一词最早出现于美国，1915 年阿奇·萧在《市场流通中的若干问题》中，指出"物流是与创造需要不同的一个问题""物资经过时间或空间的转移，会产生附加价值"。在物流发展的早期阶段，人们主要从有利于商品销售的目标出发，探讨怎样加强"物资分布过程"管理，有效地进行"物资配给"。

（1）"后勤学"理论。

二战期间，美国军队围绕战时物资供应问题，建立了"后勤学"理论。将战时物资的采购、生产、运输、分拨、配给等活动作为一个整体进行统一部署，以求战略物资补给的速度更快、质量更好、成本更低。"后勤学"逐渐成为单独学科，并演变为"后勤工程学""后勤管理学"等。

（2）商业后勤学。

战后军事后勤学的理论方法被引入到商业领域，被称为"商业后勤学"，其含义为"包括原材料的流通、产品分配、运输、购买与库存控制、用户服务等业务活动"。这是一个范围更为广泛的物流概念，包括供应物流、生产物流和销售物流。

（3）物流学。

在物流的发展过程中，许多机构及专家学者从不同角度以各自的理解与表述方法给出物流的定义。

1963 年，世界上第一个物流专业组织——美国物资流通管理协会对物流管理下了定义（简称"63 定义"）：物流管理是为了计划、执行和控制原材料、在制品库存及制成品从起源地到消费地的有效率的流动而进行的两种或多种活动的集成。这些活动可能包括但不仅限于顾客服务、需求预测、交通、库存控制、物料搬运、订货处理、零件及服务支持、工厂及仓库选址、采购、包装、退货处理、废弃处回收、运输、仓储管理。

从 1963 年到 2003 年，美国对物流的定义进行了五次更新（即 63 定义、86 定义、98 定义、02 定义、03 定义）。

2003 年，美国物流管理协会（CLM）对物流的定义为：物流是供应链管理的一部分，是对货物、服务及相关信息从起源地到消费地的有效率、有效益的正向和反向流动和储存进行的计划、执行和控制，以满足顾客要求。

从美国物流协会 2003 年对物流的重新定义，可以看出物流被包括在供应链管理范围之内，是供应链管理的一部分。物流活动一般包括进向和去向的运输管理、车队管理、仓储、物料搬运、订单履行、物流网络设计、库存管理、供应、需求规划、第三方物流服务商管理。在不同程度上，物流活动也包括采购、生产计划与排程、包装与装配、客户服务。

从 2005 年 1 月 1 日起，美国物流协会已正式更名为美国供应链管理专业协会（CSC-MP）。这意味着在美国，物流已全部融入了供应链管理，供应链管理在企业的地位日益崇高，供应链管理人士的活动范围日益广泛，对企业价值的贡献得到了公认。

日本日通综合研究所的定义为：物流是物质资料从供给者到需要者的物理性移动，是创造时间性、场所性价值的经济活动。

中国关于物流术语的国家标准（GB/T 18354—2001）定义为：物品从供应地向接收地的实物流动过程。根据需要，将运输、储存、装卸、搬运、包装、流通加工、配送、信息处理等基本功能实施有机结合。

对物流定义的表述方法虽然有所不同，但这些概念描述有如下共同要点。

（1）物流的研究对象是贯穿生产领域和流通领域的一切产品流及有关的信息流，研究的目的是对其进行科学的计划、管理与控制。

（2）物流的作用是将产品由供给主体向需求主体转移（包括物品的废弃与还原），在这一转移过程中创造空间价值和时间价值。

（3）物流活动包括运输、仓储、装卸搬运、包装、流通加工、配送及信息服务等主要功能活动。

2．现代物流的发展过程

（1）物流活动的发展阶段。

物流发展也反映经济社会的发展，是人们在不同时期对物流认识程度的反映。物流的发展过程大体上经历了三个不同的阶段，即分拨阶段、开发阶段和现代化阶段。

①物流分拨阶段。

物流分拨阶段是指 20 世纪 50 年代前后的一段时间。如日本在第二次世界大战后的国民经济恢复初期，物流尚未被人们认识，运输、储存、包装等物流环节在流通过程中基本上是分散管理的，而生产过程中的物流活动更未引起重视。为此，日本组织考察团去美国进行实地考察，引进物流管理技术，并将"物资分拨"起名为"物流"。

②物流开发阶段。

物流开发阶段的标志是经济学界和实业界对物流的重要性有了较为深刻的认识，并推动整个经济社会的物流开发。这一阶段大体上在 20 世纪 60 年代至 70 年代。在 70 年代中期出现的经济衰退，迫使企业更加重视降低成本，以提高商品的竞争力，但其着眼点是从生产领域转向了流通领域，通过流通开发、改进对顾客的服务和降低运输费用、存储费用来增加利润。

③物流现代化阶段。

这一阶段，在物流研究和管理方面的特点是把物流各项职能作为一个系统进行研究，从整体上进行开发。在美国，加强物流系统的管理被视为美国"再工业化"的重要因素。日本设立了专门机构来统筹全国的物流活动，使物流系统化、综合化、协调化有了很大的发展，物流现代化水平明显提高。

（2）我国物流的发展。

我国物流的发展与我国的经济发展水平、经济结构、技术发展状况有关。并且与我国的经济体制变革有关。自新中国成立以来，我们的物流发展大体可分为四个阶段。

①第一阶段：初期发展阶段（1949—1965年）。

这一时期，新中国成立时间不长，国民经济尚处在恢复发展时期，工农业生产水平较低，经济基础较薄弱，并且出现了重生产、轻流通倾向。物流处于起步阶段，表现为：在生产和流通部门建立了为数不多的储运公司和功能单一的仓库；运输业处于恢复和初步发展时期；搬运和仓储环节比较落后。

②第二阶段：停滞阶段（1966—1977年）。

1966年开始的"文化大革命"，给国家经济、政治及其他方面造成了严重破坏。物流的发展也遇到了同样情况，物流理论的研究和物流实践基本处于停滞状态。

③第三阶段：较快发展阶段（1978—1990年）。

十一届三中全会以来，随着改革开放步伐的加快，我国开始从计划经济向市场经济过渡，国民经济特别是物流业得到了较快发展，运输业、仓储业、包装业的发展较快，新建了大量的铁路、公路、港口、码头、仓库、机场等，尤其是有关物流学术团体在此期间都相继成立，积极有效地组织开展国内国际物流学术交流活动，了解和学习国外物流管理先进经验。中国物资流通学会于1989年5月在北京成功地承办了第八届国际物流会议，对我国的物流发展起了促进作用，一些物流学的专著和译著也出版发行，人们在观念上逐步改变了孤立地看待包装、装卸、运输、保管、信息情报等环节的情况，开始以系统的观点对它们的作用进行研究。

④第四阶段：高速发展阶段（1991年至今）。

1991年以后，我国国民经济进入高速发展时期，科学技术的迅速发展，信息技术的普及应用，消费需求个性化趋势的加强和竞争机制的建立，使得我国的工商企业，特别是中外合资企业，为了提高竞争力不断提出新的物流需求，我国经济界开始把发展物流业提到了重要议事日程。在此期间，我国加快了物流系统的建设，促使其向标准化、国际化方向发展。

二、物流理论及物流观念

1. 物流的商物分离说

商品从生产领域到消费领域的转移过程称为商品流通。在这个过程中，有商流和物流两个方面的活动。一是商品价值的转移，即商品所有权的转移；另一个是商品使用价值的转移，即商品实体转移。我们把前者称为商流，把后者称为物流。商流和物流的统一，构成了商品流通。

（1）商流的概念。

①商流。

对象物所有权转移活动称为商流。在商流中的物资也称为商品，商流活动一般称为贸易或交易。商品通过交易活动由供给方转让给需求方，这种转让是按价值规律进行的。商流的研究内容是商品交换的全过程，具体包括市场需求预测、计划分配与供应，以及货源组织、订货、采购调拨、销售等。其中既包括贸易决策，也包括具体业务及财物的处理。

②物流。

物流是指实物从供给方向需求方的转移，这种转移既要通过运输或搬运来解决空间位置的变化，又要通过储存保管来调节双方在时间节奏方面的差别。物流中的"物"泛指一切物质资料，有物资、物体、物品的含义，而物流中的"流"泛指一切运动形态，有移动、运动、流动的含义，特别是把静止也作为一种形态。物流系统中的"物"不改变其性质、尺寸、形状。也就是说物流活动和加工活动不同，不创造"物"的形质效用，但是它克服了供给方和需求方在空间维和时间维方面的距离，创造了空间价值和时间价值，在社会经济活动中起着不可缺少的作用。例如山西省的煤，埋藏在深山中时和泥土、石块等自然物一样，只有经过采掘、输送到北京等地才能用来作为发电、取暖的燃料，成为重要的物资。它的使用价值是通过运输克服了空间距离才得以实现的，这就是物流的空间效应。又如，大米的种植和收获是季节性的，多数地区每年收获一次。但是对消费者而言，作为食品，每天都要消耗，必须进行保管以保证经常性的需要，供人们食用以实现其使用价值。这种使用价值是通过保管克服了季节性生产和经常性消费的时间差后才得以实现的。这就是物流的时间效应。

③商流和物流的关系。

商流和物流都是流通的组成部分，两者结合才能有效地实现商品由供方向需方的转移过程。一般在商流发生之后，即所有权的转移达到交易之后，货物必然要根据新货主的需要进行转移，这就导致相应的物流活动出现。物流是产生商流的物质基础，商流是物流的先导。两者相辅相成，密切配合，缺一不可。只有在流通的局部环节，在特殊情况下，商流和物流可能独立发生，一般而言，从全局来看，商流和物流总是相伴发生的。

（2）商物分离。

尽管商流和物流的关系非常密切，但是它们各自具有不同的活动内容和规律。在现实经济生活中，进行商品交易活动的地点，往往不是商品实物流通的最佳路线的必经之处。如果商品的交易过程和实物的运动过程路线完全一致，往往会发生实物流路线的迂回、倒流、重复等不合理现象，造成资源和运力的浪费。商流一般要经过一定的经营环节来进行业务活动，而物流则不受经营环节的限制，它可以根据商品的种类、数量、交货要求、运输条件等，使商品尽可能由产地通过最少环节、以最短的物流路线、按时保质地送到用户手中，以达到降低物流费用、提高经济效益的目的。综上所述，在合理组织流通活动中，实行商物分离的原则是提高社会经济效益的客观需要，也是企业现代化发展的需要。

2. 物流的"黑大陆"说

著名的管理学权威彼得·德鲁克曾经说过："流通是经济领域里的黑暗大陆。""黑大陆"在此主要是尚未认识、尚未了解的意思。如果理论研究和实践探索照亮了这块"黑大陆"，那么摆在人们面前的可能是一片不毛之地，也可能是一片宝藏之地。"黑大陆"的说法也是对物流本身的正确评价，这个领域未知的东西还很多，理论和实践皆不成熟。

3. "物流冰山"

"物流冰山"是日本早稻田大学西泽修教授提出来的，他在专门研究物流成本时发现，现行的财务会计制度和会计核算方法都不可能掌握物流费用的实际情况，因而人们对物流费用的了解是一片空白，甚至有很大虚假性，他把这种情况比作"物流冰山"。冰山的特点是大部分沉在水面之下，而露出水面的仅是冰山一角。物流成本便是一座冰山，沉在水面以下的是我们看不到的黑色区域，而我们看到的不过是物流成本的一部分。

4. 第三利润源

第三利润源的说法主要出自日本。

第三利润源是对物流潜力及效益的描述。经过半个世纪的探索，人们已肯定这"黑大陆"虽看不清，但绝不是不毛之地，而是一片富饶之源。尤其是经受了1973年石油危机的考验，物流已牢牢树立了自己的地位，今后的问题是进一步的开发。

从历史发展来看，人类历史上曾经有过两个大量提供利润的领域。第一个是资源领域，第二个是人力领域。

资源领域的利润起初是靠廉价原材料、燃料的掠夺或获得而产生的。其后则依靠科技进步、节约消耗、节约代用、综合利用、回收利用、大量人工合成资源而获取高额利润。习惯称之为第一利润源。

人力资源最初是依靠廉价劳动，其后则有赖于科技进步来提高劳动生产率、降低人力消耗或采用机械化、自动化来降低劳动耗用，从而降低成本，增加利润。这个领域习惯称作第二利润源。

在前两个利润源潜力越来越小、利润空间越来越有限的情况下，物流领域的创利潜力被人们所重视，按时间顺序称为第三利润源。

5. 效率背反观念

效率背反是物流领域中很普遍的现象，也是这一领域中内部矛盾的反映和表现。例如，包装问题，包装方面每少花一分钱，这一分钱就必然转到收益上来，包装越省，利润则越高。但是，一旦商品进入流通之后，如果简单的包装降低了产品的保护效果，造成了大量损失，就会使存储、装卸、运输功能要素的工作劣化和效益大减。显然，包装活动的效益是以其他的损失为代价的。我国流通领域每年因包装不善出现的上百亿元的损失，就是这种效益背反的实证。

6. 服务中心认识

服务中心认识代表了美国和欧洲等一些国家学者对物流的认识。这种认识认为，物流活动最大的作用，并不在于为企业节约了消耗、降低了成本或增加了利润，而是在于提高企业对客户的服务水平，进而提高了企业的竞争能力。因此，他们在使用描述物流的词汇上选择了"后勤"一词，特别强调其服务保障的职能。通过物流的服务保障，企业以其整体能力来压缩成本和增加利润。

三、物流产业发展的趋势

1. 物流业整合

（1）物流功能的整合。

物流的服务范围不断扩大，物流企业不仅要为货主提供优质的服务，而且要具备运输、仓储、进出口贸易等一系列知识，深入研究货主企业的生产经营；一体化配送中心也不单单是提供仓储和运输服务，还必须开展配货、配送和各种提高附加值的流通加工服务项目及提供客户需要的其他服务。因此，单一的运输、仓储等功能的简单叠加已不能满足需要，物流功能的整合是物流业的发展方向。

同时也应看到，尽管物流企业经营向着综合化、集约化发展，但多数仍保持了其专业化特点，具有突出的主业物流。事实上，综合化与专业化并不矛盾，为了适应市场，企业会选择综合化发展方向；为了保持其所擅长领域的领先地位，甚至是统治地位，企业会突出主业，选择专业化发展方向。从营销学的角度看，即产生了"多元化""细分化"两种市场经营战略。

企业追求的是全面、系统的综合物流效果，而不是单一的、局部的物流效益。物流功能整合后的供应链系统，完全适应了流通业的经营理念，使未来的产业分工更加精细，产销分工日趋专业化，大大提高了社会的整体生产力和经济效益，使流通业成为整个国民经济的活动中心。

（2）物流资源和市场的整合。

物流服务的全球化是今后发展的趋势，作为全球化的生产企业要在世界范围内寻找原材料、零部件来源，必须选择一个适应全球分销的物流中心及集散仓库，随即将第三方物流网络带入全球市场。国际运输企业之间开始形成的战略联盟，使全球物流能更便捷地进行，全球范围内的物流设施得到充分的利用，有效降低运输成本，从而实现物流资源和市场的整合。

2. 物流联盟

物流联盟横向联盟是指两个或多个物流企业为实现特定的目标，达到比单独从事物流活动所取得的效果更好的效果，而形成的基于长期互利协定关系的、相互信任的物流伙伴关系，它是 21 世纪物流业的主要经营形式。

（1）纵向联盟。

纵向联盟是指物流业务系统中的企业，因不存在同类业务的市场竞争，而与上游或下游物流企业之间形成的分工合作关系。纵向合作经营的基础是物流业务互补前提下的资源共享。纵向物流合作经营最典型的模式是专门从事运输业务的企业与专门从事仓储业务的物流企业之间的合作。纵向合作经营使社会物流资源得以整合，物流企业分工更专业化。

（2）横向联盟。

横向联盟是指彼此相互独立地从事相同物流业务的物流企业之间的合作经营关系。横向合作经营的基础是地域市场划分前提下的资源共享。横向合作经营是将不同产业企业生产经营的商品集中起来，通过物流或配送中心达成企业间物流管理的协调与规模效益性，如建立物流园区。

（3）网络化联盟。

网络化联盟是指物流企业间既有纵向合作也有横向合作的全方位合作经营模式。网络化合作经营有着纵向和横向合作各自的特点，是最常见的合作经营方式，一般不完全资产型物流企业都采用这种合作方式。

现代物流业在我国正处于快速发展的新时期，这既给国民经济带来新的效益增长点，又给我们带来了新的挑战。物流时代这种发展态势一定会使我国在经济、技术、文化等各个方面出现更大的进步。

3. 物流管理的职业领域

物流管理的职业领域涉及许多现有的行业及领域，按照我国的产业结构特点和我国现行的职业划分进行分类，我们可将目前被大众接受的物流从业基本类型（职业领域）

及能力要求归入表 1 - 1。

表 1 - 1 我国物流从业基本类型（职业领域）及能力要求

序号	从业人员	职业类型	能力要求	学历要求
1	操作人员	包装员、驾驶员、分拣员、验货员、仓管员、装卸搬运人员等	驾驶证等相关资格证书	高中（中职）或以上文化程度
2	国际物流人员	报关员、报检员、国际货代员、单证员、外销员等	报关员证书或其他相关资格证书	大专、高职或以上文化程度
3	物流管理人员	物流经理、高级物流师等	物流师或企业经理资格证书	大学本科或以上文化程度
4	物流工程人员	配送工程师、包装工程师、机械工程师等	工程师或其他相关中级专业技术职务资格证书	大学本科或以上文化程度
5	物流信息技术人员	软件开发人员、软件维护人员等	软件、网络工程师或技师资格证书	大专、高职或以上文化程度
6	物流规划人员	物流规划师、交通规划师、物流系统分析师等	物流规划师、经济师或其他中级以上专业技术职务证书	大学本科或以上文化程度
7	物流教育及咨询人员	物流教师、物流咨询师、物流策划师等	物流专业讲师、经济师、工程师或其他中级以上专业技术职务证书	大学本科或以上文化程度

任务二　现代物流业

一、现代物流业

当今，物流业已经成为促进世界经济发展的主体行业，物流是国民经济的基础之一，物流通过不断输送各种物质产品，使生产者不断获得原材料、燃料，以保证生产过程的正常进行，同时不断将产品运送给不同的需要者，以使这些需要者的生产、生活得以正常进行。20 世纪 90 年代以后，物流在国民经济中越来越多地表现为一个独立的、综合的业种——现代物流业。

1. 现代物流的构成要素

我国物流标准明确提出物流的定义：物流是物品从供应地向接收地的实体流动过程。

根据实际需要，将运输、储存、装卸、搬运、包装、流通加工、配送、信息处理等基本功能实施有机结合。由此可以看出，现代物流的构成要素不同于传统物流，不仅有实现物品实体空间位移的运输要素和实现时间变化的储存要素，而且更有保证物流顺利进行以及实现物流高效率的装卸、搬运、包装、流通加工、配送、信息处理等要素，它们相互联系、相互制约。

（1）包装。

包装功能要素是指产品在运输和保管过程中乃至延伸至其前的生产过程和其后的销售过程中，为了保证产品的价值和形态所开展的物流活动。

（2）装卸、搬运。

装卸、搬运功能要素是指发生在物流全过程中的物品取放活动，它具有将物流各环节相互衔接的功能。

（3）运输。

运输功能要素是指运用一切可能的手段，使物品发生场所或者空间位移的物流活动，这种手段可以是各类交通工具，也可以是相对固定的输送管道和传输带。

（4）保管。

保管功能要素是指和物品储存管理相关的物流活动，它是创造商品在生产者和消费者之间时间价值的主要手段。

（5）流通加工。

流通加工功能要素是指当产品进入流通领域后，为了促进销售、保证产品合格率、实现物流高效化而进行的产品后加工活动。

（6）配送。

配送功能要素是指进入最终阶段的物流环节，包括运用集货、理货、配货、送货等方式开展的一种小型的综合物流活动，它涉及其他各功能要素的内容。

（7）物流情报。

物流情报功能要素是指为了物流系统正常运转而开展的相关信息搜集、传输、处理、储存的一切活动的总称，是现代物流区别于传统物流的标志性功能要素。在物流各环节的活动中，会产生大量的信息，如车辆选择、线路选择、库存决策、订单管理等，同时还有来自物流系统以外的信息，如市场信息、商品交易信息等，要提高物流服务水平，必须有准确的信息保证。

在上述7个功能要素中，运输和保管分别解决了生产者和消费者之间的空间和时间的分离倾向，是物流创造"场所价值"和"时间价值"的主要功能要素，因而在现代物流业中处于主导地位。

2. 现代物流业的分类

社会经济领域中的物流活动无处不在，对于各个领域的物流，虽然其基本要素都存在且相同，但由于物流对象、物流目的和物流范围、范畴的不同，形成了不同的物流类型。这些类型的划分为我们开展物流研究提供了较大的方便，主要分类方法如表1-2所示。

表1-2　物流的分类

分类标准	物流类别
按层次和作用分类	供应物流 生产物流 销售物流 回收物流 废弃物流
物流活动范围	国际物流 区域物流 城市物流 企业物流
物流作业对象	专项物流 综合物流

二、物流构成要素

研究物流过程，可以抽象出流体、载体、流向、流量、流程、流速共6项最基本的构成要素。

1．流体

流体是指物流中的物流实体。流体具有自然属性和社会属性两类不同的属性。自然属性是指流体的物理、化学、生物学属性，物流管理的任务之一和物流服务质量的重要体现就是流体的自然属性不受损坏，因此，在物流过程中应根据流体的自然属性合理安排运输、仓储、装卸、配送等物流作业，组织进行流体的检验及养护。社会属性是指流体所具有的价值属性，以及产品的生产者、采购员、物流业者、销售者之间的各种关系。单位体积或质量流体的价值量越大，物流过程组织越要精心，越要追求提高物流效率。物流活动的目的是实现物流由供应者向需求者的流动，尽管在这一过程中，部分流体可能不止一次地处于仓储状态。从流动的意义上说，仓储过程是流速为零的一种流动形式，因此可以说，液体总是处于不断流动的过程中。

2．载体

载体是指物流过程中流体借以实现流动的设施和设备。物流载体可以分成两大类。第一类载体指物流基础设施，主要指各类固定基础设施，如铁路车辆、公路路线、水运航道、港口码头、货运场站机场等。第二类载体指以各种固定设施为基础，直接承载运送流体的各种设备，集装器具，包装、加工机械设备等。

3．流向

流向是指流体从起点到终点的流动方向。物流流向通常可以分为如下4种：

（1）自然流向。根据产销关系所确定的商品的流向。商品从其产地流向销地，表明对该产品的客观需要。

（2）计划流向。根据流体经营者的商品经济计划而形成的商品流向，即商品从供应地流向需求地。

（3）市场流向。根据市场供求关系和价值规律所确定的商品流向。

（4）实际流向。在物流过程中流体实际发生的流向。在物流运作过程中，上述几种流向有可能相互重叠，但由于主客观多种因素的影响，也可能导致流体的实际流向与其他流向发生偏离。物流科学通过对产销关系、供求关系的研究，深刻认识和准确把握流向的变化规律，提高计划制订和物流组织管理水平，努力做到实际流向与计划流向、市场流向及自然流向相一致，以达到优化配置物流资源、合理规划物流流向、提高物流运作效率、降低物流成本的目的。

4．流量

流量是指流体在一定流向上通过载体的数量表现。物流流量与流向是紧密相关、不可分割的两大要素，每一流向都有一定的流量与之相对应。因此，可参照流向的分类方法对流量进行分类，即分为自然流量、计划流量、市场流量和实际流量 4 类。此外，根据流量自身的特点，还可按实际流量和理论流量对流量进行分类。实际流量是指物流过程实际发生的物流产量，按不同分类标准又可细分为很多种，其中最基本的为 6 种：其一是按照流体类别统计的流量；其二是按照载体统计的流量；其三是按照流向统计的流量；其四是按照流程统计的流量；其五是按照发运人统计的流量；其六是按照承运人统计的流量。此外，还有按流体价值系数、按流速要求统计的流量，以及由上述各种分类方法相组合进行复合统计的更多种类的流量。

5．流程

流程是指流体通过载体在一定流向实现空间位移的数量表现。流量的大小对物流成本水平及物流载体形式的选择等有重要影响。与流量的分类方法相同，流程可以分为自然流程、计划流程、市场流程与实际流程，也可分为理论流程和实际流程。理论流程通常为可运行路径中的最短路；实际路径又可分为按流体统计、按载体统计、按流向统计、按发运人统计 4 种基本类型，以及通过不同组合进行复合统计的更多种类的流程。

6．流速

流速是指流体通过载体在一定流程上的速度表现。流速与流向、流量、流程是构成物流的四大量化要素，是衡量物流效率和效益的重要指标。

上述物流六大要素之间存在紧密的相互联系，在一定物流系统规划和组织物流流动活动中要注意分析和处理好这些要素之间的关系，以确保提升物流服务水平，降低物流成本，提高物流效率和效益。

知识与技能训练

一、知识题

1. 名词解释

物流　流体　载体　流向　流量　流程　流速

2. 填空题

（1）中国关于物流术语的国家标准（GB/T 18354—2001）定义为：物品从（　　）向（　　）的实物流动过程。根据需要，将运输、储存、装卸、搬运、包装、流通加工、配送、信息处理等基本功能实施有机结合。

（2）物流的发展过程，大体上经历了三个不同的阶段，即（　　）、（　　）和（　　）阶段。

（3）我国物流的发展大致经历了（　　）、（　　）、（　　）、（　　）四个阶段。

（4）研究物流过程，可以抽象出（　　）、（　　）、（　　）、（　　）、（　　）、（　　）共6项最基本的构成要素。

（5）现代物流的构成要素不同于传统物流，不仅有实现物品实体空间位移的（　　）和实现（　　）的储存要素，而且更有保证物流顺利进行以及实现物流高效率的（　　）、（　　）、（　　）、（　　）、（　　）、（　　）等要素，它们相互联系、相互制约。

3. 选择题（单选或多选）

（1）商品从生产领域到消费领域的转移过程称为商品流通。在这个过程中，有（　　）和（　　）两个方面活动。

A. 商流　　　　　B. 物流　　　　　C. 资金流　　　　　D. 信息流

（2）下列活动（　　）不属于物流范畴。

A. 属于物品物质实体的流动　　　　　B. 不属于经济活动的物质实体流动

C. 商流所有权转移和物流的实体位置转移　　　　　D. 属于经济活动的物质实体流动

（3）现代物流业的分类，按物流活动范围，可分为（　　）。

A. 国际物流　　　　　B. 区域物流　　　　　C. 城市物流　　　　　D. 企业物流

（4）下列说法正确的是（　　）。

A. 物流所要"流"的对象是有形物品和无形物品

B. 只有物品物理位置发生变化的活动，如运输、搬运、装卸等活动才属于物流活动

C. 物流是从某个企业原材料的供应、储存、搬运、加工、生产直至产成品的销售整个过程

D. 物流不仅仅研究物的流通与储存，还研究伴随着物的流通与储存而产生的信息处理

4．思考题

（1）什么是物流？你对物流概念及内涵如何理解？

（2）什么是商流？举例说明商流与物流的关系，并说明商物分离的意义。

（3）物流的基本构成要素有哪些？

（4）眼下有些个体户买辆运输车就自称为物流公司，对吗？

（5）中国如何发展物流产业才能适应国民经济的需要？

二、实训题

主题：物流认知

内容：主要带领学生进入实习实训基地进行认识性实习。

目的与要求：通过认识实习，使学生能够对现代物流企业的基本情况和一些基本的物流设备有所认识，加深学生对课程基本内容的了解，并能够根据在认识实习中所看到的情况做出一个基本总结。

步骤：

1．确定一家企业，如百世物流配送中心。

2．组织学生到企业中参观相关的仓库、设备。

3．与企业相关的指导老师和员工进行座谈，了解企业的相关情况，听取企业领导对物流行业发展状况的介绍。

4．写一份关于认识实习的总结。

项目二
物流活动构成

能力目标

1. 区分物流包装材料，根据物流特性来确定包装方式。
2. 能掌握装卸搬运合理化的要素，提高物品的装卸搬运活性。
3. 能根据物流选择运输的基本模式，避免不合理化运输。
4. 能区分储存合理化的标志，并采取有效措施保证储存合理化。
5. 能采取有效措施保证流通加工合理化。
6. 熟悉配送中心一般作业流程、配送中心的主要工作。

知识目标

1. 了解物流包装的功能和包装的分类。
2. 理解装卸搬运的特点及无效装卸搬运的种类。
3. 理解运输的基本模式、运输线路的种类、不合理化运输的表现。
4. 理解储存的形式及储存的逆作用。
5. 了解流通加工的作用、流通加工的类型。
6. 理解配送中心的管理、配送中心的结构、配送中心的基本功能。

情景导入

日前，上海市包协接待了日本包协"包装与环保"代表团，中日包装专家就包装、包装废弃物、环境等问题开展了交流，特别就当今困扰社会经济生活发展的问题开展了深层次的切磋研讨。会上日本专家向上海同行介绍了他们在产品包装减量化的先进经验，有不少案例值得我们借鉴、学习。

"他山之石，可以攻玉"，现特做介绍：

1. 索尼公司电子产品的新包装

索尼公司用四原则来推进该公司的产品包装。他们不但遵循"减量化、再使用、再循环"循环经济的"3R"原则，而且还在替代使用上想办法，对产品包装进行改进。我们来看几个实例。1998年该公司对大型号电视机的泡沫塑料材料（EPS）缓冲包装材料进行改进，采用八块小的EPS材料分割式包装来缓冲防震，减少了40% EPS的使用；有的产品前面使用EPS材料，后面使用瓦楞纸板材料，并在外包装采用特殊形状的瓦楞纸板箱，以节约资源；另外对小型号的电视机采用纸浆模塑材料替代原来的EPS材料。

2. 日本印刷株式会社的新型包装

该企业产品包装贯彻环境意识四原则，即包装材料减量化、使用后包装体积减小、再循环使用、减轻环境污染的原则。

（1）包装材料减量化原则：采用减少容器厚度、薄膜化、削减层数、变更包装材料等方法。

（2）使用后包装体积减小原则：采用箱体凹槽、纸板箱表面压痕、变更包装材料等方法，此类包装产品使用完毕后，体积变得很小，方便回收。

（3）再循环使用原则：例如采用易分离的纸容器，纸盒里面放塑料薄膜，使用完毕后，纸、塑分离，减少废弃物，方便处理；还有一种易分离的热塑成型的容器。

（4）减轻环境污染原则：该企业在包装产品的材料、工艺等方面进行改进，减少生产过程中二氧化碳（CO_2）的排放量，保护环境。

3. 东洋制罐株式会社的包装产品

由东洋制罐开发的塑胶金属复合罐 TULC（Toyo Ultimate Can）罐，以 PET（Plyethylene Terephthalate，聚对苯二甲酸乙二醇酯）及铁皮合成之二片罐，主要使用对象是饮料罐。这种复合罐既节约材料，又易于再循环，在制作过程中低能耗、低消耗，属于环境友好型产品。东洋制罐还研发生产出一种超轻级的玻璃瓶。用这种材料生产的 187 毫升的牛奶瓶比普通瓶轻 40%，可反复使用 40 次以上。厚度只有 1.63 毫米，重量只有 89 克，而普通牛奶瓶厚度为 2.26 毫米，重 130 克。该公司还生产不含木纤维的纸杯和可生物降解的纸塑杯子。东洋制罐为了使塑料包装桶、瓶在使用后方便处理，减小体积，在塑料桶上设计了几根环形折痕，废弃时可很方便折叠，以缩小体积，这类塑料桶（瓶）种类有从 500 毫升到 10 升容积等多种品种。

从以上几家日本公司包装产品的实际案例我们可以清楚地看到日本同行在包装减量化方面做了大量富有成效的研究、开发。党的十六届五中全会提出，要把发展循环经济，建设资源节约型、环境友好型社会作为"十一五"经济社会发展的重大战略任务。国家发改委领导日前指出我国的包装工业在高速发展的同时，也出现了一些问题。一是许多企业未摆脱高投入、高消耗、高污染和低产出的粗放型经营模式，部分商品存在包装过度的现象；二是包装物回收率低，除部分（如 PET 瓶和饮料罐）回收利用情况较好外，其他类型包装物的回收利用率相对较低；三是资源浪费严重，大量废弃包装物除了增加城市生活垃圾处理的负担外，还浪费了大量的资源；四是我国现有的包装物回收渠道比较混乱，原有的以单一的政府行为为依托的回收系统和渠道不畅通，以市场为依托的规范的回收网络尚未建立；五是包装物再生利用技术落后，资源的再生利用率低，而且存在较为严重的二次污染。这些问题的存在，不仅与中央提出的建设资源节约型、环境友好型社会的要求不符，而且制约着包装业的发展。

我们必须在整个包装行业大力推进可持续发展战略的绿色包装，要求产品包装的设计、制造、使用和处理均应符合低消耗、减量、少污染等生态环境保护的要求。在满足保护、方便、销售等功能的条件下，应采取用量最少的适度包装，包装材料须无毒无害，应易于重复利用，或其废弃物易于回收再生。材料的变化又要求加工工艺、加工机械、容器制造、包装设计、装潢印刷等各个环节实行相应的变化，从而引发整个包装行业的观念大变革和技术大革命。所以说遵循循环经济原则、实现包装减量化是我国包装行业响应党中央、国务院号召走建设资源节约型、环境友好型社会义不容辞的历史任务。我们必须从自己企业做起、从现在做起，共同为把我国建设成为绿色家园而努力。

◎讨论与分析：

1. 日本印刷株式会社企业产品包装贯彻环境意识的四原则是哪些？

2. 我国的包装工业在高速发展过程中，主要出现哪些问题？结合所学的知识，提出合理化建议。

任务一　包装

1. 包装的概念

所谓包装，是指在物流过程中为保护产品方便储运、促进销售，按一定的技术方法采用容器材料及辅助物等对物品进行科学包封，并予以适当的装潢和标志的工作总称。简而言之，包装是包装物和包装操作的总称。

2. 包装的特性及其功能

（1）包装的特性。

①包装的保护性。

②包装单位集中性。

③包装的便利性。

（2）包装的功能。

①包装的主要目的是保护物品，防止物品在运输、装卸中受到冲击、震动、压缩、摩擦等外力损害；防止物品在运输尤其是在保管过程中发生受潮、发霉、生锈、变质等化学变化；防止有害生物对物品的破坏。

②单位集中的功能。

在物流过程中，商品包装的单元化问题显得至关重要。如果搬运单位偏大，可以发挥机械的效能，提高工作效率，从而做到搬运方便、灵活性好。负载大小的均匀，有利于实现作业标准化，避免物品在搬运作业中受到损伤。

③促进销售的功能。

包装具有美化、宣传产品的作用。良好的包装往往能引起消费者的注目，激发购买欲望。

④便利功能。

便利功能是指便于运输、搬动或保管，便于实施运输、搬动或保管等物流作业，便于生产废弃物的处理。

3. 包装的类型

从实际构成来看，任何一个商品包装，都是采用一定的包装材料，通过一定的技术方法制造的，都具有各自的独特结构、造型和外观装潢。因此，包装材料、包装技术、包装结构造型和表面装潢是构成包装实体的四大要素。

现代产品品种繁多，性能和用途千差万别，因而对包装的要求也各不相同。包装形式可采用表 2-1 所示的分类方法。

表 2 – 1　包装的分类

标志值	名　　称	内容特点
包装物的作用	工业包装（运输包装、外包装）	基于运输的目的，起着保护商品、方便运输、方便装卸搬运及储存的作用； 　　根据需要对包装容器有缓冲、防震、固定、保温、防水的技术措施的要求
	单个包装（销售包装、小包装）	物品送到使用者手中的最小单位，直接与商品接触，在生产中与商品配成一个整体，并且印有作为商品的标记或说明等信息资料，以销售为目的，一般随同商品销售给顾客； 　　单个包装起直接保护、美化、宣传商品、促进商品销售的作用
	商业包装（中包装）	中包装是介于单个包装与外包装之间的中间包装。中包装起着进一步保护商品及单个包装、方便使用和销售、方便商品分拨、便于销售时点数和计量、方便包装组合等作用
包装材料不同	纸制品包装 塑料制品包装 木制容器包装 金属容器包装 玻璃陶瓷容器包装 纤维容器包装 复合材料包装 其他材料包装	成本低廉、透气性好，且印刷装饰性较好； 种类繁多，综合性能比较好； 一般用在重物包装以及出口物品的包装等方面； 罐头、铁桶和钢瓶； 耐腐蚀性较好，比较稳定； 麻袋和维尼纶袋； 利用两种以上的材料复合制成的包装； 竹、藤、苇等制成的包装
包装容器不同	包装袋 包装盒 包装箱 包装瓶 包装筒	集装袋、一般运输包装袋、小型包装袋； 塑料盒； 瓦楞纸箱、木板箱、框架箱、集装箱、塑料箱； 塑料瓶； 小型包装罐、中型包装罐、集装罐
商品包装保护	防潮包装 防锈包装 防虫包装 防腐包装 防震包装 危险品包装	

4. 包装材料

包装材料是构成包装实体的主要物质，包装材料的选择对保护产品有着非常重要的作用。随着科学技术的发展，新型包装材料和包装技术不断出现，包装材料的性能将会更加完善。包装材料主要有以下几种类型。

（1）纸质包装材料。

在包装材料中，纸的应用最广、耗量最大。因为纸具有价格低、质地细腻均匀、耐摩擦、耐冲击、容易黏合、不受温度影响、适于包装生产的机械化等优点。但是纸质材料也有弱点：防潮性能不好，受潮后强度下降，密闭性、防潮性、透明性差。

纸质材料一般有纸袋、纸箱、瓦楞纸箱等。运输用大型纸袋可用3～6层牛皮纸多层叠合而成。纸箱的原料是各种规格的白纸板和瓦楞纸板，但要求其强度和耐压能力必须达到一定指标，在选材和尺寸设计时应加以注意。

（2）木质包装材料。

木质材料一般用作外包装，更能显示其抗震、抗压等优点，包括木桶、木箱、木框等，为了增加强度也可加铁箍。对于重物包装，常在底部加木制垫板。但是，木材存在易于吸收水分、易于变形开裂、易腐、易受白蚁侵害等缺点，再加上资源有限，限制了木质材料在包装中的应用。

（3）金属包装材料。

将金属压成薄片制成容器用作物品的包装，一般指钢铁和铝材。通常制成罐、桶、箱、网、笼等，用量最大的材料是马口铁和金属箔。

金属罐用于食品、化学药品、牛奶、油质类物品，而桶则主要用于以石油为主的非腐蚀性的半流体及粉末、固体的包装。

金属材料用于包装，具有牢固、易于加工、不透气、防潮、避光、能再生使用等优点。但金属作为包装材料受到成本高、在流通中易变形、易锈蚀等缺点的限制。

（4）塑料包装材料。

塑料材料在包装中的应用日益广泛，塑料箱、塑料袋、塑料瓶、塑料盘、塑料绳等在现代包装中处于越来越重要的地位。塑料材料不仅可用于包装固定物品，还可用于包装液体物品，代替传统的玻璃、金属、木制品。

塑料材料用于包装具有许多优点，有一定的强度、弹性、耐折叠、耐摩擦、抗震动、防潮、气密性好、耐腐蚀、易于加工等。但它也有不少缺点，易老化、有异味、废弃物难处理、易产生公害等。

（5）复合包装材料。

复合包装材料是将两种或两种以上具有不同特性的材料，通过各种方法复合在一起，以改进单一包装材料的性能。常见的复合包装材料有三四十种，使用最广泛的是塑料与玻璃复合材料、塑料与金属箔复合材料、塑料与塑料复合材料、塑料与纸张复合材料等。

5. 包装合理化

包装是物流的起点，包装合理化是物流合理化的重要对象和基础。包装合理化，一方面，包括包装总体的合理化，用整体物流效益与微观包装效益的统一衡量；另一方面，包括了包装材料、包装技术、包装方式的合理组合与运用。

（1）包装合理化的要求。

①防止包装不足，包括包装物强度不足、包装材料水平不足、包装容量层次与容积不足。

②包装成本过低，不能保证有效的包装。

③防止包装过剩，包括包装物强度设计过高、包装材料档次选择过高、包装技术过高、体积过大、包装成本过高。

④用科学方法确定最优包装，包括确定包装形式，选择包装方法，都应与物流诸因素的变化相适应；必须考虑到装卸、保管、输送的要求，确定最优包装。

（2）包装合理化的途径。

①包装尺寸标准化。包装尺寸与托盘、集装箱、车辆、搬运机械、货架等物流设备、机具关系密切。只有它们之间相互匹配，才能实现物流全过程的合理化、高效化。因此，要从系统的观点制定包装的尺寸标准，实现包装尺寸标准化。

②包装作业机械化。实现包装作业的机械化是提高包装作业效率、减轻人工包装作业强度、实现省力的基础。包装机械化应从逐个包装机械化开始，直到装箱、封口、挂提手等外包装作业完成。

③包装的轻薄化。由于包装只是起保护作用，对产品使用价值没有任何意义，因此在强度、寿命、成本相同的条件下，更轻、更薄、更短、更小的包装，可以提高装卸搬运的效率。而且轻薄短小的包装一般价格比较便宜，如果是一次性包装还可以减少废弃材料的数量。

④包装单位大型化。随着交易单位的大量化和物流过程中的装卸机械化，包装的大型化趋势也在增强，托盘包装、集合包装得到越来越多的应用。大型化包装有利于机械的使用，提高装卸搬运效率。

⑤包装成本低廉化。首先，在包装设计上要防止过剩包装；其次，要选择合适的包装材料，节约材料费开支；最后，要提高包装作业效率。通过机械与人工的合理组合，提高包装作业效率，节约包装费开支。

⑥包装的绿色化。绿色包装是指无害少污染的符合环保要求的各类包装物品，主要包括纸包装、可降解塑料包装、生物包装和可食性包装等，它们是包装的发展主流。

任务二　装卸搬运

1. 装卸搬运概念

装卸搬运包括装卸和搬运两个基本作业环节。装卸搬运是指在同一地域范围内进行的，以改变物料的存放状态和空间位置为主要内容和目的的活动。

具体说，包括对货物进行装上、卸下、运送、堆垛、取货、理货、分类出库、入库等作业。在物流的各个环节之间和同一环节的不同活动之间，都必须进行装卸搬运作业。在企业的整个物流供应链中，是装卸搬运将物流运动的各个阶段连接起来，成为连续的流动过程。所以，商品装卸搬运是发生频率最高的一项作业，装卸搬运活动效率的高低，直接影响物流的整体效率。

2. 装卸搬运的构成

（1）堆码拆垛作业。

堆码是将物品从预先放置的场所移送到运输工具或仓库等储存设施的指定场所，再按所规定的位置和形态码放的作业；拆垛是与堆码逆向的作业。

（2）分拣配货作业。

分拣是在堆码作业前后或配送作业之前把货物按品种、出入先后、运送方向进行分类，将货物堆码到指定地点的作业。而配货是将货物从所在的位置，按照货物种类、作业次序、发货对象等分类取货，堆码在规定场所的作业。

（3）搬运移送作业。

搬运移送作业是为进行装卸、分拣、配送等活动而进行的各种移动货物的作业，包括水平、垂直、斜向搬运及其组合。

3. 装卸搬运的方法

装卸搬运的方法按其作业对象分类，可分为单件作业法、集装作业法和散装作业法。

一些零散货物、长、大笨重货物、不宜集装的危险货物以及行包等多采用单件作业法，集装作业法是将货物先行集装再进行装卸搬运的方法，煤炭、矿石、粮食、化肥等大宗货物都采用散装装卸方式，具体方法如表2-2所示。

表2-2　装卸搬运方法

类　型	特　点
单件作业法	装卸搬运单件货物，依作业环境和工作条件可以采用人工作业法、机械化或半机械化作业法
托盘作业法	用托盘系列集装工具将货物组成货物单元，以便于采用叉车等设备实现装卸搬运作业机械化的作业方法
框架作业法	管件等及各种易碎建材（如玻璃品等），一般适用于各种不同的集装框来实现装卸机械化，框架通常采用木制或金属材料制作
集装箱作业法	分为垂直装卸和水平装卸作业。垂直装卸的机械采用跨运车或龙门起重机；水平装卸法即"滚上滚下"法，港口以拖车、挂车、叉车为主要装卸机械，车站则主要采用叉车或平移装卸机
货捆作业法	用捆装工具将散装货捆组成一个货物单元，使其在物流过程中保持不变，木材、建材、金属等货物适用于采用货捆作业法。带有与各种捆配套的专用吊具的门式起重机和悬臂式起重机是货捆作业法的主要装卸机械
网袋作业法	将粉粒状货物装入纤维编织集装袋、袋装货物装入纤维编织网或将块状货物装入钢丝网的集装装卸法
挂车作业法	先将货物装到挂车里，然后将挂车拖上或吊到铁路平板车上的装卸搬运方法

续上表

类 型	特 点
重力法	利用货物的位能来完成装卸作业的方法。重力法卸车是指底开门车或漏斗车在高架线或卸车坑道上自动开启车门，煤或矿石依靠重力自行流出的卸车方法。重力法装车设备有筒仓、溜槽、隧洞等
倾翻法	将运载工具的载货部分倾翻，从而将货物卸出的方法。主要用于铁路敞车和自卸汽车的卸车。铁路敞车被送入翻车机，夹紧固定后，敞车和翻车机一起翻动，货物倒入翻车机下面的受料槽。自卸汽车靠液压油缸顶起货厢实现货物卸载
机械法	采用各种机械，使其工作机构直接作用于货物，通过舀、抓、铲等作业方式达到装卸目的的方法。常用的机械有带式输送机、链斗装车机、堆取料机、单斗和多斗装载机、挖掘机等
气力输送法	利用风机在气力输送管内形成单向气流，依靠气体的流动或气压差来输送货物的方法

4. 装卸搬运合理化原则

（1）防止无效搬运。

无效搬运包括过多的装卸次数、过大的装卸包装、无效物资的装卸（货物中混入没有使用价值或对用户没有使用价值的掺杂物）。无效搬运造成装卸成本浪费，物流速度降低，且使物品质量受损的可能性增大。因此，如果采取措施，防止无效搬运，可以在很大程度上节省装卸费用，使装卸合理化。

（2）提高装卸搬运的连续性。

装卸搬运作业应按流水作业原则运作，各工序间应密切衔接，必须进行的换装作业也尽可能采用直接换装的方式。

（3）提高搬运活性。

待运物品应使之处在易于移动的状态，这种易于移运的状态，我们把它叫作"搬运活性"。搬运活性指数从低到高，依次为0到4级（见图2-1）。为提高搬运活性，应当把待运物品整理归堆，或者包装成单件放在托盘上，或者装在车上，或是放在输送机上。

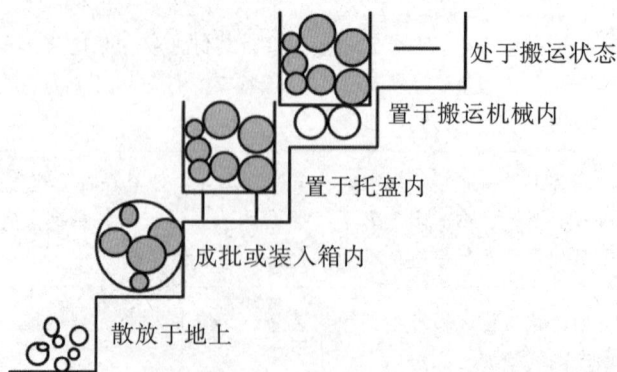

图 2-1 搬运活性指数

（4）集装单元化。

大力推行使用托盘和集装箱，推行将一定数量的货物汇集起来，成为一个大件货物以有利于机械搬运、运输、保管，提高作业效率。

（5）机械化。

应尽可能地使搬运机械化。使用机械可以把作业人员或司机从重体力劳动中解放出来，并提高劳动生产率和作业安全性。

（6）利用重力。

利用重力由高处向低处移动，有利于节省能源，减轻劳力。当重力成为阻力发生作用时，应把物品装在滚轮输送机上。

（7）系统化。

物流活动由运输、保管、搬运、包装、流通加工等活动组成，应将这些活动当成一个系统处理，使物流量尽可能均衡，以求其合理化。

5. 装卸搬运机械及工具合理配置

（1）装卸搬运机械分类。

①按作业性质分类。按装卸及搬运两种作业性质不同可分成装卸机械、搬运机械及装卸搬运机械三类。单一装卸功能的机械种类不多，手动葫芦最为典型，固定式吊车如卡车吊、悬臂吊等吊车虽然有一定移动半径，也有一定搬运效果，但基本上还是看成单一功能的装卸机具。如各种搬运车、手推车及斗式、刮板式输送机之外的各种输送机等。物流作业中很注重装卸、搬运两功能兼具的机具，这种机具可将两种作业操作合二为一，因而有较好的系统效果。属于这种机具的最主要的是非曲直叉车、港口中用的跨运车、车站用的龙门吊以及气力装卸输送设备等。

②按机具工作原理分类。可分为叉车类，包括各种通用和专用叉车；吊车类，包括门式、桥式、履带式、汽车式、岸臂式及巷道式各种吊车；输送机类，包括辊式、轮式、皮带式、链式及悬挂式等各种输送机；作业车类，包括手车、手推车、搬运车、无人搬运车及台车等各种作业车辆；管道输送设备类，液体、粉体装卸搬运一体化的以泵、管道为主体的一类设备。

③按有无动力分类。重力式装卸输送机，有辊式、滚轮式等输送机属于此类；动力式装卸搬运机具，又有内燃式及电动式两种，大多数装卸搬运机具属于此类；人力式装卸搬运机具，用人力操作作业，主要是小型机具和手动叉车、手车、手推车及手动升降平台等。

（2）装卸搬运机具的选择。

①作业性质。作业性质要明确是单纯的装卸或单纯的搬运，抑或需要更为机动一些的多功能机具装备。

②作业运动方式。根据作业场地、作业地规划，确定作业时的运动方式。一般典型活动方式有三种：第一种水平运动，第二种垂直运动，第三种斜面运动。

③作业速率。按物料及物流速度、进出量要求确定是高速作业还是平速作业，是连续作业还是间歇作业。

④作业对象体形及重量。作业对象体形可分为粉粒体、液体、散块体及包装体等，包装体又分为袋装体、箱装体、罐装体等不同类型。这些都是选择机具及工作方式的

依据。

⑤搬运距离。一般搬运距离在 500 米以下，可分为若干距离范围，以此选择不同搬运能力的机具。

任务三　运输

1. 运输概述

（1）运输的概念。

所谓运输是用设备和工具将物品从一地向另一地运送的物流活动，包括集货、搬运、分配、中转、装入、卸下、分散等一系列操作。运输与搬运不同，它是在不同的地域范围内对物品进行空间位移，是较大空间范围的移动。搬运是在同一地域的活动，一般是指短距离、小批量的运输。

（2）运输的功能。

①物品转移功能。无论物品处于哪种形式，是材料、零部件、装配件、在制品，还是产成品，也不管是在制造过程中将被转移到下一阶段，还是将商品送达到最终顾客，运输都是必不可少的。

②物品储存功能。从本质上看运输车辆也是一种临时储存设施，具有临时储存物品的功能。当然用作临时储存物品的车辆是移动的，而不是闲置状态。

2. 运输的基本方式及特点

运输方式是指运送物品（货物）所采用的交通工具和方法的类型。目前主要有 5 种基本的运输方式，即铁路、公路、水路、航空和管道运输，其特点如下。

（1）铁道运输。

铁道运输是陆地长距离运输的主要方式。由于在固定轨道线路上行驶，可以自成系统，不受其他运输条件的影响。铁道运输可重载高速运行，运量大，因而使运费和劳务费降低。但由于车站之间距离比较远，所以缺乏机动性。

（2）汽车运输。

汽车运输是最普及的一种运输方式。它最大的优点是空间和时间方面具有充分的自由性，不受路线和停车站的约束，可以实行从发货人到收货人之间"门到门"直达输送。由于它减少了转运环节，货物包装可以简化，因而货物损伤、丢失和误送的可能性很小。汽车运输的运量小，产生不了大批量输送的效果。由于其单位运输成本高，长距离输送中缺点较为显著。随着汽车数量的增多，产生的废气、噪声会造成环境污染。

（3）船舶运输。

船舶运输有海运和内河航运两种。利用水路运送货物，在大批量和远距离运输的情况下，其价格便宜，还可以运送超大型和超重物。运输线路主要利用自然的海洋与河流，不受道路的限制，在隔海的区域之间是替代陆地运输的必要方式。水上航行的速度比较慢，航行周期长，易受天气影响，建设港湾也要花费高额费用。

（4）航空运输。

航空运输的主要优点是速度快。因为时间短，货物损坏少，特别适合一些保鲜物品的输送。但是在距离机场比较远的地方则不宜采用航空运输。客运飞机可以利用下部货仓运送少量货物。随着空运货物的增加，出现更多的专用货机。专用货机采用单元装载，缩短了装卸时间，保持了"快"的特色。

（5）管道运输。

自来水和城市煤气的输配送是和人们生活最为密切相关的管道运输。其主要优点是：可以连续不断地输送大量物资，节省人力，运输成本低，管道铺设可以不占用土地或占地较少。管道运输的缺点是在输送地点和输送对象方面具有局限性，一般适用于气体、液体。但是，近年也发展了粉粒体的近距离输送，如粮食、矿粉等。

（6）电子运输。

Internet 是一种集通信技术、信息技术、计算机技术为一体的网络系统。今天的因特网已经发展成为具有各种信息资源、贯通整个世界、连接千家万户、充满巨大市场潜力和商机的商业网。同时，因特网也是一种新的运输形式。人们利用因特网可以实时传输电子数据产品，可以纯文本形式，也可以影视并茂，如歌曲、影像、数据、电子文本等。

当然，这种新型的运输方式只适合电子数据产品，因特网的终端载体还局限于电脑，没有电脑、电话线人们利用不了这种运输方式。它的优点是费用低廉、速度快、不限量下载。

我国一直是铁路运输方式占据主要地位，但是从 20 世纪 90 年代开始，公路运输超过铁路运输成为主要运输方式。另外一个新趋势是在铁路运输、公路运输和水路运输的方式中，越来越多地采用集装箱运输，如图 2-2 所示。

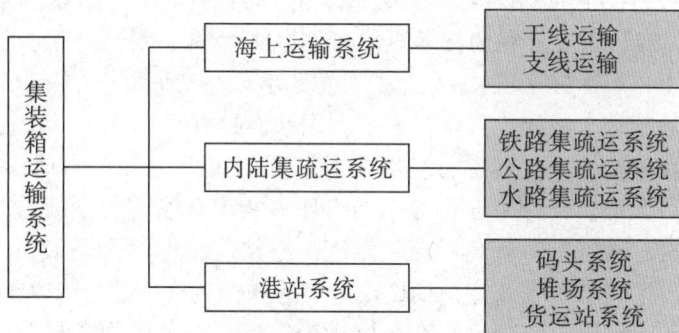

图 2-2 集装箱运输系统

3. 运输合理化

物品从生产地到消费地的运输过程中，从全局利益出发，力求运输距离短、运输能力强、运输费用低、中间转运少、到达速度快、运输质量高，并充分有效地发挥各种运输工具的作用和运输能力，是运输活动要实现的目标。

（1）合理运输的"五要素"。

①运输距离。在运输过程中，运输时间、货损、运费、车辆或船舶周转速度等运输的若干技术经济指标，都与运输距离有一定的比例关系。因此，运距长短是运输是否合

理的一个最基本因素，缩短运距既具有宏观的社会效益，也具有微观的企业效益。

②运输环节。每增加一次运输，不但会增加起运的运费和总运费，而且会增加运输的附属活动，如装卸、包装等，从而使各项技术经济指标下降。所以，减少运输环节，尤其是同类运输工具的环节，对合理运输有促进作用。

③运输工具。各种运输工具都有其使用的优势领域，对运输工具进行优化选择才能最大限度地发挥所用运输工具的作用。

④运输时间。运输是物流过程中需要花费较多时间的环节，尤其是远程运输，在全部物流时间中，运输时间占绝大部分，因而运输时间的缩短对整个流通时间的缩短有决定性的作用。此外，运输时间短，有利于运输工具的加速周转，充分发挥运力的作用；有利于货主资金的周转；有利于运输线路通过能力的提高；对运输合理化有很大贡献。

⑤运费费用。运费在全部物流成本中占很大比例，运费高低在很大程度上决定了整个物流系统的竞争能力。运费的降低，无论对货主企业还是对物流经营企业，都是运输合理化的一个重要目标。

（2）运输合理化的措施。

①提高运输工具实载率。实载率是反映车船吨位和里程利用情况的综合指标。提高实载率，能充分利用运输工具的额定能力，减少车船空驶和不满载行驶的时间，减少浪费，从而求得运输的合理化。例如，当前国内外开展的配送形式，优势之一就是将多家需要的物品或一家需要的多种物品实行配装，以达到容积和载重的充分利用，减少回程空驶的效果。在铁路运输中，采用整车运输、整车拼装、整车分卸及整车零卸等措施，都是提高实载率的有效途径。

②改进运输，提高运输能力。在运输设施建设已定型和完成的情况下，通过改善运输组织可实现能源、设施的少投入，增加运输能力的目的。例如，铁路运输中采取"满载超轴"法（"满载"指充分利用货车容积和载货量，都载货，不空驶。"超轴"指在机车能力允许情况下，多加挂车皮），水运上对竹、木等物品采用拖排和拖带法，内河驳船采用的顶推法、汽车挂车法等，都是在充分利用动力能力的基础上，增强运输能力。

③发展社会化运输体系。运输社会化的核心是打破一家一户自成运输体系的状况，发挥运输的大生产优势，实行专业化分工与合作，实现运输的规模效益。实现运输社会化，可以统一安排运输工具，避免对流、倒流、空驶等多种不合理形式，不但可以追求组织效益，而且可以追求规模效益，如广泛开展的联合运输，已经取得了很大成绩。

④开展中短距离铁路公路分流。在公路运输经济里程范围内，尽量利用公路。通过公路分流，缓解铁路运输的紧张状况。充分发挥公路"门到门"，机动灵活，在中短途运输中速度快的优势，实现铁路运输服务难以达到的服务水平。

⑤发展直达运输。当客户一次运输批量和一次需求量达到一整车时，要尽量组织直达运输。此外，在生产资料、生活资料中运输中，通过直达，建立稳定的产销系统和运输系统，从而提高运输效率。

4. 网络经济时代运输的发展趋势

新经济提供的信息技术、网络技术、物流机械装备的大规模技术、自动化技术等，已经使构成物流的运输活动发生了很大的变化，形成了新的发展趋势。

（1）运输地位的变化。运输从物流的主导地位变成现代物流的支撑因素。

（2）运输结构的变化。承担大量运输的远洋海运及承担多品种、少批量、多批次的长距离的空中快运两类运输形式的比例将有比较大的增长。

（3）不同运输方式的一体化。无论在基础平台建设方面还是在运行方面，会出现一体化的趋势。

任务四　保管与储存控制

一、保管

1. 储存、保管的概念

储存一般是指对物资进行保管及对其数量、质量进行管理控制的活动。内容包括对物资进行检验、整理、保管、加工、集散等多种作业。保管是指对物品进行保存及对其数量、品质进行管理控制的活动。储存、保管解决了供需之间和不同运输方式之间的矛盾，为物资提供场所价值和时间效益，在物流系统中起着缓冲、调节和平衡作用，是物流活动的一个主要功能要素。

2. 储存、保管的功能

（1）保存和保管的功能。

保管过程中应保证物品不丢失、不损坏、不变质。要通过制定完善的制度，合理使用搬运机具，采用正确的操作方法，保证在搬运和堆放中不损坏物品。应根据所储存物品的特性，配备相应的仓储设备，以保证储存物品的完好性。

（2）调节供需的功能。

从实际看，生产节奏和消费节奏不可能完全一致。这就要有储存作为平衡环节加以调控，使生产和消费协调起来。这也体现出物流系统创造时间效用的基本职能。

（3）调节货物运输能力的功能。

各种运输工具的运量相差很大，如船舶的运量大，火车、汽车运量相对较小，当它们之间进行转运时，运输能力是很不匹配的。这种运力的差异也需要通过仓库或货场进行调节和衔接。

（4）配送和流通加工的功能。

现代仓库除以保管储存为主要任务之外，还向流通仓库方向发展，使仓库成为流通、销售、零部件供应的中心。其中的一部分在所属物流系统中起着货物供应的组织协调作用，被称为物流中心。这一类仓库不仅具备储存保管货物的设施，而且还增加了分拣、配送、捆包、流通加工、信息处理等设备，这样既扩大了仓库的经营范围，也提高了服务质量。

3. 储存保管作业程序

一般储存保管作业程序包括以下主要内容：

（1）接货。接货是根据储存计划、发运单位、承运单位和发货或到达通知，进行货物的接受和提取，并为入库保管做好一切准备工作。具体包括以下 5 项内容。

①与发货单位、承运单位的联络工作；

②制订接货计划；

③办理接货手续；

④到货的处理；

⑤验收工作。

其中，验收工作是关键环节，要求做好核证、数量验收和质量验收工作。

（2）保管。保管是根据物资本身的特性以及进出库的计划要求对入库物资进行保护、维护管理的工作环节。要求在仓库规划化、存放系列化、保养经常化的基础上，做到保质、保量、保安全、保急需。具体要做好 3 项工作：第一，与接货单位及用货单位的联络工作；第二，制订保管计划；第三，办理入库、出库手续。

（3）发货。发货是根据业务部门的计划，在办理出库手续基础上，进行备货、出货、付货或外运付货工作。具体要做好以下 4 项工作。

①与收货单位、外运承运单位的联络工作；

②制订发货计划；

③核对及备货；

④办理交货手续。

4．储存、保管的种类

仓库作为物流服务的据点，在物流作业中发挥着重要作用。它不仅具有储存、保管等传统功能，而且包括拣选、配货、检验、分类等作业，并具有多品种小批量、多批次小批量等配送功能以及附加标签、重新包装等流通加工功能。根据不同标准，可对仓库的储存保管进行分类。

（1）按仓库在社会再生产过程中所处的领域分类。

①生产领域的仓库（生产仓库或企业仓库）。它是指用于存放生产储备物品，以保证生产正常进行而建立的仓库。这类仓库主要是用于存放企业生产所需的各种原料、材料、设备、工具等，并存放企业生产的产品。按其存放的物品的性质，又可分为原材料仓库和成品仓库。

②中转仓库（储运仓库）。它是指专门从事物品储存和中转业务的仓库，属于流通领域的仓库。

③国家储备仓库。它是指用于存放国家储备物资的仓库。国家储备物资是较长时间脱离周转的物资，这类物资同样也处在流通领域。因此，国家储备仓库也属于流通领域的仓库。

（2）按储存物资种类分类。

①综合性仓库。它又称通用型仓库，即在一个仓库里储存多种不同属性的物资。在综合性仓库里，所储存各种物资的化学、物理性能必须是互不影响的。

②通用仓库。它是指储存一般工业品、农副产品的仓库。它仅具有进出库、装卸、搬运、商品养护、安全要求一般的技术设施，无保温气调等特殊性装备。由于它可以存放各种一般的商品，适应性较强，利用率较高，在流通领域仓库中所占比重最大。

③专业性仓库。在一定时期内，一个仓库里只储存某一大类物资，或虽储存两类以

上物资，但其中某一类物资的数量占绝大多数的仓库，如金属材料库、机电设备库等。由于专业性仓库存放的物资单一，比较容易实现仓库作业机械化。

（3）按储存的保管不同条件分类。

①普通仓库。它是指存放一般性物资（如一般黑色金属材料和机电产品）的仓库。

②恒温恒湿仓库。它是指能使仓库内保持一定的温度和湿度，以适应有特殊保管要求和贵重物品等保管要求的仓库。

③高级精密仪器仓库。它是指库房有防尘、防震、防潮设备，并有恒温装置，用以存放高级精密仪器、仪表等物品的仓库。

④冷藏仓库。它能使仓房内保持低温，用于保管怕热、保鲜物资的仓库。

⑤特殊仓库。它一般指危险品仓库，用以存放具易燃性、易爆性、腐蚀性、有毒性和放射性等对人体或建筑有一定危险的物资的仓库，在库房建筑结构及库房内布局等方面有特殊要求，还必须远离工厂居民区。

（4）按库房建筑构造特点分类。

①普通封闭式库房和保温库房。封闭式库房适用于保管怕湿、怕暴晒的物资的保管，主要储存有色金属材料、金属制品、一般机电产品等物品。保温库房用于存放精明仪器仪表等。

②混合结构的机械化库房。库房内装置有起重机，实行机械作业。有的还铺有专用铁路，可直接在库房内进行装卸作业。

③货棚和简易仓库。用于保管那些不需防低温，但受雨、雪侵蚀会损坏物资的简易仓库。

（5）按使用范围分类。

①自用仓库。用于保存自己货物的仓库称为自用仓库，包括工厂仓库（原材料、成品仓库）、商业仓库、事业单位或团体的仓库等。

②营业仓库。它是指为经营仓库保管业务，根据仓库业管理的有关法规设立的仓库。营业仓库面向社会提供仓储保管服务。商业系统、物资系统以及外贸等系统的储运仓库以及专业仓库企业的仓库都属于营业仓库。

③公共仓库。它是指由政府部门或公共团体、社会团体修建的，为社会物流业提供服务的仓库。如，铁路车站的货物仓库，交通港口的码头仓库等都属于公共仓库。

④租赁仓库。仓库设施的所有者（营业仓库以外的企业或个人）本身并不直接提供保管服务，而是将其拥有的仓库设施租赁给他人用来储存保管物品，这种性质的仓库为租赁仓库。

（6）按保管目的分类。

①配送中心（流通中心）型仓库。它是指以配送为主，储存为辅，以组织配送性销售或供应进行实物配送为主要职能的仓库。其特点是：主要为特定客户服务；配送功能健全；有完善的信息网络；辐射范围小，储存物品品种多，批量小。

②储存中心型仓库。它是指以储存商品、延长产品使用时间和稳定商品交易市场为主要目的的仓库。

③物流中心型仓库。它是指具有储存、配货、流通加工功能的仓库。其特点是：主要面向社会服务；物流功能健全；有完善的信息网络；辐射范围大；储存物品品种少、

批量大；储存、吞吐能力强；对物流业务进行统一管理。现代物流中心把商流、物流、信息流、资金流融为一体，成为产销企业之间的中介。

5. 储存、保管方式的选择

储存保管方式指储存保管物品所采用的组织管理方法和形式。从物品储存保管的空间安排方式来看，有自建仓库、租赁公共仓库、采用合同制仓储 3 种方式。

（1）自建仓库储存保管的优缺点。

自建仓库储存指企业利用自有仓库储存保管物品。自建仓库储存保管的优缺点是：

①优点。便于控制仓储，货主能够对仓储实施更大控制，便于将仓储功能与企业的分销系统进行协调；管理更具灵活性，货主企业可以按照产品的特点和自身的要求对仓库进行设计与布局，从而对产品进行更加专业的保管；长期仓储时自有仓储的成本低于公共仓储；有助于树立企业良好形象，当企业将产品储存在自有的仓库中时，客户会认为企业经营十分稳定、可靠，是产品的可靠供应者，这有利于提高企业的竞争优势。

②缺点。修建自有仓库投资多、占用资金大、风险较高，自有仓库的位置、结构固定灵活性较差。

（2）租赁公共仓库储存保管的优缺点。

租赁公共仓库储存指租赁提供营业性服务的公共仓库储存保管物品。

①优点。无须仓库投资，租赁公共仓库，货主企业无须对仓库设施设备投资，只需支付相对较少的租金即可得到仓储服务；灵活性高，利用公共仓储不受仓储位置制约，没有仓库容量的限制，从而能够满足企业不同时期、不同情况下对仓储空间的需求；使用公共仓储的成本直接随着储存保管货物数量的变化而变动，便于管理者掌握成本；管理比较简单，使用公共仓储由于无须聘用员工及进行作业管理，因而可以避免管理上的困难；公共仓储的规模经济可以降低货主的储存保管成本；公共仓储能够采用更加有效的物料搬运设备从而提供更好的服务。

②缺点。增加了企业包装成本，使用公共仓储时，为了避免不同性质的货物相互影响，必须对货物进行保护性包装，从而增加了包装成本；增加了控制库存的难度，在控制库存方面使用公共仓库比自有仓库储存难度大；另外货主企业还可能由此泄露有关商业机密。

（3）合同制仓储保管的优缺点。

合同制仓储又称第三方仓储，指企业将储存保管等物流活动转包给专业化的外部公司，由外部公司为其提供物流服务。合同制仓储不同于一般公共仓库，它是通过货主企业与仓储企业之间建立伙伴关系来获得专业化、个性化、高效经济的服务。

①优点。有利于有效利用资源。合同仓储比自有仓储更能有效地处理季节性生产普遍存在的产品淡旺季存储问题；有利于扩大市场，合同仓储能够通过仓储设施的网络系统扩大货主企业的市场覆盖范围，有利于企业进行新市场的测试；通过合同仓储网络，使货主企业可以利用现有设施为客户服务，在促销或推出新产品时可以利用短期合同仓储来考察产品的市场需求；有利于降低运输成本，由于合同仓储处理不同货主的大量产品，因此经过拼箱作业后，可大规模进行运输，这样大大降低了运输成本。

②缺点。合同仓储的单位成本较高，由于合同仓储将储存保管工作外包给其他公司，因而单位运输成本相对较高。

6. 不同储存保管方式的成本比较

货主企业选择哪种储存保管方式，其决策的主要依据是物流成本最低。在 3 种方式中租赁公共仓库和合同制仓储的成本只包含可变成本，随着储存总量的增加，成本也就增加，其总成本与储存量成正比，其成本函数是线性的。自建仓库仓储的成本包括固定成本和可变成本两部分，其中固定成本不随储存总量的增减而变化，可变成本的大小与储存总量成正比例。

7. 储存保管方式的选择标准

（1）总成本。物流总成本的大小是选择储存保管方式的一个重要因素。当周转量较低时，选择公共仓储比较有利；随着周转量的增加，在超过盈亏平衡点以后，则使用自有仓库储存更有利。

（2）周转总量。如果周转量较高，自有仓储更经济；相反，当周转量较低以后，则选择公共仓储更为明智。

（3）需求的稳定性。需求的稳定性是自建仓库的一个关键因素。如果需求稳定，仓库具有稳定的周转量，则自建仓储运作比较经济；如果需求波动大，储存量不稳定，则选择公共仓储比较有利。

（4）市场密度。市场密度较大或供应商相对集中，修建自有仓库比较有利；相反，市场密度较低，则在不同地方使用几个公共仓储更经济。

8. 集中储存与分散储存方式选择

采取集中还是分散方式储存保管物品，即仓库数量的选择，也是仓储管理的一项重要决策。企业规模不同，产品市场的竞争程度、产品的可替代性强弱不同，以及物流总成本的大小，都会影响到仓库数量的选择。集中或分散储存方式的选择标准有以下几种。

（1）成本大小。

仓库数量对物流系统的各项成本都有重要影响。一般来说，随着物流系统中仓库数量的增加，运输成本和失销成本迅速下降，从而使总成本下降。但是，当仓库数量增加到一定规模时，库存成本的增加额超过了运输与失销成本的减少额，则总成本开始上升。因此，仓库数量要与储存成本平衡。

（2）客户服务的需要。

影响仓库数量的另一个主要因素是货主企业对服务的需要。一般来说，产品的可替代程度与所需的客户服务水平之间存在很强的相关关系，当客户对服务标准要求很高时，需要更多的仓库来及时满足客户需求。

（3）运输服务水平。

运输服务水平高，能实现快速运输服务，则需要仓库数量少；相反，在不能提供合适的运输服务情况下，就要增加仓库来满足客户对交货期的要求。

（4）客户的小批量购买。

客户如果采取小批量购买，则需要分散化储存。

（5）计算机的应用。

随着计算机在仓库管理中应用的普及，大大提高了仓库资源的利用率和运作效率，可以使货主企业对仓储的控制不再受仓库数量与位置的限制。

（6）单个仓库的规模。

仓库规模大，则数量可少；规模小，则数量应增加。

9. 储存保管作业的合理化

实现储存保管作业的合理化是提高物流管理的重要内容，为此应从以下方面入手。

（1）对储存物品实行 ABC 管理。

仓库中一般储存的物资品种种类繁多，在管理过程中必须根据具体情况实行重点管理。ABC 管理是将库存物品分为三类，将数量占 10% 左右的高价值物品分为 A 类，数量占 70% 左右的低价值物品分为 C 类，其余为 B 类，见表 2-3。

在库存管理中应区别对待各类物品，A 类物品在不发生缺货的条件下尽可能减少库存，实行小批量订货；C 类物品制定安全库存，进行一般管理，大批量订货，年终盘点；B 类物品介于两者之间，半年盘点一次。

表 2-3 ABC 分类法

分类	占物资数量的百分比/%	占资金的百分比/%
A	10	70
B	20	20
C	70	10
合计	100	100

ABC 分类法是实施储存合理化的基础，在此基础上可以进一步解决各类物品结构关系、储存量等问题，从而确定各类物品的合理储存数量乃至实施零库存。

（2）追求经济规模，适度集中储存。

适度集中储存是利用储存规模优势，以适度集中储存代替分散的小规模储存来实现合理化。集中储存有利于对储存物品进行调剂，集中储存的库存总量远低于分散储存的库存总量。但过分集中储存，储存点与用户之间距离增加，储存总量虽然降低，但运费增加，因此要达到适度集中库存。

（3）加快周转速度，提高单位产出。

储存现代化的一个重要方面是将静态储存变为动态储存，加快周转速度，加快资金周转，减少货损，增加仓库吞吐能力，降低仓储成本。

（4）采取有效的"先进先出"的方式。

为尽可能缩短储存物品的储存期，宜采取先进先出的方式。主要措施包括：使用贯通式货架，物品在通道中按时间顺序存取；采用"双仓"法储存，对每种储存物资准备两个货位，轮流进行储存与取出，一个货位取完后方可补充；建立计算机存取系统，存货时输入时间记录，取货时计算机按时间顺序给予取货指示。

（5）提高储存密度，提高仓容利用率。

采用高层货架仓库、使用集装箱等，采取高垛方式，增加储存的高度；采用窄巷式通道，配以轨道式装卸车辆，缩小库内通道密度；采用密集型货架、贯通式货架减少通道数量，增加储存有效面积。

（6）采用有效的储存定位系统。

采用有效的储存定位系统可以迅速查找货物位置，提高上货和取货速度。通常使用的是四位数定位法，依次表示库号、架号、层号、位号，使每个货位都有固定的编号。如 K5AB10d15 表示：5 号库房 AB 货区第 10 号料架第 4 层 15 号货位，见表 2 - 4。

表 2 - 4　货位编号

顺序号	1	2	3	4	5	6
表示内容	库棚场别	库棚场号	货区号	货架（垛）号	货架（垛）层号	货位号
符号	KPC	数字	大写字母	数字	小写字母	数字

（7）按物品的特性进行储存。

根据出库频率选定储存位置，出入库高的物品靠近出入口，流动性差的物品放在离出入口稍远位置；同类物品放在同一位置，相类似的物品放在相近位置；重的物品放在货架的下部，轻的物品放在上部；标准形状的物品直接放在托盘或货架上，特殊形状的物品采用相应的器具保管。

二、自动化仓库

自动化仓库又称自动化立体仓库、高层货架仓库等 AS/RS（Automatic Storage & Retriever System）。自动化仓库是在生产力和科学水平不断提高的情况下出现的崭新的物流技术。自动化仓库一般是指用货架—托盘系统储存单元化的货物，采用电子计算机控制或人工控制的巷道式起重设备取送货物的一种新型仓库。

1. 自动化仓库的分类

自动化仓库有以下几种分类方法：

（1）按仓库的建筑形式分。

有整体式自动化仓库和分离式自动化仓库。

（2）按仓库高度分。

12 米以上的为高层自动化仓库；5 米～12 米之间的为中层自动化仓库；5 米以下的为低层自动化仓库。一般在 5 米以上，才称"立体"仓库。

（3）按仓库容量分。

托盘数量在 2 000 个以下的为小型自动化仓库；托盘数量在 2 000～5 000 个的为中型自动化仓库；托盘数量在 5 000 个以上的为大型自动化仓库。

（4）按货架形式分。

有固定货架式自动化仓库、重力货架式自动化仓库。重力式货架借助重力作用，使物资自动从一端进、另一端出。

（5）按控制方法分。

有手动控制的自动化仓库和电子计算机控制的自动化仓库。

2. 自动化仓库的运行

（1）电子计算机控制巷道堆垛机的运行。

在采用托盘货架的自动化仓库中，物资的入库出库作业主要依靠巷道堆垛起重机来完成。电子计算机对堆垛起重机的控制有两种方式，即直接控制方式和由电子计算机输出纸带或卡片的间接控制方式。前者能够实现完全的实时处理，因而控制水平最高。

电子计算机直接控制巷道堆垛起重机是通过卡片或键盘输入出入库信息，经巷道堆垛机上控制系统接收并控制其运行、升降及货叉机构的运行，以完成对托盘货物的存取。

（2）入库作业过程。

①码盘。物资运到仓库后，首先应在入库作业中验收、理货、按码盘工艺要求将成件货物集合码放在托盘上，使之成为托盘单元化货物。

②将托盘货物置于入库货台上。有两种手段：使用叉车或由输送机自动进行。输送机的控制方式又可分为两种：由单独设置的顺序控制器控制或由电子计算机集中控制。对由电子计算机集中控制者，向电子计算机输入"入库"指令，从空格卡片盒中抽出一张空格卡片插入读卡器内，辅送机控制系统即根据货格地址的巷道序号顺序进入入库货台上。

③巷道堆垛起重机叉取托盘货物。输送机的上述动作完成后，经电子计算机对反馈信息的检查、确认，便再按顺序发出巷道堆垛起重机的各项动作指令。首先是巷道堆垛起重机叉取置于入库货台上的托盘货物。货叉外伸，载货台起升，货叉缩回，于是托盘货物被移载到巷道堆垛机的载货台上。

④巷道堆垛起重机运行。巷道堆垛起重机沿巷道做纵向运行。同时，载货台沿立柱垂直起升。在运行和起升中，巷道堆垛起重机向电子计算机不断反馈认证信息，通过电子计算机运算、确认而向巷道堆垛起重机的运行机构和升降机构发出切换速度直至最终停止的指令，使巷道堆垛起重机的货叉部位停准在货架的预定位置。

⑤向货格存入托盘货物。货叉根据伸叉指令而向左或向右伸出。当货叉接近货格时，货叉上探测装置动作，探明该货格是否为"空格"，以避免对满格重入货而发生事故。在确认"空格"无误后，货叉继续外伸到位，载货台略为下降，放下托盘货物后货叉缩回。于是，托盘货物便由载货台移载到指定货格中了。

⑥巷道堆垛起重机回到原位。为了继续进行入出库作业，巷道堆垛起重机一般回到原位待命。这里所说的原位，通常为巷道的入库口。

根据仓库平面布置的不同，入库口与出库口有分在巷道两端的，也有合在一端共用的。如果入出库口共用，则巷道堆垛起重机回到原位时可顺便把需要出库的托盘货物带出。

电子计算机除了对机械作业进行自动控制外，还可以对温湿度、消防、报警等方面实行自动控制。

（3）出库作业过程。

物资的出库作业与入库作业受同一套控制系统控制，但具体过程有所不同。简言之，操作人员根据出库通知单从满格卡片盒中找出储存所需物资的满格卡片，将此卡片插入读卡器中，发出"出库"指令。巷道堆垛起重机便按指令运行并停准在指定货格处，由货叉取出托盘货物，送到巷道出口处，将此托盘货物移载到出库货台上，然后由叉车或输送机运送出库。

3. 自动化仓库的发展趋势

（1）自动化仓库已进入智能技术阶段。

20世纪90年代后，自动化仓库进入智能技术储存阶段。智能技术储存包括两种方式，即人工（或机械）智能和自然（或人类）智能，内容涉及智能物料储运设计和智能物料储运作业。目前，人们正在人工智能及其有关在物料储运领域中的专家系统技术方面进行着大量的工作。例如，将专家系统应用于自动导引车和单轨系统，使它们具有确定的路线和合理的运行决策。在接受物料入库装运出库方面，专家系统能控制机器人进行物料入架和出库操作，能控制堆垛机的装卸，以及指定物料贮存地点。正在研制的一种专家系统，能辅助设计人员设计自动导引车导向槽和缓冲件，配置和选择单元装载和研究小型物件的储存技术。为了设计智能化的仓储系统，应不断深化研究物料处理的基础知识以及复杂的仓储大系统技术。

（2）堆垛技术的快速、准确。

在堆垛机方面，除不断推出具有漂亮外形的产品外，机械的性能也在不断提高。巷道堆垛机垂直和水平方向的运行速度大幅度提高，最大走行速度每分钟可达 200 米，最大提升速度每分钟可达 50 米。巷道堆垛机作业双循环次数由最初的每小时 15～20 次提高到 60～80 次，一个大型的自动化仓库每小时可完成 500～800 次出入库作业。由于电子和控制技术在巷道堆垛机上的广泛应用，巷道堆垛机具有了更高的定位精度、更强的搜索能力和更快的运行速度。

（3）信息处理技术实时、可靠。

先进的自动化仓库发展的一个重要方面是信息处理技术的不断更新。目前为了提高信息的传输速度和信息的准确性，扫描技术的应用是一个明显的特征。将相关数据的采集、处理和交换在搬运工具与中央计算机之间快速进行传递，使物品的存取和信息的发送做到快速、实时、可靠和准确。

（4）自动化仓库的规模。

自动化仓库的建设规模形成了一条从小到大的、又从大到小的运行曲线。最初的自动化仓库的规模仅有几百个或上千个货位，后来发展到上万个，甚至十几万个货位，美国的 Halmark 公司使用的多达 120 条巷道的自动化仓库使建库规模达到了顶峰。如今大型的自动化仓库已不再是发展方向，甚至 10～20 条巷道的自动化仓库也经常不是建库的首选了。为了适应市场多变的新形势，人们越来越多地钟情于规模较小的、反应速度更快的、用途更广的自动化仓库。

（5）自动化仓库更适应现代生产方式。

现代生产方式的发展以柔性制造和精益生产为主流，计算机集成制造系统和工厂自动化生产对自动化仓库又提出了新的要求。从制造与仓库的关系角度考查，工厂和仓库中的物流必须伴随着并行的信息流。射频数据通信、条形码技术、扫描技术等对信息的实时传递和处理与自动化仓库之中的巷道堆垛机、激光自动导引车、移动式机器人等的物流先进手段的配合，已被证明是适合柔性制造的理想选择。

任务五　流通加工

1．流通加工的概念

（1）流通加工概念。

国家标准《物流术语》中对流通加工的定义是："物品在生产地到使用地的过程中，根据需要施加包装、分割、计量、分拣、刷标志、拴标签、组装简单作业的总称。"流通加工并不一定在物流活动中必然存在，而且，传统的运输、仓储一般也不包括流通加工功能。但是流通加工随着销售竞争的日益激烈和客户的个性化、多样化需求，越来越显示出它不可替代的重要地位和作用。所以，流通加工既属于加工范畴，又属于物流活动的一部分。

（2）流通加工和生产加工的区别。

流通加工和一般的生产型加工在加工方法、加工组织、生产管理方面并无显著区别，但在加工对象、加工程度方面差别较大，其主要差别表现在五个方面。

①加工对象的区别。流通加工的对象是进入流通过程的商品，具有商品的属性，以此来区别多环节生产加工中的一环。流通加工的对象是商品，而生产加工对象不是最终产品，而是原材料、零配件、半成品。

②加工程度的区别。流通加工程度大多是简单加工，而不是复杂加工，一般来讲，如果必须进行复杂加工才能形成人们所需的商品，那么，这种复杂加工应专设生产加工过程，生产过程应完成大部分加工活动，流通加工则是对生产加工的一种辅助及补充。需要指出的是，流通加工绝不是对生产加工的取消或代替。

③附加价值的区别。从价值观点看，生产加工的目的在于创造使用价值，而流通加工则在于完善使用价值，并在不做大改变的情况下提高价值。

④加工责任人的区别。流通加工的组织者是从事流通工作的人，能密切结合流通的需要进行这种加工活动。从加工单位来看，流通加工由商业或物资流通企业完成，而生产加工则由生产企业完成。

⑤加工目的的区别。商品生产是为交换、消费而进行的，流通加工的一个重要目的也是为了消费（或再生产），这一点与商品生产有共同之处。但是流通加工也有时候是以自身流通为目的的，纯粹为流通创造条件，这又是流通加工不同于一般生产的特殊之处。

（3）流通加工的地位与作用。

①流通加工在物流中的地位。

a．流通加工有效地完善了流通。流通加工在实现时间场所的两个重要效用方面，确实不能与运输和储存相比，因而，不能认为流通加工是物流的主要功能要素。流通加工的普遍性也不能与运输、储存相比，流通加工不是所有物流中必然出现的。但这绝不是说流通加工不甚重要，实际上它也是不可轻视的，它有着补充、完善、提高、增加的功能，它的作用是运输、储存等其他功能要素无法替代的。所以，流通加工的地位可以描述为：是提高物流水平，促进流通向现代化发展的不可缺少的形态。

b. 流通加工是物流中的重要利润源。流通加工是一种低投入高产出的加工方式，往往以简单加工解决大问题。实践证明，有的流通加工通过改变装潢使商品档次跃升而充分实现其价值，有的流通加工将产品利用率一下子提高 20% ~ 50%，这是采取一般方法提高生产率所难以企及的。根据我国近些年的实践，流通加工仅向流通企业提供利润一点，其成效并不亚于从运输和储存中挖掘的利润，是物流中的重要利润源。

c. 流通加工在国民经济中也是重要的加工形式。在整个国民经济的组织和运行方面，流通加工是其中一种重要的加工形态，对推动国民经济的发展、完善国民经济的产业结构和生产分工有一定的意义。

②流通加工的作用。

a. 通过流通加工，使物流系统服务功能大大增强。从工业化时代进入新经济时代，一个重要标志是出现"服务社会"，增强服务功能是所有社会经济系统必须要做的事情。在物流领域，流通加工在这方面有很大的贡献。

b. 使物流系统可以成为"利润中心"。通过流通加工，提高了物流对象的附加价值，这就使物流系统可能成为新的"利润中心"。

c. 通过流通加工，可以使物流过程减少损失、加快速度、降低操作成本，因而可能降低整个物流系统的成本。

d. 提高原材料利用率。利用流通加工环节进行集中下料，是将生产厂直接运来的简单规格产品，按使用部门的要求进行下料。例如将钢板进行剪板、切裁，将木材加工成各种长度及大小的木板、方料等。

e. 进行初级加工，方便用户。用量小或临时需要的使用单位，缺乏进行高效率初级加工的能力，依靠流通加工可为使用单位省去进行初级加工的投资、设备及人力，从而搞活供应，方便了用户。例如：净菜加工、将水泥加工成生混凝土、冷拉钢筋及冲制异型零件等加工。

f. 提高加工效率及设备利用率。由于建立集中加工点，可以采用效率高、技术先进、加工量大的专门机具和设备。一是提高了加工质量，二是提高了设备利用率，三是提高了加工效率。其结果是降低了加工费用及原材料成本。例如，在对钢板下料时，采用气割的方法，需要留出较大的加工数量，不但出材率低，而且加工质量也不好。集中加工后可设置高效率的剪切设备，在一定程度上减少了上述问题。

g. 充分发挥各种输送手段的最高效率。流通加工环节将实物的流通分成两个阶段。第一阶段是在数量有限的生产厂与流通加工点之间进行定点、直达、大批量的远距离输送，因此，可以采用船、火车等大量输送的手段；第二阶段是利用汽车和其他小型车辆来输送经过流通加工后的多规格、小批量、多用户的产品。这样可以充分发挥各种输送手段的最高效率，加快输送速度，节省运力运费。

h. 改变功能，提高收益。在流通过程中进行一些改变产品某些功能的简单加工，其目的除上述几点外，还在于提高产品销售的经济效益。例如，内地的许多制成品（如洋娃娃、工艺美术品等）在深圳进行简单的包装装潢加工，改变了产品外观，仅此一项就可使产品售价提高 20% 以上。

所以，在物流领域中，流通加工可以成为高附加价值的活动。这种高附加价值的形成，主要是通过满足用户的需要、提高服务功能而取得的，是贯彻物流战略思想的表现，是一种低投入、高产出的加工形式。

2. 流通加工的类型

为了充分体现流通加工对物流服务的增强，形成了很多种流通加工。

（1）为弥补生产领域加工不足的深加工。

（2）为满足需求多样化进行的服务性加工。

（3）为保护产品所进行的加工。

（4）为提高物流效率、方便物流的加工。

（5）为促进销售的流通加工。

（6）为提高加工效率的流通加工。

（7）为提高原材料利用率的流通加工。

（8）衔接不同运输方式、使物流合理化的流通加工。

（9）以提高经济效益、追求企业利润为目的的流通加工。

（10）生产流通一体化的流通加工形式。

3. 各种产品流通加工形式

（1）水泥熟料的流通加工。

在需要长途运入水泥的地区，变运入成品水泥为运进水泥熟料，在该地区的流通加工点磨细，并根据当地资源和需要掺入混合材料及外加剂，制成不同品种及标号的水泥供应给当地用户，这是水泥流通加工的重要形式之一。

（2）机电产品组装加工。

自行车及机电设备储运困难较大，主要原因是不易进行包装，如进行防护包装，包装成本过大，并且运输装载困难，装载效率低，流通损失严重。但是，这些货物有一个共同特点，即装配较简单，装配技术要求不高，主要功能已在生产中形成，装配后不需进行复杂检测及调试。所以，为解决储运问题、降低储运费用，对半成品（部件）进行高容量包装出厂，在消费地拆箱组装，组装之后随即进行销售，这种流通加工方式近年来已被广泛采用。

（3）钢板剪板及下料加工。

热轧钢板和钢带等板材最大交货长度可达 7～12 米，有的是成卷交货，对于使用钢板的用户来说，大、中型企业由于消耗批量大，可设专门的剪板及下料加工设备，按生产需要进行剪板、下料加工。但是，对于使用量不大的企业和多数中、小型企业来说，单独设置剪板、下料的设备有设备闲置时间长、人员浪费大、不容易采用先进方法的缺点，钢板的剪板及下料加工可以有效地解决上述弊病。

剪板加工是在固定地点设置剪板机进行下料加工或设置种种切割设备将大规格钢板裁小，或切裁成毛坯，以降低销售起点，便利用户。

（4）木材的流通加工。

①磨制木屑，压缩输送。

这是一种为了实现流通的加工。木材是低密度的物资，在运输时占有相当大的体积，往往使车船满装但不能满载，同时，装车、捆扎也比较困难。从林区外送的原木中有相当一部分是造纸材，采取在林木生产地就地将原木磨成木屑，然后采取压缩方法使之成为密度较大、容易装运的形状，之后运至靠近消费地的造纸厂，以此达到较好的效果。

②集中原木下料。

在流通加工点将原木锯截成各种规格木材，同时将碎木、碎屑集中加工成各种规格板，甚至还可进行打眼、凿孔等初级加工。实行集中下料按用户要求供应规格料，可以使原木利用率提高到95%，出材率提高到72%左右，有相当大的经济效益。

4. 煤炭及其他燃料的流通加工

（1）除矸加工。

这是以提高煤炭纯度为目的的加工形式。为了多运"纯物质"，少运矸石，以充分利用运力、降低成本，可以采用除矸的流通加工排除矸石。

（2）为管道输送煤浆进行的煤浆加工。

煤炭的运输方法主要采用运输工具载运方法，运输中损失流费较大，又容易发生火灾。采用管道运输是近代兴起的一种先进技术。这种方式不与现有运输系统争夺运力，输送连续、稳定而且快速，是一种经济的运输方法。

（3）配煤加工。

在使用地区设置集中加工点，将各种煤及一些其他发热物质，按不同配方进行掺配加工，生产出各种不同发热量的燃料，称作配煤加工。这种加工方式可以按需要发热量生产和供应燃料，防止热能浪费、"大材小用"的情况，也防止发热量过小、不能满足使用要求的情况出现。

（4）天然气、石油气等气体的液化加工。

由于气体输送、保存都比较困难，天然气及石油气往往只好就地使用，如果当地资源充足而使用不完，往往就地燃烧，造成浪费和污染。在产出地将天然或石油气压缩到气液临界压力之上，使之由气体变成液体，就可以用容器装运，使用时机动性也较强。

5. 平板玻璃的流通加工

按用户提供的图纸对平板玻璃套裁开片，向用户供应成品，用户可以将其直接安装到采光面上。这种方式的好处是：平板玻璃的利用率可由62%～65%提高到90%以上。不但节约了大量包装用木材，而且可防止流通中的大量破损，可单品种大批量生产，能提高生产率。废玻璃相对数量少并且易于集中处理，能够增强服务功能。

6. 生鲜食品的流通加工

（1）冷冻加工。

为解决鲜肉、鲜鱼在流通中保鲜及搬运装卸的问题，采取低温冻结方式的加工。这种方式也用于某些液体商品、药品等。

（2）分选加工。

农副产品规格、质量离散状况情况较大，为获得一定规格的产品，采取人工或机械分选的方式加工称分选加工，这种加工广泛用于果类、瓜类、谷物、棉毛原料等。

（3）精制加工。

农、物、渔等产品精制加工是在产地或销售地设置加工点，去除无用部分，甚至可以进行切分、洗净、分装等加工。这种加工不但大大方便了购买者，而且还可以对加工的淘汰物进行综合利用。比如，鱼类的精制加工所剔除的内脏可以制成某些药物或饲料，鱼鳞可以加工成高级黏合剂，头尾可以制鱼粉等。

（4）分装加工。

许多生鲜食品零售起点较小，为保证高效输送出厂，而包装较大；也有一些是采用集装运输方式运达销售地区。为了便于销售，在销售地区按所要求的零售起点进行新的包装，即大包装改小包装、运输包装改销售包装。这种方式称分装加工。

7. 冷链系统和商品混凝土

冷链系统和商品混凝土是两种特殊的流通加工形式。一般的流通加工，都是在物流结点上进行加工，而冷链系统和商品混凝土中的一种加工方式（不是全部商品混凝土），是在流通线路上，与在流通设施运行的过程中进行加工的概念又有区别。

（1）冷链系统。

冷链系统是在物流过程中创造物流环境的温度条件进行控温冷藏、冷冻的一种特殊的物流系统。冷链的"链"的含义指的是"全过程"，和一般冷藏物流系统相比较，特别强调一开始就进入所要求的温度环境之中，直到交给消费者为止。例如，水果从采摘之后开始，到达最终消费时为止；肉类从屠宰冷却之后开始，直到交给消费者。全过程都在有效的温度环境控制之中。

（2）商品混凝土。

改变以粉状水泥供给用户、由用户在建筑工地现制现拌混凝土的习惯使用方法，而将粉状水泥输送到使用地区的流通加工点（集中搅拌混凝土工厂或称商品混凝土工厂），在那里搅拌成商品混凝土，然后供给各个工地或小型构件厂使用；也可以将混凝土的干配料混合搅拌，到工地之后，通过专用喷射设备与水及外加剂混合成为混凝土。这是水流流通加工的另一种重要方式。采用集中搅拌混凝土的方式，也有利于新技术的推广应用，大大简化了工地材料的管理，节约施工用地。

8. 流通加工合理化

流通加工合理化的含义是实现流通加工的最优配置，不仅要做到避免各种不合理的情况，使流通加工有存在的价值，而且要做到最优的选择。为避免各种不合理现象，对是否设置流通加工环节、在什么地点设置、选择什么类型的加工、用什么样的技术装备等，都需要做出正确的抉择。目前，国内在进行这方面合理化的考虑中已积累了一些经验，取得了一定成果。

实现流通加工合理化主要考虑以下几方面。

（1）加工和配送结合。

这是将流通加工设置在配送点中，一方面按配送的需要进行加工，另一方面加工又是配送业务流程中分货、拣货、配货之一环，加工后的产品直接投入配货作业，这就无须单独设置一个加工的中间环节，使流通加工有别于独立的生产，从而使流通加工与中转流通巧妙地结合在一起。同时，由于配送之前有加工，可使配送服务水平大大提高。这是当前对流通加工做合理选择的重要形式，并在煤炭、水泥等产品的流通中已表现出较大的优势。

（2）加工和配套结合。

在对配套要求较高的流通中，配套的主体来自各个生产单位，但是，完全配套有时无法全部依靠现有的生产单位。进行适当流通加工，可以有效地促进配套，大大增强流通的桥梁与纽带功能。

（3）加工和合理运输结合。

流通加工能有效衔接干线运输与支线运输，促进两种运输形式的合理结合。利用流通加工，在支线运输转干线运输或干线运输转支线运输这些本来就必须停顿的环节，不进行一般的支转干或干转支，而是按干线或支线运输合理的要求进行适当加工，从而大大提高运输及运输转载水平。

（4）加工和合理商流相结合。

通过加工有效促进销售，使商流合理化，也是流通加工合理化的考虑方向之一。通过加工，提高了配送水平，强化了销售，是加工与合理商流相结合的一个成功的例证。

此外，通过简单地改变包装加工，形成方便的购买量；通过组装加工期解除用户使用前进行组装、调试的难处，都是有效促进商流的例子。

（5）加工和节约相结合。

节约能源、节约设备、节约人力、减少耗费是流通加工合理化的重要考虑因素，也是目前我国设置流通加工时，考虑其合理化的较普遍形式。

任务六　配送与配送中心

一、配送

1. 配送概念

所谓配送是指在经济合理区域范围内，根据客户要求对物品进行拣送、加工、包装、分割、组配等作业，并按时送达指定地点的物流活动。

从物流角度来说，配送几乎包括了所有的物流功能要素，是物流的一个缩影或在较小范围中物流全部活动的体现。一般的配送集装卸、包装、保管、运输为一体，通过一系列活动完成将物品送达客户的目的。特殊的配送则还要以加工活动为支撑，包括内容广泛。

2. 配送的发展阶段

配送活动的实践始于20世纪60年代初，这一阶段，可称为配送的萌芽阶段。人们由普通送货转向备货、送货一体化。之后进入配送的发展阶段，企业开始设立配送中心，探索共同配送。

到了20世纪末，配送进入成熟阶段。配送区域进一步扩大，配送手段日益先进，配送集约化程度明显提高。现在，已经进入配送的现代化阶段，配送讲求信息化、网络化、系统化、自动化、规模化、社会化，见表2-5。

表2-5 配送的发展阶段

时 间	阶 段	内 容
1960—1965 年	配送的萌芽阶段	由普通送货转向备货、送货一体化
1966—1980 年	配送的发展阶段	设立配送中心，实行共同配送，建立配送体系
1981—20 世纪末	配送的成熟阶段	配送区域进一步扩大，配送手段日益先进，配送集约化程度明显提高，配送方式日趋多样化
21 世纪	配送的现代化阶段	配送进一步信息化、网络化、系统化、自动化、规模化、社会化

3．配送的作用

（1）完善了输送及整个物流系统。

配送环节处于支线运输，灵活性、适应性、服务性都较强，能将支线运输与小搬运统一起来，使运输过程得以优化和完善。

（2）提高了末端物流的经济效益。

采取配送方式，通过增大经济批量来达到经济的进货。它采取将各种商品配齐集中起来向用户发货和将多个用户小批量商品集中在一起进行发货等方式，以提高末端物流经济效益。

（3）通过集中型库存，可使企业实现低库存或零库存。

实行集中库存，使集中库存的总量远低于不实行库存时各企业分散库存之总量，同时增加了调节能力，也提高了社会经济效益。此外，采用集中库存可利用规模经济的优势，使单位存货成本下降。

（4）简化手续，方便用户。

采取配送方式，用户只需要向配送中心一处订购，就能达到向多处采购的目的，只需组织对一个配送单位的接货便可代替现有的高频率接货，因而大大减轻了用户的工作量和负担，也节省了订货、接货等一系列费用开支。

（5）提高了供应保证程度。

生产企业自己保持库存，维持生产，供应保证程度很难提高（受库存费用的制约）。采取配送方式，配送中心可以比任何企业的储备量更大，因而对每个企业而言，中断供应、影响生产的风险便相对缩小，使用户免去短缺之忧。

4．配送的基本环节

从总体上看，配送是由备货、理货和送货等三个基本环节组成的，其中每个环节又包含着若干项具体的、枝节性的活动。

（1）备货。

①备货的概念。

备货即指准备货物的系列活动。它是配送的准备工作或基础环节，又是决定配送成败与否、规模大小的最基础环节。

②备货的内容。

a. 筹集货物。在不同的经济体制下，筹集货物是由不同的行业为主体去完成的。若生产企业直接进行配送，那么，筹集货物的工作自然是由企业自己去组织的。在专业化流通体制下，筹集货物的工作则会出现两种情况：其一，由提供配送服务的企业直接承担，一般是通过向生产企业订货或购货完成此项工作；其二，选择商流、物流分开模式的配送，订货、购货等筹集货物的工作通常是由货主自己去做，配送组织只负责进货和集货等工作，货物所有权属于事主。然而，不管具体做法怎样不同，就总体活动而言，筹集货物都是由订货（或购货）、进货、集货及有关的质量检查、结算、交接等一系列活动组成的。

b. 储存货物。储存货物是购货、进货活动的延续。在配送活动中，货物储存有两种表现形态：一种是暂存形态，即指按照分拣、配货工序要求，在理货场地储存少量货物。这种形态的货物储存是为了适应"日配""即时配送"需要而设置的，其数量多少对下一个环节的工作方便与否会产生很大影响，但一般来说，不会影响储存活动的总体效益。另一种是储备（包括保险储备和周转储备）形态。是按照一定时期配送活动要求和根据货源的到货情况，有计划地确定的，它是使配送持续运作的资源保证。

如上所述，用于支持配送的货物储备有两种具体形态：保险储备和周转储备。然而不管是哪一种形态的储备，相对来说，数量都比较多。据此，货物储备合理与否，会直接影响配送的整体效益。

（2）理货。

①理货的内容。理货是配送的一项重要内容，也是配送区别于一般送货的重要标志。理货包括货物分拣、配货和包装等项经济活动。

②货物分拣的主要方式。货物分拣采用适当的方法和手段，从储存的货物中分出（或拣选）用户所需要的货物。分拣货物一般采取两种方式来操作：一是摘取式，二是播种式。

a. 摘取式分拣就像在果园中摘果子那样去拣选货物。具体做法是：作业人员拉着集货箱在排列整齐的仓库货架间巡回走动，按照配送单上所列的品种、规格、数量等，将客户所需要的货物拣出及装入集装箱内。在一般情况下，每次拣选只为一个客户配装。目前，推广和应用了自动化分拣技术，由于装配了自动化分拣设施等，大大提高分拣作业的劳动效率。

摘取式分拣的工艺过程：储物货位相对固定，而拣选人员或工具相对运动，所以又称作"人到货前式工艺"。形象地说，类似于人们进入果园，在一棵树上摘下熟了的果子后，再转到另一棵树前去摘果。

b. 播种式分拣货物类似于田野中的播种操作。具体做法是：将数量较多的同种货物集中运到发货场，然后，根据每个货位货物的发送数量分别取出货物，并分别投放到每个代表用户的货位上，直到配货完毕。为了完好无损地运送货物和便于识别配备好的货物，有些经过分拣、配备好的货物尚需重新包装，并且要在包装物上贴上标签，记载货物的品种、规格、数量、收货人的姓名、地址及运抵时间等。

播种式分拣的工艺过程：用户的分货位固定，而分货人员或工具携货物相对运动，所以又称作"货到人前式工艺"。形象地说，类似于一个播种者，一次取出几亩地所需要的种子，在地中边巡回边播种，所以又称之为播种方式。

（3）送货。

送货是配送活动的核心，也是备货和理货工序的伸延。在物流运动中，送货的现象形态实际上就是货物的运输。因此，常常以运输代表送货。但是，组成配送活动的运输与通常所讲的"干线运输"是有很大区别的：前者多表现为对用户的"末端运输"和短距离运输，并且运输的次数比较多；后者多为长距离运输（"一次运输"）。由于配送中的送货（或运输）需面对众多的客户，并且要多方向运动，因此，在送货过程中，常常要进行运输方式、运输路线和运输工具的三种选择。按照配送合理化的要求，必须在全面计划的基础上，制定科学的、距离较短的货运路线，选择经济、迅速、安全的运输方式和适宜的运输工具。通常，配送中的送货都把汽车作为主要的运输工具。

（4）配送加工。

配送加工是配送企业在配送系统内，按用户要求，设立加工场所进行的加工活动，如卷板展平、开片、下料、原木锯材、型材加工、玻璃集中套裁等，把货物变为用户需要的尺寸、规格或成分；还有器件组装、包装、集装、换装等。虽然配送加工的加工目的单一，但是可以取得多种社会效果，比如可以提高运输效率、降低消耗、减轻生产企业负担、满足用户需要、提高配送质量、增加配送效益等。同时，也可以完善配送功能，提高配送的总体经济效益。

配送企业必须按照所配送商品的特点和用户的基本要求来确定其加工内容，并设置加工设备，配备一定加工及其技术管理人才，按生产加工程序组织生产，努力提高劳动生产率和加工质量，降低劳动消耗，提高配送加工的经济效益。

5. 配送应用

（1）在销售环节的应用——销售配送。

销售配送的经营管理模式有以下几种。

①电子商务的销售配送。

a. 和 B－to－C 电子商务配套的"门到人"销售配送。这种销售配送的用户是以生活资料为主体的最终消费者。这就决定在管理上要面临数量庞大的用户、需求不稳定的用户、个性化及突发性需求的用户、每次需求品种及数量都小的用户，当然，在这种情况下，很难实行计划配送，因而有非常大的管理难度。

b. 和 B－to－B 电子商务配套的"门到门"配送。这种销售配送的用户是以生产产品为主体的企业，或是以零售为主的商业企业。这些用户的特点是需求品种规格较多、数量较大、需求较稳定而且用户的数量确定，用户的随机性较小。所以，这种类型的销售配送比较容易建立精细的计划管理。

在网络经济时代中，和虚拟网上交易相配套，利用配送方式将网上销售的商品送交用户，这是网络经济运行中必须要做的事情。销售配送作为电子商务重要的支撑力量，是不可缺乏的，因而也是"新经济"的一种经济活动方式。

②批发分销型销售配送。

批发分销型销售配送的应用领域主要是大型商业批发企业、大型工业、农业企业在国际贸易中或全国性、大范围的批发分销，其过程如图 2－3 所示。

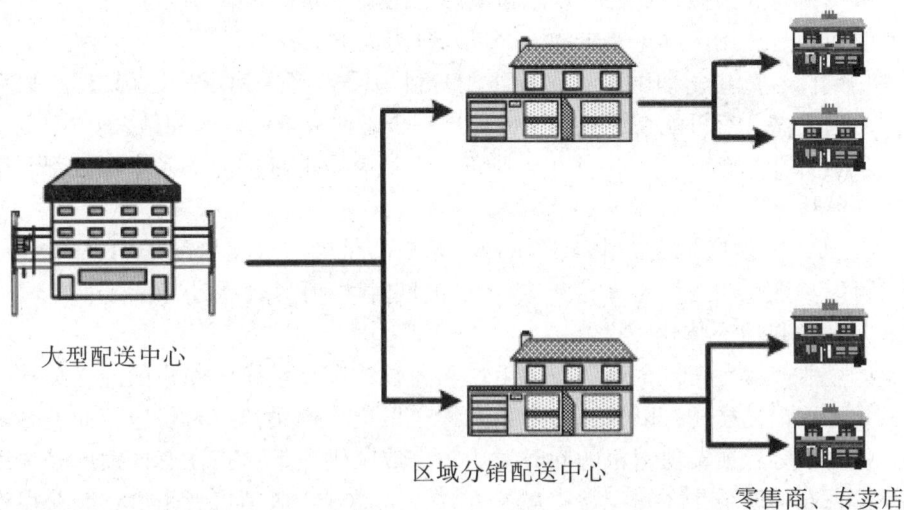

大型配送中心　　　区域分销配送中心　　　零售商、专卖店

图 2-3　批发分销配送

③零售型销售配送。

零售销售配送是面向广大消费者的配送，主要是"门到人"和"门到门"方式的配送。

零售型销售配送可以采用电子商务的交易方式，也可以采用电话订货、传真订货、通信订货以及现在广泛采用的商店购货等方式进行交易活动，然后采用"商物分离"的方式，由配送中心或者商店进行配送。这是通用的配送方式，前面所讲的和电子商务配套的销售配送只是其中的一个类型。

（2）在供应环节的应用——供应配送。

供应配送往往是针对特定的用户，用配送方式满足这特定用户的供应需求的配送方式。

这种方式配送的对象是确定的，用户的需求是确定的，用户的服务要求也是确定的，所以，这种配送可以形成较强的计划性，较为稳定的渠道，有利于提高配送的科学性和强化管理。有了这个前提条件，才可以建立"供应链管理"的管理方式。

供应配送有以下两种方式：

①由企业自己组织企业供应需求的配送。

这种配送组织管理方式多发生在巨型企业和集团企业。这种类型的企业可以实行统一订货、集中库存、准时配送的方式，以保证车间和分厂或分公司的供应配送服务，甚至可以达到"零库存"的配送供应服务。由于是在同一企业之内，可以建立比较完善的信息系统，有统一的计划、指挥系统，可以做到企业内需求和供应的同步，有较强的科学性。

②由社会物流服务商（第三方物流）进行供应配送。

这种配送组织管理方式，是由社会物流服务商对某一企业或者若干企业的供应需求实行统一订货、集中库存、准时配送或其他配送服务的方式。依靠社会物流服务商的专业配送服务，可以使企业专注于本身的核心竞争力和核心生产力，把供应服务委托给专业的第三方物流企业去做,往往可以取得更好的供应保障和更低的成本。

这种供应配送按用户送达要求的不同可以分为以下几种形式:

a. "门到门"配送。即由配送企业将用户供应需求配送到用户"门口",以后的事情由用户自己去做,有可能在用户企业内部进一步延伸成企业内的配送。

b. "门到库"配送供应。由配送企业将用户供应需求直接配送到企业内部各个环节的仓库。

c. "门到线"供应配送。由配送企业将用户的供应需求直接配送到生产线。显然,这种配送可以实现企业的"零库存",对配送的准时性和可靠性要求较高。

(3)销售—供应一体化配送。

由生产企业或者是销售企业以自己生产和经营的产品供应给用户的配送形式。第三方物流只是受用户之委托,以自己的专长和配送渠道代理用户进行供应,而不是货物的所有者。货物所有者在实现销售的同时对用户完成了供应,这是在有连锁产品关系的企业之间、子企业和母企业之间经常采用的方式。这种方式从销售者来讲,能获得稳定的用户销售渠道,有利于本身的稳定和持续发展,有利于强化与用户关系并取得销售经营的收益。对于用户来讲,能获得稳定的供应,可大大节约本身组织供应所耗用的人力、物力、财力,因而对供应保证程度可望大大提高。

二、配送中心

1. 配送中心的定义

配送中心是从事货物配备(集货、加工、分货、拣选、配货)并组织对用户的送货,以高水平实现销售和供应服务的现代物流据点。2001年8月1日颁布实施的《中华人民共和国国家标准物流术语》(GB/T 18354—2001)中关于配送中心是这样定义的:从事配送业务的物流场所或组织,应基本符合下列要求:

(1)主要为特定的用户服务。

(2)配送功能健全。

(3)完善的信息网络。

(4)辐射范围小。

(5)多品种、小批量。

(6)以配送为主,储存为辅。

2. 配送中心的基本功能

(1)采购功能。

配送中心应根据市场的供求变化情况,制订并及时调整统一的、周全的采购计划,并由专门的人员与部门组织实施。

(2)存储功能。

配送中心的服务对象是为数众多的生产企业和商业网点。配送中心通过集货和储存货物,起到了平衡供求的作用,能有效地解决季节性货物的产需衔接问题。

(3)配组功能。

由于每个用户企业对商品的品种、规格、型号、数量、质量、送达时间和地点等的要求不同,配送中心就必须按用户的要求对商品进行分拣和配组。配送中心的这一功能是其与传统仓储企业的明显区别之一，这也是配送中心的最重要的特征之一。可以说，没有配组功能，就没有配送中心。

（4）分拣功能。

作为物流结点的配送中心，其服务对象是为数众多的企业，且彼此之间差别很大。因此，在订货或进货时，不同的用户对于货物的种类、规格、数量会提出不同的要求。针对这种情况，为了有效地进行配送，即为了同时向不同的用户配送多种货物，配送中心必须采取适当的方式对组织进来的货物进行拣选，并且在此基础上，按照配送计划分装和配装货物。这样，在商品流通实践中，配送中心除了能够储存货物、具有存储功能外，它还增加了分拣货物的功能，发挥分拣中心的作用。

（5）分装功能。

从配送中心的角度来看，它往往希望采用大批量的进货来降低进货价格和进货费用。但是用户企业为了降低库存、加快资金周转、减少资金占用，则往往要采用小批量进货的方法。为了满足用户的要求，即用户的小批量、多批次进货，配送中心就必须进行分装。

（6）集散功能。

在物流实践中，配送中心凭借其特殊的地位以及其拥有的各种先进的设备和设施，能够将分散在各个生产企业的产品集中到一起，然后经过分拣、配装向多家用户发运。与此同时，配送中心也可以做到把各个用户所需要的多种货物有效地组合（或配装）在一起，形成经济、合理的货载批量。配送中心在流通实践中所表现出来的这种功能即（货物）集散功能，也有人把它称为"配货、分散"功能。

（7）加工功能。

为了扩大经营范围和提高配送水平，目前，国内许多配送中心都配备了各种加工设备，由此形成了一定的加工能力。这些配送中心能够按照用户提出的要求和根据合理配送商品的原则，将组织进来的货物加工成一定的规格、尺寸和形状。这些加工功能是现代配送中心服务职能的具体体现。

配送中心应该添置必要的机器设备，以便满足用户特别是生产企业对物料的不同需求。为了扩大经营范围和提高配送水平，目前，国内外许多配送中心都配备了各种加工设备，因此形成了一定的加工能力。

3. 配送中心的类别

配送中心解决了用户多样化需求和厂商大批量专业化生产的矛盾，因此，逐渐成为现代物流的标志。

表2-6　配送中心的类别

类　型	作　用
供应配送中心	专门为某个或某用户组织供应的配送中心
销售配送中心	以销售经营为目的、以配送为手段的配送中心。其一，生产企业将本身产品直接销售给消费者；其二，流通企业作为本身经营的一种方式，建立配送中心以扩大销售。其三，流通企业和生产企业联合的协作性配送中心

续上表

类　型	作　　用
城市配送中心	以城市范围为配送范围的配送中心，可直接配送到最终用户。这种配送中心往往和零售经营相结合，由于运距短，反应快，因而从事多品种、少批量、多用户的配送较有优势
区域配送中心	这种配送中心在国外十分普遍。它以较强的辐射能力和库存准备，向省际、全国乃至国际范围的用户进行配送。这种配送中心配送规模较大，用户规模也较大，虽然也从事零星的配送，但不是主体形式
储存型配送中心	它有很强储存功能，且具有较大库存，为广泛的库存品种提供集中运输
流通型配送中心	基本上没有长期储存功能，仅以暂存或随进随出方式进行配货、送货的配送中心
加工型配送中心	以加工产品为主，因此在其配送作业流程中，储存作业和加工作业居主导地位
专业配送中心	配送对象、配送技术属于某一专业范畴，在某一专业范畴有一定的综合性，综合这一专业的多种物资进行配送。以配送为专业化职能，基本不从事经营的服务型配送中心
柔性配送中心	它与专业配送中心相辅相成，且不向固定化、专业化方向发展，而向能随时变化、对用户要求有很强的适应性、不固定供需关系、不断发展配送用户并向改变配送用户的方向发展
特殊的配送中心	指某类配送中心进行配送作业时所经过的程序是特殊的，包括不设储存库（或储存工序）的配送工艺流程和分货型配送中心

知识与技能训练

一、知识题

1. 名词解释

包装　搬运装卸　运输　储存　流通加工　配送　配送中心

2. 填空题

（1）（　　）、（　　）、（　　）和（　　）是构成包装实体的四大要素。

（2）目前主要有 5 种基本的运输方式，即（　　）、（　　）、（　　）、（　　）和（　　）运输。

（3）按仓库容量分：托盘数量在（　　）以下的为小型自动化仓库，托盘数量在

（　　　）~（　　　）的为中型自动化仓库，托盘数量在（　　　）以上的为大型自动化仓库。

（4）分拣货物一般采取两种方式来操作：一是（　　　），二是（　　　）。

（5）配送中心的基本功能有（　　　）、（　　　）、（　　　）、（　　　）、（　　　）、（　　　）、（　　　）。

3．选择题（单选或多选）

（1）包装的功能有（　　　）。

A．保护商品　　　　　B．方便物流　　　　　C．促进销售　　　　　D．方便消费

（2）下列情况中（　　　）属于不合理运输。

A．单程空驶　　　　　B．舍近求远　　　　　C．无效运输　　　　　D．长途联运

（3）对于长距离运输，如果对时间的要求不高，下列运输形式（　　　）的成本最低。

A．航空运输　　　　　B．公路运输　　　　　C．铁路运输　　　　　D．水路运输

（4）零售销售配送是面向广大消费者的配送，主要是（　　　）方式的配送。

A．门到人　　　　　　B．门到门　　　　　　C．门到库　　　　　　D．门到线

（5）ABC 管理是将库存物品分为三类，下列表述正确的是（　　　）。

A．将数量占 10% 左右的高价值物品分为 A 类，数量占 70% 左右的低价值物品分为 C 类，其余为 B 类

B．将数量占 70% 左右的高价值物品分为 A 类，数量占 10% 左右的低价值物品分为 C 类，其余为 B 类

C．将数量占 50% 左右的高价值物品分为 A 类，数量占 20% 左右的低价值物品分为 C 类，其余为 B 类

D．将金额占 10% 左右的物品分为 A 类，金额占 70% 左右的物品分为 B 类，其余为 C 类

4．思考题

（1）现代物流包括哪些功能要素？说明它们各自的含义。

（2）包装的功能、种类有哪些？它的主要作用是什么？

（3）装卸搬运作业的内容有哪些？它的主要作用是什么？

（4）保管储存方式有哪些？它的主要作用是什么？

（5）简述自动化仓库的分类，并分析自动化仓库的发展趋势。

（6）配送作业包括哪些形式？如何理解配送是现代物流最重要的特征？

（7）我国的流通加工主要有哪些形式？

（8）铁路运输、水路运输、公路运输各有什么特点？各适应哪些运输？运输对现代物流有何作用？

二、实训题

主题：物流环节调查

目的与要求：通过调查，使学生不只掌握物流相关环节的知识，而且能够锻炼学生的应用能力。

步骤：

（1）选择一个企业或是商店，选择好时间，组织好学生，设计好调查表。

（2）组织学生站在企业的不同物流环节中观察物流功能，根据表格的要求填表。

（3）将做好的表交回，组织人员做好统计工作。

项目三
物流信息技术基础

能力目标

1. 了解物流信息编码标识技术主要有哪些。
2. 理解相关信息技术在商品流通中是如何应用的。
3. 了解物流信息技术在国内外的发展现状和趋势。

知识目标

1. 掌握物流信息技术的相关概念、特征。
2. 掌握条码技术、射频识别技术、EDI 技术、GPS 系统和 GIS 系统的含义。
3. 理解物流信息编码标识和传输技术在物流中的应用。
4. 了解其他常用自动识别技术。

情景导入

华晨宝马是专门从事宝马整车组装的制造企业。随着宝马加大在中国的布局,华晨宝马陆续在沈阳建立了大东、沈北和铁西工厂,具有年产 10 万辆汽车的能力。为了完善宝马在华配送的流程,华晨宝马选择了中外运作为其汽车物流配送商。为了更好地服务华晨宝马并拓展汽车物流业务,中外运需要借助先进的信息管理系统提升自身的服务水平。

中外运主要为华晨宝马提供汽车零部件的入场物流服务。零部件厂商按照既定的流程,向中外运预订车辆,再由中外运送达华晨宝马的工厂。华晨宝马对整个送货链的控制及时间要求相当严格,以配合其 JIT(准时制生产方式)生产制造的模式,即需满足准时物流的要求;同时还需对整个送货环节进行全程监控,并确保信息共享给相关方,包括华晨宝马、零部件厂商、中外运,以及调度员、外运客服、司机、华晨宝马仓库人员等各个角色,以便及时掌握运输的情况,并对异常情况迅速做出反应。

为应对上述挑战,中外运在信息系统建设上下了一番功夫。

(1)快速下单处理。

对应不同的业务形态,零部件供应商向中外运下的订单分为两种:一种是预约单——供应商需提前24 小时下单,中外运的客服人员接到订单后 1 小时内进行确认并提交调度,调度 24 小时内安排车辆;另外一种是发车单——供应商可以随时下单,车辆停在供应商现场,可以随时装货发车。

由此,需要信息系统具备以下功能:下单操作要求简单、易用,不同供应商只能查看自己的订单;供应商订单下达后,需要通知中外运客服人员及时处理,对于即将下单满 1 小时还未处理的订单需要发出警示;对于订单的处理情况需要及时通知供应商。

为此,中外运采用定制界面与订单模板结合的方法,每个供应商在定制界面中通过模板下单,系统自动采集模板中的信息生成订单。供应商只需填写要求到达时间以及物料数量就完成了一票订单的录入，整个过程可以在 10 秒以内完成，实现了下单的高效和易用。而通过系统的消息平台，可自动提醒外运客服人员处理订单，中外运客服受理订单后，系统自动提醒供应商。对于即将满一个小时还未处理的订单，系统通过消息平台警示客服。

此外，根据下单时间和要求，提货时间自动对订单级别进行划分（普通、紧急、加急、特急），并对不同级别的订单以特殊颜色标记，以便客服和调度及时处理。通过对车辆、司机、提货地、资质等条件的判别，快速完成运力资源的分配；通过对数据访问权限的控制，保证每个供应商只能查看跟踪属于自己的订单。

（2）高效调度管理提高运力资源利用率。

为了简化调度人员的工作，降低凭借人工经验进行调度的比率，快速响应紧急的订单，提高运力资源的利用率。中外运在信息系统建设时，在调度界面上，通过对车辆、司机、零部件供应商以及资质等要素之间关系的判别，以及订单上的要求提货时间、要求到达时间、运输时长、任务间隔等信息自动给出调度建议，并定期对业务数据进行分析，不断完善调度逻辑。这样不仅大大提高了调度工作的效率，降低了出错率，而且也提高了运力资源的利用率。

对于紧急单的调度，系统通过 GPS 平台展现当前车辆的实时位置、紧急单的事发位置以及车辆当前未完成的任务，并通过一定的策略帮助调度员实现紧急单的调度。

（3）运输过程"可视化"。

零部件供应商向中外运下达订单后，调度员进行运力资源配载并安排司机开始运输。为了实现对运输过程的全程跟踪，需要对运输环节各个状态的实时采集和反馈；实现对运输过程不同维度的跟踪：例如中外运客服/零部件供应商对订单执行情况的跟踪，调度员对车辆的跟踪；对运输环节信息的共享，各相关方能够实时掌握运输的情况；对异常情况的登记、归档；以及降低运输过程中数据采集的人工投入和差错率，提高数据采集的及时率。

为此，中外运通过对运单、行车单（派车单）等的跟踪来实现不同用户视角的信息共享（客户/供应商、调度），并通过图形方式直观展现；对各个环节进行时效性校验，对延迟或者异常的状态用突出的颜色进行标识。

通过运单跟踪，可以看到该运单从供应商下单、客服提交、调度受理、任务待命、出场、取货、送达各个环节的状态、操作人以及操作时间。通过行车单跟踪，可以看到车辆的待命、出场、回程、回场等状态，并通过 GPS 实时掌握车辆的运行情况、历史轨迹回放等，还可对车辆的历史运行情况进行回顾。

在异常反馈方面，系统针对每个环节的异常进行自动/手动捕捉。通过与 GPS 的结合，对一些节点采取自动数据采集的方式，并自动判断该节点状态是否异常。同时结合华晨宝马对运输作业过程中异常管理的规定，设定固定的工作流，哪些环节出现异常需要做什么操作，由系统按照设定的工作流执行，减少人为操作的影响。

通过与 GPS 和电子围栏的结合引入对车辆出场、提货、签收、回场各环节的自动数据采集和反馈功能；通过自动判断逻辑，对 GPS 反馈的数据进行处理，实现订单执行环节的自动处理机制；大大降低了由于操作人员的延迟操作而导致的订单信息和运输信息流转的延迟。

此外，通过自动配车功能，系统可以自行对订单采用相应的配载逻辑并形成配车计划，调度人员只需进行部分的人工调整，从而提高了工作效率。

（4）强化运输时效管理。

运输时效管理是为了确保实现 JIT 准时物流的需求。系统支持将整个运输过程进行拆分，定义各环节的完成时限，并与通过实时采集反馈实际的任务完成时间进行对比，从而实现对整个流程的即时监控。

华晨宝马的零部件物流运输过程被拆分成：调度确认、车辆出场、车辆到达提货点、车辆装货、车辆离开提货点、车辆到达卸货点、车辆卸货、车辆装空箱、车辆离开卸货点、车辆返空箱、车辆回场等环节，并对每个环节、每种物料、每种车辆、每条路线进行时效性的设定。

如果在运输执行的过程中，任何一个环节出现问题，系统都会自动发出提醒，并对下个环节提出预警，这样相关人员可以在第一时间内得到信息反馈，并根据时效应对机制采取相应措施，提高整个运输过程的时效性。

（5）成本核算"精细化"。

中外运的信息系统支持单车级别的成本核算：将车辆成本以及人员成本分为固定成本和变动成本。通过对各个细分成本条目的计算，再结合业务信息，如里程数、路线趟次、订单数等，可以计算出成本KPI（关键绩效指标法）考核点，如路线成本、路线油耗等。

成本的分摊可以到车辆级别以及订单级别，可以实现按车辆分摊、按司机分摊、按客户分摊等多个分摊方式。系统同时提供自动计算逻辑，以解决运输过程中基于各种不同费用和分摊方式的成本核算。通过相关的计算逻辑的设计和自动计算功能的配置可以解决各类成本统计的需求。

与此同时，作为成本管理的重要组成部分，中外运的车辆全部采用油卡加油的方式，司机领取加油卡加油，并在加油完后归还加油卡和加油小票。系统通过油卡管理来实现油卡的充值及加油信息的记录；录入加油信息时自动计算油卡内余额，并通过对系统消息平台的结合实现油卡金额预警；根据加油记录和车牌号对每辆车每月的燃油费进行分摊计算。

（6）应用效益显著，未来持续完善。

通过可视化平台，使零部件供应商、中外运和华晨宝马实时掌握零部件运输的全过程，并通过对运输时效性的管理以及与 GPS 应用/预警的结合，全程控制运输各环节的执行时限，并使得相关人员能及时获知异常情况从而做出处理，满足汽车物流对实时性的严格要求；通过自动数据采集、自动信息反馈、自动报警、自动条件判断、自动运算、自动流程触发等的功能应用，大大提升了整个运输过程的效率，并降低了由于人为操作而引发的错误；对成本的精细化核算，再结合业务信息，如里程数、路线趟次、订单数等，计算出成本 KPI 考核点，如路线成本、路线油耗、每公里成本、每公里油耗，从而方便管理者对运营效益的全面了解，并迅速制定出相应的策略，降低企业运营成本；零部件供应商向中外运下单的前置时间由未上系统时的一周减少到现在的 24 小时；运输趟次提升了两倍。

基于良好的应用效果，该项目作为中外运物流管理平台的重要组成部分，下一步将继续发展并完善现有的系统功能架构，在现有基础上横向扩展对汽车运输领域中其他典型运输业态的支持（成品物流、退货物流、逆向物流等），纵向深化对车队的日常精细化管理（车辆、运输人员、油料、备品备件、轮胎等），以支持中外运在汽车物流领域里的业务拓展。

◉讨论与分析：

华晨宝马对整个送货链的控制及时间要求相当严格，中外运在信息系统建设上是怎样管理以满足客户的需求的？

任务一　现代信息技术基础概述

一、信息概述

1. 信息

（1）信息的概念。

信息是客观世界中各种事物状况及其特征的反映，是事物之间相互联系的表征，它包括各种消息、情报、资料、信号，更包括语言、图像、声音等多媒体数据。对信息的定义我们可以从以下几方面理解：

①信息来源于对客观事物观察记录的数据，是数据加工处理的结果。

②信息是主观客体对于客观事物的理解，信息资源的组织、利用方式反映主观客体的能力。

③信息具有价值，通过信息的接收、处理和传递，可以指导人们的行动并反作用于客观事物，实现对客观事物的管理控制。

2. 信息的特征

（1）信息的客观性。

信息不是物质，只是物质的产物，即先有信息反映的对象，然后才有信息。无论借助于何种载体，信息都不会改变其所反映对象的属性，因此，信息具有客观性。如气象预报无论是通过广播、电视、报纸，还是通过其他别的载体，反映的都是自然世界的客观变化。

（2）信息的价值性。

信息是一种特殊资源，具有使用价值。收集、加工、传递信息的目的在于提高活动效益。信息的价值性有赖于对信息进行正确的选择、理解和使用，只有在与某种有目的的活动相联系时，其价值才能体现出来。

（3）信息的时效性。

信息的时效性是信息的重要特征，是指信息从发出、接收到进入利用的时间间隔及其效率。信息的时效性与信息的价值性密不可分。任何有价值的信息都是在一定的条件下起作用的，如时间、地点、事件等，离开一定的条件，信息将会失去应有的价值。从某种意义上讲，信息的价值取决于信息的时效性，特别是反映客观事物某种发展趋势、动向的信息，时效性越强，信息的价值越大；反之，信息就会失去作用。因此，信息价值的大小取决于信息的时效性。

（4）信息的可传递性与可扩散性。

信息的可传递性是指信息可以借助一定的物质载体传递给感受者、接收者的特性。信息可以进行空间和时间上的传输，传输速度越快，效用就越大。科技的发展，使传播信息的网络覆盖面越来越大，从而使信息得以迅速扩散开来。

（5）信息的共享性。

信息能够同时为多个使用者所利用，信息扩散后，信息载体本身所含的信息量并没有减少。这是信息与实物、能量等的根本区别。通过传递，信息迅速为大多数人接收、掌握和利用，并会产生出巨大的社会效应。正因为信息的这一特性，社会才为保护信息开发者的合法权益，补偿其在开发整理某些信息过程中付出的代价，制定了专利制度和知识产权制度。

（6）信息与载体的不可分性。

信息不是物质运动本身，而是物质的运动变化及相互作用、相互联系的一种特定表现形式，是以物质载体为媒介的物质运动状态的再现。世界上没有游离于物质载体之外的信息，而载体也不能决定和影响信息所要表达的内容。如邮一封信，信息是人的思维通过文字这种载体表达出来，再通过信封、邮票、运输工具等传递，达到将思维传递给对方的目的的信的内容。可见，信息离开物质载体就无法传递，而信息的内容又与物质载体无关。

（7）信息的可开发性。

虽然信息是一种客观存在，但它的质量高低、适用程度和效用大小则取决于信息资源的利用度，取决于对无效信息的过滤、有效信息的获取以及提炼信息的水平等。经过筛选、整理、概括、归纳、扩充，可以使信息更精练，含量更丰富，价值更高。

二、物流信息技术概述

1. 物流信息的定义

物流信息是指与物流活动有关的信息，是反映物流各种活动内容的知识、资料、图像、数据、文件的总称。

物流活动的管理和决策应建立在对信息准确与全面掌握的基础上，物流作业活动的效率化，如果离开了准确与全面的信息支持，就不可能实现。在物流活动中，无论是运输工具的选择、运输路线的确定、途中货物的跟踪，还是订单的处理、库存情况的掌握、配送计划的制订等，都需要详细准确的物流信息。物流信息不仅对物流活动有支持保证的作用，而且还有连接整合整个供应链和使整个供应链活动效率化的作用。

2. 物流信息的特征

在电子商务时代，随着人类需求向着个性化的方向发展，物流过程也在向着多品种、少量生产和高频度、小批量配送的方向发展，因此，物流信息在物流的过程中也呈现出很多不同的特征。和其他领域信息比较，物流信息特殊性主要表现在：

（1）分布广，信息量大。由于物流是一个大范围内的活动，物流信息源也分布于一个大范围内，信息源点多、信息量大。如果这个大范围中未能实现统一管理或标准化，则信息便缺乏通用性。

（2）动态性强，价值衰减速度快。物流信息的这一特征也对信息工作及时性提出更高的要求。在大系统中，强调及时性，信息收集、加工、处理应速度快。

（3）来源多。物流信息不仅包括企业内部的物流信息（如生产信息、库存信息等），而且包括企业间的物流信息和与物流活动有关的基础设施的信息。企业竞争优势的获得需要供应链各参与企业间的相互协调合作，而协调合作的手段之一就是信息及时交换和共享。另外，物流活动需要利用道路、港口、机场等基础设施，因此还必须掌握与基础设施有关的信息，如在国际物流过程中必须掌握报关报检所需信息、港口作业信息等。

3. 物流信息的作用

物流信息在物流活动中具有十分重要的作用，主要表现在：

（1）沟通联系的作用。物流系统是由许多个行业、部门以及众多企业群体构成的经济大系统，系统内部正是通过各种指令、计划、文件、数据、报表、凭证、广告、商情等物流信息，建立起各种纵向和横向的联系，沟通生产厂、批发商、零售商、物流服务商和消费者，满足各方的需要。因此，物流信息是沟通物流活动各环节之间联系的桥梁。

（2）引导和协调的作用。物流信息随着物资、货币及物流当事人的行为等信息载体进入物流供应链中，同时信息的反馈也随着信息载体反馈给供应链上的各个环节。依靠物流信息及其反馈可以引导供应链结构的变动和物流布局的优化；协调物资结构，使供需之间平衡；协调人、财、物等物流资源的配置，促进物流资源的整合和合理使用等。

（3）管理控制的作用。通过移动通信、计算机信息网、电子数据交换（EDI）、全球定位系统（GPS）等技术实现物流活动的电子化，如货物实时跟踪、车辆实时跟踪、库存自动补货等，用信息化代替传统的手工作业，实现物流运行、服务质量和成本等的管理控制。

（4）辅助决策分析的作用。物流信息是制定决策方案的重要基础和关键依据，物流管理决策过程的本身就是对物流信息进行深加工的过程，是对物流活动的发展变化规律性认识的过程。物流信息可以协助物流管理者鉴别、评估经过比较物流战略和策略后的可选方案，如车辆调度、库存管理、设施选址、资源选择、流程设计以及有关作业比较和安排的成本—收益分析等均是在物流信息的帮助下才能做出的科学决策。

（5）支持战略计划的作用。作为决策分析的延伸，物流战略计划涉及物流活动的长期发展方向和经营方针的制定，如企业战略联盟的形成、以利润为基础的顾客服务分析以及能力和机会的开发和提炼。作为一种更加抽象、松散的决策，它是对物流信息进一步提炼和开发的结果。

（6）价值增值的作用。物流信息本身是有价值的，而在物流领域中，流通信息在实现其使用价值的同时，其自身的价值又呈现增长趋势，即物流信息本身具有增值特征。

4．物流信息技术的含义

物流信息技术即运用于物流各环节中的信息技术。根据物流的功能以及特点，物流信息技术包括如计算机技术、网络技术、条码技术、射频识别技术、电子数据交换技术、全球定位系统（GPS）、地理信息系统（GIS）等。

物流信息技术是物流现代化的重要标志，也是物流技术中发展最快的领域。从数据采集的条形码系统，到办公自动化系统中的微机、互联网、各种终端设备等硬件以及计算机软件都在日新月异地发展。同时，随着物流信息技术的不断发展，产生了一系列新的物流理念和新的物流经营方式，推进了物流的变革。在供应链管理方面，物流信息技术的发展也改变了企业应用供应链管理获得竞争优势的方式，成功的企业通过应用信息技术来支持它的经营战略并选择它的经营业务。通过利用信息技术来提高供应链活动的效率性，增强整个供应链的经营决策能力。

5．现代物流信息技术的分类

（1）按照对信息的作用可分为物流信息标识与采集技术、物流信息传输技术、物流信息存储技术、物流信息处理技术。

（2）按照其基本技术成分可分为计算机技术、微电子技术、光子技术、通信技术、辐射成像技术等。

（3）按照采用主要技术和功能可分为移动通信技术、全球卫星定位（GPS）技术、地理信息（GIS）技术、互联网技术、自动化仓库管理技术、货物追踪技术、智能标签技术、射频技术与电子数据交换技术（EDI）等。

任务二　现代物流信息编码标识技术

一、物流信息编码标识概述

1. 物流信息编码标识的含义

所谓信息编码就是把信息用一种易于被计算机和人识别的符号体系表示出来的过程。物流信息编码标识是指对物流过程中的实体按照一定的规则进行统一代码，是对实现供应链高效运作所需信息的合理表示，以便能够迅速、准确地采集。

2. 物流信息编码的主要内容

物流信息编码的内容可分为以下几个方面：项目标识、动态项目标识、日期、度量、参考项目、位置码、特殊应用以及内部使用等。

（1）项目标识。

项目标识即对商品项目及货运单元项目的标识，相同项目的编码是相同的，它的内容是无含义的，但其对项目的标识是唯一的。主要编码方式有13位和14位两种。13位编码由三段组成，分别为厂商识别代码、商品项目代码及校验码。14位编码通常是在13位编码的基础上，在13位编码前面加一位数字组成。

（2）动态项目标识。

动态项目标识是对商品项目中每一个具体单元的标识，它是对系列货运包装箱的标识，其本身为系列号，即每一个货运包装箱具有不同的编码，其编码为18位。

（3）日期。

对日期的标识为六位编码，依次表示年、月、日，主要有生产日期、包装日期、保质期、有效期等。

（4）度量。

度量的内容比较多，不同度量的编码位数也不同，主要包括数量、重量、长、宽、高以及面积、体积等内容，相同的度量有不同的计量单位的分别。

（5）参考项目。

参考项目的内容也较多，包括客户购货订单代码、收货方邮政编码、卷状产品的长、宽、内径、方向、叠压层数等各种信息，其编码位数也各不相同。

（6）位置码。

位置码是对法律实体、功能实体、物理实体进行标识的代码。其中：法律实体是指合法存在的机构；功能实体是指法律实体内的具体部门；物理实体是指具体的地址，例如：建筑物的某个房间，仓库或仓库的某个门，交货地等。

（7）特殊应用及内部使用。

特殊应用是指在特殊行业的应用，内部使用是指在公司内部使用，由于其编码不与外界发生联系，编码方式及标识内容由公司自己制定。

二、几种自动识别技术

自动识别技术就是应用一定的识别装置，通过被识别物品和识别装置之间的接近活动，自动地获取被识别物品的相关信息，并提供给后台的计算机处理系统来完成相关后续处理的一种技术。如商场的条形码扫描系统就是一种典型的自动识别技术，售货员通过扫描仪扫描商品的条码，获取商品的名称、价格，输入数量，后台 POS 系统即可计算出该批商品的价格，从而完成顾客的结算。

自动识别技术是以计算机技术和通信技术的发展为基础的综合性科学技术，它是信息数据自动识读、自动输入计算机的重要方法和手段，归根到底，自动识别技术是一种高度自动化的信息或者数据采集技术。

自动识别技术近几十年在全球范围内得到了迅猛发展，初步形成了一个包括条码技术、磁条磁卡技术、IC 卡技术、光学字符识别、射频技术、声音识别及视觉识别等集计算机、光、磁、物理、机电、通信技术为一体的高新技术学科。

1. 条码技术

（1）条码的概念。

条码是由一组规则排列的条、空以及对应的字符组成的标记，"条"指对光线反射率较低的部分，"空"指对光线反射率较高的部分，这些条和空组成的数据表达一定的信息，并能够用特定的设备识读，转换成与计算机兼容的二进制和十进制信息。

（2）条码结构。

一个完整的条码通常都是由两侧的静区、起始字符、数据字符、校验字符（可选）和终止字符组成。如图 3-1 所示。

图 3-1 条形码符号的完整结构

（3）条码技术的优点。

条码是迄今为止最经济、实用的一种自动识别技术。条码技术具有以下优点：

①输入速度快。与键盘输入相比，条码输入的速度是键盘输入的 5 倍，并且能实现"即时数据输入"。

②可靠性高。键盘输入数据出错率为三百分之一，利用光学字符识别技术出错率为万分之一，而采用条码技术误码率低于百万分之一。

③采集信息量大。利用传统的一维条码一次可采集几十位字符的信息，二维条码更可以携带数千个字符的信息，并有一定的自动纠错能力。

④灵活实用。条码标识既可以作为一种识别手段单独使用，也可以和有关识别设备组成一个系统实现自动化识别，还可以和其他控制设备连接起来实现自动化管理。

另外，条码标签易于制作，对设备和材料没有特殊要求，识别设备操作容易，不需要特殊培训，且设备也相对便宜。

（4）条码的种类。

条码按照不同的分类方法，不同的编码规则可以分成许多种，现在已知的世界上正在使用的条码就有 250 种之多。下面简要介绍世界上使用比较广泛的几种条码。

①按码制分类。

EAN 条码：EAN 码是国际物品编码协会在全球推广应用的商品条码，是定长的纯数字型条码，它表示的字符集为数字 0 ~ 9。在实际应用中，EAN 码有两种版本，即 EAN – 13 码和 EAN – 8 码。

UPC 码：UPC 码是美国统一代码委员会制定的一种商品用条码，主要用于美国和加拿大地区，我们在美国进口的商品上可以看到。

39 码：39 码是一种可表示数字、字母等信息的条码，主要用于工业、图书及票证的自动化管理，目前使用极为广泛。

库德巴码：库德巴码也可表示数字和字母信息，主要用于医疗卫生、图书情报、物资等领域的自动识别。

二五条码：二五条码是根据宽度调节法进行编码，并且只有条表示信息的非连续型条码。每一个条码字符由规则的 5 个条组成，其中有两个是宽单元，三个是窄单元，故称为"二五条码"。它的字符集为数字字符 0 ~ 9。

128 码：128 码出现于 1981 年，是一种长度可变的连续型自校验数字式码制。它采用四种元素宽度，每个字符有 3 个条或 3 个空，共 11 个单元元素宽度，又称（11，3）码。

49 码：49 码是一种多行的连续型、长度可变的字母数字式码制。主要用于小物品标签上。采用多种元素宽度。

②按维数分类。

普通一维条码：一维条码只是在一个方向（一般是水平方向）表达信息，而在垂直方向则不表达任何信息，其一定的高度通常是为了便于阅读器对准。一维条码的应用可以提高信息录入的速度，减少差错率，可直接显示内容为英文、数字等的简单符号。但一维条码贮存数据不多，主要依靠计算机中的关联数据库；保密性能不高；损污后可读性差。

二维条码：在水平和垂直方向的二维空间存储信息的条码，称为二维条码。由于一维条码所携带的信息量有限，如商品上的条码仅能容纳 13 位（EAN – 13 码）阿拉伯数字，更多的信息只能依赖商品数据库的支持。离开了预先建立的数据库，这种条码就没有意义了，因此在一定程度上也限制了条码的应用范围。基于这个原因，在 20 世纪 90 年代发明了二维条码。二维条码除了具有一维条码的优点外，同时还有信息量大、可靠性高、保密、防伪性强等优点。

目前二维条码主要有 PDF417 码（即便携式数据文件）、Code49 码、Code 16K 码、Data Matrix 码、Maxi Code 码等，主要分为堆积或层排式和棋盘或矩阵式两大类。PDF417 码是由美国 SYMBOL 公司研制的，是目前应用最为广泛的一种二维码。

多维条码：进入 20 世纪 80 年代以来，人们围绕如何提高条形码符号的信息密度，进行了研究工作。多维条形码和集装箱条形码成为研究和参与应用的方向。128 码和 93 码就是人们为提高密度而进行的成功的尝试。128 码于 1981 年被推荐应用,而 93 码于 1982 年投入使用。这两种码的符号密度均比 39 码高将近 30%。

（5）条码在物流业中的应用。

条形码的物流应用包括配送中心的订货、进货、补货、拣货、入位和配货等。

①订货（以便利店订货簿的方式为例）。

连锁总部定期将订货簿发给各便利店,订货簿上有商品名称、商品货号、商品条形码、订货点、订货单位、订货量等,工作人员拿着订货簿巡视各商品以确认所剩陈列数,记入订货量;或到办公室后,用条形码扫描器扫描预定商品的条形码并输入订货量,再用调制器传出订货数据。

②进货验收作业。

对整箱进货的商品,其包装箱上有条形码,放在输送带上经过固定式条形码扫描器的自动识别,可接受指令传送到存放位置附近。对整个托盘进货的商品,叉车驾驶员用手持式条形码扫描器扫描外包装箱上的条形码标签,利用计算机与射频数据通信系统,可将存放指令下载到叉车的终端机上。

③补货作业。

基于条形码进行补货,可确保补货作业的正确性。有些拣货错误源于前项的补货作业错误。商品进货验收后,移到保管区,需适时适量地补货到捡货区。为避免补货错误,可在储位卡上印上商品条形码与储位码条形码,当商品移动到位后,以手持式条形码扫描器读取商品条形码和储位码条形码,由计算机核对是否正确,这样就可保证补货作业的正确。

④拣货作业。

对于摘取式拣货作业,拣取后用条形码扫描器读取刚拣取商品上的条形码,即可确认拣货的正确性。对于播种式拣货作业,可使用自动分货机,当商品在输送带上移动时,有固定条形码扫描器判别商品货号,指示移动路线与位置。

⑤入位作业。

在搬运商品之前,首先扫描包装箱上的条码,计算机就会提示工人将商品放到事先分配的货位,搬运工将商品放到指定的货位后,再扫描货位条码,以确认所找到的货位是否正确。这样,在商品从入库到存入货位的整个过程中,条码起到了相当重要的作用。

⑥配货作业。

在配货过程中,也采用了条码管理。总部或物流中心在接受客户的订单后,将订单汇总,并分批发出印有条码的拣货标签,这种条码包含了这件商品要发送到哪一家连锁店的信息。分拣人员根据计算机打印出的拣货单,在仓库中拣货,并在商品上贴上拣货标签,将拣出的商品按照条码信息进行自动识别分拣。

由上可见,条形码技术已经成为物流现代化的一个重要组成部分。

2. 射频识别技术（RFID）

（1）RFID 的概念。

RFID 是 Radio Frequency Identification 的缩写,即射频识别技术,是一种非接触式的自动识别技术,它通过射频信号自动识别目标对象,可快速地进行物品追踪和数据交换。

识别工作无须人工干预，可工作于各种恶劣环境。RFID 技术可识别高速运动物体并可同时识别多个标签，操作快捷方便。RFID 技术诞生于第二次世界大战期间，它是传统条码技术的继承者，又称为"电子标签"。

（2）RFID 系统的组成。

一个典型的射频识别技术系统一般由 RFID 标签、阅读器、天线以及计算机系统等部分组成。

①标签（Tag，即射频卡）：由耦合元件及芯片组成，标签含有内置天线，用于和射频天线间进行通信。

②阅读器：读取（在读写卡中还可以写入）标签信息的设备。

③天线：在标签和读取器间传递射频信号。

④计算机系统：根据逻辑运算判断该标签的合法性。

以上过程都会自动完成。

（3）RFID 技术在物流业中的应用。

RFID 在物流的诸多环节上发挥了重大的作用。其具体应用价值，主要体现在以下几个环节。

①零售环节。RFID 可以改进零售商的库存管理，实现适时补货，有效跟踪运输与库存，提高效率，减少出错。同时，智能标签能对某些时效性强的商品的有效期限进行监控；商店还能利用 RFID 系统在付款台实现自动扫描和计费，从而取代人工收款。

②存储环节。在仓库里，射频技术最广泛的使用是存取货物与库存盘点，它能用来实现自动化的存货和取货等操作。在整个仓库管理中，将供应链计划系统制定的收货计划、取货计划、装运计划等与射频识别技术相结合，能够高效地完成各种业务操作，如指定堆放区域、上架取货与补货等。这样，增强了作业的准确性和快捷性，提高了服务质量，降低了成本，节省了劳动力和库存空间，同时减少了整个物流中由于商品误置、送错、偷窃、损害和库存、出货错误等造成的损耗。

③运输环节。在运输管理中，在途运输的货物和车辆贴上 RFID 标签，在运输线的一些检查点上安装 RFID 接收转发装置。接收装置收到 RFID 标签信息后，连同接收地的位置信息上传至通信卫星，再由卫星传送给运输调度中心，送入数据库中。

④配送/分销环节。在配送环节，采用射频技术能大大加快配送的速度和提高拣选与分发过程的效率与准确率，并能减少人工消耗，降低配送成本。

如果到达中央配送中心的所有商品都贴有 RFID 标签，在进入中央配送中心时，托盘通过一个阅读器，读取托盘上所有货箱上的标签内容。系统将这些信息与发货记录进行核对，以检测出可能的错误，然后将 RFID 标签更新为最新的商品存放地点和状态。这样就确保了精确的库存控制，甚至可确切了解目前有多少货箱处于转运途中、转运的始发地和目的地，以及预期的到达时间等信息。

⑤生产环节。在生产制造环节应用 RFID 技术，可以完成自动化生产线运作，实现在整个生产线上对原材料、零部件、半成品和产成品的识别与跟踪，减少人工识别成本和出错率，提高效率和效益。特别是在采用 JIT 准时制生产方式的流水线上，原材料与零部件必须准时送达到工位上。采用了 RFID 技术之后，就能通过识别电子标签来快速从品类繁多的库存中准确地找出工位所需的原材料和零部件。

3. 卡识别技术

（1）磁条（卡）技术。

磁条技术应用了物理学和磁力学的基本原理。对自动识别设备制造商来说，磁条就是一层薄薄的由定向排列的铁性氧化粒子组成的材料，用树脂黏合在一起并黏在诸如纸或者塑料这样的非磁性基片上。

磁条技术的优点是数据可读写，即具有现场改写数据的能力；数据存储量能满足大多数需求，便于使用，成本低廉，还具有一定的数据安全性；它能黏附于许多不同规格和形式的基材上。这些优点，使之在很多领域得到了广泛应用，如信用卡、银行 ATM卡、机票、公共汽车票、自动售货卡、会员卡、现金卡（如电话磁卡）、地铁 AFC 等。

（2）IC 卡识别技术。

IC 卡是 1970 年由法国人 Roland Moreno 发明的，他第一次将可编程设置的 IC 芯片放于卡片中，使卡片具有更多功能。通常说的 IC 卡多数是指接触式 IC 卡。

在我们生活中，IC 卡的应用也比较广泛，我们接触得比较多的有电话 IC 卡、购电（气）卡、手机 SIM 卡、牡丹交通卡（一种磁卡和 IC 卡的复合卡），以及即将大面积推广的智能水表、智能气表等。

4. 声音识别技术

声音识别的迅速发展以及高效可靠的应用软件的开发，使声音识别系统在很多方面得到了应用，这种系统可以用声音指令实现"不用手"的数据采集。其最大特点就是不用手和眼睛，这对那些采集数据同时还要完成手脚并用的工作场合，以及标签仅为识别手段，数据采集不实际或不合适的场合尤为适用。如汉字的语音输入系统就是典型的声音识别技术，但是误码率很高。

5. 视觉识别

视觉识别系统可以看作是这样的系统：它能获取视觉图像，而且是通过一个特征抽取和分析的过程，能自动识别限定的标志、字符、编码结构或可作为确切识断的基础呈现在图像内的其他特征。

随着自动化的发展，视觉技术可与其他自动识别技术结合起来应用。

6. 光学字符识别（OCR）

OCR 的优点是人眼可视读、可扫描，但输入速度和可靠性不如条码，数据格式有限，通常要用接触式扫描器。

OCR 的三个重要的应用领域是：办公室自动化中的文本输入；邮件自动处理；与自动获取文本过程相关的其他领域，这些领域包括：零售价格识读、定单数据输入、单证、支票和文件识读，微电路及小件产品上状态特征识读等。由于在识别手迹特征方面的进展，目前已探索 OCR 在手迹分析及鉴定签名方面的应用。

任务三　现代物流信息传输技术

一、EDI

1. EDI 的概念

EDI 是英文 Electronic Data Interchange 的缩写，中文可译为"电子数据交换"。它是一种在公司之间传输订单、发票等作业文件的电子化手段。它通过计算机通信网络将贸易、运输、保险、银行和海关等行业信息，用一种国际公认的标准格式，实现各有关部门或公司与企业之间的数据交换与处理，并完成以贸易为中心的全部过程。国际标准化组织（ISO）将 EDI 描述成"将贸易（商业）或行政事务处理按照一个公认的标准变成结构化的事务处理或信息数据格式，从计算机到计算机的电子传输"。又由于使用 EDI 可以减少甚至消除贸易过程中的纸面文件，因此 EDI 又被人们通俗地称为"无纸贸易"。

2. EDI 的特点

EDI 的特点归纳为如下 6 个方面：

（1）EDI 的使用对象是不同的组织之间，EDI 传输的企业间的报文，是企业间信息交流的一种方式。

（2）EDI 所传送的资料是一般业务资料，如发票、订单等，而不是指一般性的通知。

（3）EDI 传输的报文是格式化的，是符合国际标准的，这是计算机能够自动处理报文的基本前提。

（4）EDI 使用的数据通信网络一般是增值网、专用网。

（5）数据传输由收送双方的计算机系统直接传送、交换资料，不需要人工介入操作。

（6）EDI 与传真或电子邮件的区别是：传真与电子邮件，需要人工的阅读判断处理才能进入计算机系统。人工将资料重复输入计算机系统中，既浪费人力资源，也容易发生错误，而 EDI 不需要再将有关资料人工重复输入系统。

3. EDI 标准

标准化的工作是实现 EDI 互通和互联的前提和基础。EDI 的标准包括 EDI 网络通信标准、EDI 处理标准、EDI 联系标准和 EDI 语义语法标准等。

（1）EDI 网络通信标准是要解决 EDI 通信网络应该建立在何种通信网络协议之上的问题，以保证各类 EDI 用户系统的互联。目前国际上主要采用 MHX（X. 400）作为 EDI 通信网络协议，以解决 EDI 的支撑环境。

（2）EDI 处理标准是要研究那些不同地域不同行业的各种 EDI 报文相互共有的"公共元素报文"的处理标准。它与数据库、管理信息系统（如 MPRII）等接口有关。

（3）EDI 联系标准是要解决 EDI 用户所属的其他信息管理系统或数据库与 EDI 系统之间的接口。

（4）EDI 语义语法标准（又称 EDI 报文标准）是要解决各种报文类型格式、数据元编码、字符集和语法规则以及报表生成应用程序设计语言等。

这里的 EDI 语义语法标准又是 EDI 技术的核心。

EDI 一产生，其标准的国际化就成为人们日益关注的焦点之一。早期的 EDI 使用的大都是各处的行业标准，不能进行跨行业 EDI 互联，严重影响了 EDI 的效益，阻碍了全球 EDI 的发展。为促进 EDI 的发展，世界各国都在不遗余力地促进 EDI 标准的国际化，以求最大限度地发挥 EDI 的作用。

4. EDI 的分类

根据功能可将 EDI 分为 4 类。

第一类订货信息系统是最基本的，也是最知名的 EDI 系统，它又可称为贸易数据互换系统（Trade Data Interchange，简称 TDI)，它用电子数据文件来传输订单、发货票和各类通知。

第二类是电子金融汇兑系统（简称 EFT），即在银行和其他组织之间实行电子费用汇兑。EFT 已使用多年，但它仍在不断地改进中。最大的改进是同订货系统联系起来，形成一个自动化水平更高的系统。

第三类是交互式应答系统（简称 IQR）。它可应用在旅行社或航空公司作为机票预定系统。这种 EDI 在应用时要询问到达某一目的地的航班，要求显示航班的时间、票价或其他信息，然后根据旅客的要求确定所要的航班，打印机票。

第四类是带有图形资料自动传输的 EDI。最常见的是计算机辅助设计（简称 CAD）图形的自动传输。比如，设计公司完成一个厂房的平面布置图，将其平面布置图传输给厂房的主人，请主人提出修改意见。一旦该设计被认可，系统将自动输出订单，发出购买建筑材料的报告。在收到这些建筑材料后，自动开出收据。

5. EDI 在物流中的应用

EDI 最初由美国企业应用在企业间的订货业务活动中，其后 EDI 的应用范围从订货业务向其他的业务扩展，如 POS 销售信息传送业务、库存管理业务、发货送货信息和支付信息的传送业务等。近年 EDI 在物流中广泛应用，被称为物流 EDI。

所谓物流 EDI 是指货主、承运业主以及其他相关的单位之间，通过 EDI 系统进行物流数据交换，并以此为基础实施物流作业活动的方法。下面我们看一个应用物流 EDI 系统的实例，是一个由发送货物业主、物流运输业主和接收货物业主组成的物流模型。这个物流模型的动作步骤如下：

（1）发送货物业主（如生产厂家）在接到订货后制订货物运送计划，并把运送货物的清单及运送时间安排等信息通过 EDI 发送给物流运输业主和接收货物业主（如零售商），以便物流运输业主预先制订车辆调配计划和接收货物业主制订货物接收计划。

（2）发送货物业主依据顾客订货的要求和货物运送计划下达发货指令、分拣配货、打印出物流条形码的货物标签（即 SCM 标签）并贴在货物包装箱上，同时把运送货物品种、数量、包装等信息通过 EDI 发送给物流运输业主和接收货物业主，物流运输业主依据指示下达车辆调配指令。

（3）物流运输业主在向发送货物业主取运货物时，利用车载扫描读数仪读取货物标签的物流条形码，并与先前收到的货物运输数据进行核对，确认运送货物。

（4）物流运输业主在物流中心对货物进行整理、集装、做成送货清单，并通过 EDI

向收货业主发送发货信息。在货物运送的同时进行货物跟踪管理，并在货物交纳给收货业主之后，通过 EDI 向发货业主发送完成运送业务信息和运费请示信息。

（5）收货业主在货物到达时，利用扫描读数仪读取货物标签的条码，并与先前收到的货物运输数据进行核对确认，开出收货发票，货物入库。同时通过 EDI 向物流运输业主和发送货物业主发送收货确认信息。

物流 EDI 的优点在于供应链组成各方基于标准化的信息格式和处理方法通过 EDI 共同分享信息、提高流通效率、降低物流成本。例如，对零售商来说，应用 EDI 系统可以大大降低进货作业的出错率，节省进货商品检验的时间和成本，能迅速核对订货与到货的数据，易于发现差错。

二、因特网、企业内联网及企业外联网

1. 因特网（Internet）

因特网是起源于美国而又覆盖全球的一个计算机网络，因特网通过 TCP/IP 协议将独立的网络互联在一起，其实质是由"无数"个独立的网络互联而成的网络，因此，有时也被称为"网络的网络"，是当前最大的国际计算机网。

2. 企业内联网（Intranet）

Intranet 是指采用 Internet 技术建立的企业内部网络，它基于 Internet 协议标准、Web 技术和设备来构造或改建成可提供 Web 信息服务以及连接数据库等其他服务应用的自成独立体系的企业内部网。

内联网的主要特征如下：

（1）采用 TCP/IP 协议作为通信协议。

（2）采用 Web 技术。

（3）仅供单位内部使用，并具有明确的应用目标。

（4）对外具有与因特网连接的接口。

（5）有安全设施，防止内部和外部的攻击。

内联网与因特网的区别是内联网上的绝大部分资源仅供企业内部使用，不对外开放。为了防止外界的非法侵入，通常采用防火墙或者其他安全技术，将内联网和因特网隔离开来。

Intranet 使各行各业的企业从中受益，利用 Intranet 一定程度地解决了企业战略目标实现上的一些瓶颈问题，如办公效率低下、新产品开发能力不足、生产过程中成本太高或生产计划不合理等。企业将其信息存放于 Web 页面中，使其信息可以得到迅速利用，其信息的制作、打印和传播等费用可大大节省，同时为用户迅速、方便地了解和获取信息提供了一条方便的道路。其在企业中的典型应用有：企业的人事资源管理；企业财务管理；企业的文档管理及技术资料查询；企业的产品开发与研制和企业的计算机软件管理等。

3. 企业外联网（Extranet）

外联网是一种使用因特网/内联网技术使企业与其客户和其他企业相连，完成其共同目标的合作网络。严格地说，外联网是一种网络互联的技术，企业网（如内联网）通过公用网进行互联的技术，或者视为一个由多个企业合作共建的、能被合作企业的成员访

问的更大型的虚拟企业网。与内联网类似，外联网也采用了 TCP/IP 协议作为通信协议。外联网访问是半私有的，用户是由关系紧密、相互信任的企业结成的小组，信息在信任的圈内共享。由于外联网主要用于互联合作企业的网络，并且交换仅限于这些企业共享的信息，因此，安全和可靠是外联网建设考虑的主要因素，可采用的技术包括隧道技术、访问控制技术、身份认证技术等。

任务四 现代物流信息系统

一、GPS（全球定位系统）

1. GPS 的概念及特点

GPS（全球定位系统）是 20 世纪 70 年代由美国陆海空三军联合研制的新一代空间卫星导航定位系统。其主要目的是为陆、海、空三大领域提供实时、全天候和全球性的导航服务，并用于情报收集、核爆监测和应急通讯等一些军事目的，是美国独霸全球战略的重要组成。

GPS 技术的主要特点有以下几个方面：

（1）全球、全天候工作。GPS 能为用户提供连续、实时的三维位置、三维速度和精密时间，且不受天气的影响。

（2）定位精度高。单击定位精度优于 10 米，采用差分定位，精度可达厘米级和毫米级。

（3）功能多，应用广。GPS 不仅在测量、导航、测速、测时等方面得到了广泛应用，而且随着人们对 GPS 认识的加深，其应用领域还将不断扩大，如应用在汽车自定位、跟踪测度、陆地救援、内河及远洋船舶最佳航程和安全航线的实时测度，还有大地测量、工程测量、航空摄影测量、地壳运动监测、工程变形监测、资源勘查、地球动力学等各行各业中。

2. GPS 的构成

GPS 系统包括以下三个部分：

（1）空间部分（GPS 卫星星座）。

GPS 的空间部分是由 21 颗工作卫星组成的，它位于距地表 20 000 千米的上空，均匀分布在 6 个轨道面上（每个轨道面 4 颗），轨道倾角为 55°。此外，还有 3 颗有源备份卫星在轨运行。卫星的分布使得在全球任何地方、任何时间都可观测到 4 颗以上的卫星，并能接收到在卫星中预存的导航信息。GPS 的卫星因为大气摩擦等问题，随着时间的推移，导航精度会逐渐降低。

（2）地面控制部分（地面支撑系统）。

地面控制系统由监测站、主控制站、地面天线所组成，主控制站位于美国科罗拉多州春田市。地面控制站负责收集由卫星传回的信息，并计算卫星星历、相对距离、大气校正等数据。

（3）用户设备部分（GPS 接收机）。

用户设备部分即 GPS 信号接收机。其主要功能是能够捕获到按一定卫星截止角所选择的待测卫星，并跟踪这些卫星的运行。当接收机捕获到跟踪的卫星信号后，就可测量出接收天线至卫星的位距离和距离的变化率，解调出卫星轨道参数等数据。根据这些数据，接收机中的微处理计算机就可按定位解算方法进行定位计算，计算出用户所在地理位置的经纬度、高度、速度、时间等信息。接收机硬件和机内软件以及 GPS 数据的后处理软件包构成完整的 GPS 用户设备。GPS 接收机的结构分为天线单元和接收单元两部分。接收机一般采用机内和机外两种直流电源。设置机内电源的目的在于更换外电源时不中断连续观测，在用机外电源时机内电池自动充电。关机后，机内电池为 RAM 存储器供电，以防止数据丢失。目前各种类型的接受机体积越来越小，重量越来越轻，便于野外观测使用。其次则为使用者接收器，现有单频与双频两种，但由于价格因素，一般使用者所购买的多为单频接收器。

3．GPS 的主要用途

GPS 主要是为船舶、汽车、飞机等运动物体进行定位导航。例如：船舶远洋导航和进港引水、飞机航路引导和进场降落、汽车自主导航、地面车辆跟踪和城市智能交通管理、紧急救生和个人旅游及野外探险等。

下面举例说明 GPS 技术在导航仪中的应用。

GPS 技术在导航仪中发挥的核心功能如下：

（1）地图查询。

①可以在操作终端上搜索你要去的目的地位置。

②可以记录你常要去的地方的位置信息，并保留下来，也可以和别人共享这些位置信息。

③模糊地查询你附近或某个位置附近的如加油站、宾馆、取款机等信息。

（2）路线规划。

①GPS 导航系统会根据你设定的起始点和目的地，自动规划一条线路。

②规划线路可以设定是否要经过某些途经点。

③规划线路可以设定是否避开高速公路等功能。

（3）自动导航。

①语音导航。

用语音提前向驾驶者提供路口转向，导航系统状况等行车信息，就像一个懂路的向导告诉你如何驾车去目的地一样。导航中最重要的一个功能，使你无须观看操作终端，通过语音提示就可以安全到达目的地。

②画面导航。

在操作终端上，会显示地图，以及车子现在的位置，行车速度，目的地的距离，规划的路线提示，路口转向提示的行车信息。

③重新规划线路。

当你没有按规划的线路行驶，或者走错路口时候，GPS 导航系统会根据你现在的位置，为你重新规划一条新的到达目的地的线路。

GPS 技术在车辆导航和车辆管理中发挥着越来越重要的作用。飞机、轮船、地面车辆以及步行者都可以利用 GPS 导航器进行导航。汽车导航系统是在全球定位系统 GPS 基础上发展起来的一门新型技术。汽车导航系统由 GPS 导航、自律导航、微处理机、车速传感器、陀螺传感器、CD – ROM 驱动器、LCD 显示器组成。GPS 导航系统与电子地图、无线电通信网络、计算机车辆管理信息系统相结合，可以实现车辆跟踪和交通管理等许多功能。

二、GIS（地理信息系统）

1. GIS 的概念和特征

GIS（地理信息系统）是 20 世纪 60 年代开始发展起来的地理学研究新成果，是多种学科交叉的产物。它是在计算机硬、软件系统支持下，对整个或部分地球表层（包括大气层）空间中的有关地理分布数据进行采集、储存、管理、运算、分析、显示和描述的技术系统。

GIS 的基本功能是将表格型数据（无论它来自数据库、电子表格文件或直接在程序中输入）转换为地理图形显示，然后对显示结果浏览、操纵和分析。其显示范围可以从洲际地图到非常详细的街区地图，显示对象包括人口、销售情况、运输路线以及其他内容。

与一般的管理信息系统相比，地理信息系统具有以下特征：

（1）地理信息系统在分析处理问题中使用了空间数据与属性数据，并通过数据库管理系统将两者联系在一起共同管理、分析和应用，从而提供了认识地理现象的一种新的思维方法；而管理信息系统则只有属性数据库的管理，即使存储了图形，也往往以文件形式等机械形式存储，不能进行有关空间数据的操作，如空间查询、检索、相邻分析等，更无法进行复杂的空间分析。

（2）地理信息系统强调空间分析，通过利用空间解析式模型来分析空间数据，地理信息系统的成功应用依赖于空间分析模型的研究与设计。

2. GIS 技术在物流中的应用

GIS 应用于物流分析，主要是指应用 GIS 强大的地理数据功能来完善物流分析技术。国外公司已经利用 GIS 为物流分析提供专门的分析工具软件。完整的 GIS 物流分析软件集成了车辆路线模型、最短路径模型、网络物流模型、分配集合物流模型和设施定位模型。

（1）车辆路线模型。用于解决一个起始点、多个终止点的货物运输中，如何降低物流作业费用、并保证服务质量的问题。包括决定使用多少车辆，每辆车的行驶路线等。

（2）网络物流模型。用于解决最有效地分配货物路径问题，也就是物流网点布局问题，如将货物从 N 个仓库运往 M 个商店，每个商店都有固定的需求量，因此需要研究从哪个仓库提货送给哪个商店运输代价最小。

（3）分配集合模型。可以根据各要素的相似点把同一层上的所有或部分要素分为几个组，用于解决服务范围和销售市场范围的问题。如某个公司要设立 X 个分销点，要求这些分销点要覆盖某一地区，而且要使每个分销点的顾客数目大致相同。

（4）设施定位模型。用于研究一个或多个设施的位置。在物流系统中，仓库和运输线共同组成了物流网络，仓库处于网络结点上，结点决定着路线。如何根据供求的实际需要并结合经济效益等原则，在既定区域内设立多少个仓库，每个仓库的位置、规模及仓库之间的物流关系等，运用此模型均能很容易地得到解决。

知识与技能训练

一、知识题

1. 名词解释

物流信息　物流信息编码　GPS　GIS　EDI　RFID　条码

2. 填空题

(1) 信息的特征有（　　）、（　　）、（　　）、（　　）、（　　）、（　　）、（　　）。

(2) 物流信息的含义：反映物流各种活动内容的（　　）、（　　）、（　　）、（　　）、（　　）的总称。

(3) 物流信息的特征有（　　）、（　　）、（　　）。

(4) GPS 是（　　）的简称。

(5) GPS 由（　　）、（　　）、（　　）几部分构成。

3. 选择题（单选或多选）

(1) GPS 技术的主要特点有以下几个方面（　　）。

A. 功能多　　　　　　　　　　　　B. 定位精度高

C. 应用广　　　　　　　　　　　　D. 全球、全天候工作

(2) （　　）是起源于美国而又覆盖全球的一个计算机网络，通过 TCP/IP 协议将独立的网络互联在一起。

A. 企业内联网　　　B. 因特网　　　C. 企业外联网　　　D. 局域网

(3) EDI 的标准包括（　　）。

A. EDI 网络通信标准　　　　　　　B. EDI 处理标准

C. EDI 联系标准　　　　　　　　　D. EDI 语义语法标准

(4) 以下属于自动识别技术的有（　　）

A. OCR　　　　　B. 声音识别技术　　　C. 磁条（卡）技术　　　D. GIS

4. 思考题

(1) 物流信息具有哪些方面的特征和作用？

(2) 物流信息编码相对商品信息编码有什么特点？

(3) 条码技术在物流业中如何应用？

(4) 条码技术有何优点？

(5) 什么是 EDI？EDI 在物流业中有何应用？

（6）什么是 GPS？GPS 由哪几部分构成？

（7）简述 GIS 技术在物流业中的应用。

二、实训题

主题：订单处理与综合模拟实训

内容：通过运用 3PL（第三方物流）教学模拟平台带领学生进行关于订单处理和综合模拟实训。

目的与要求：按照教学模拟平台的要求合理进行相关的操作，能够掌握通过物流信息系统进行订单处理并进行一次综合模拟训练。

步骤：

（1）模拟前进行关于订单处理的理论知识讲解。

（2）带领学生进行模拟中所需的信息输入、订单制作。

（3）结合模拟平台的特点进行订单的分类并总结订单处理中信息收集、处理和管理相关的问题。

（4）通过模拟平台对订单进行处理。

（5）进行分组讨论订单处理中应该注意的问题，主要差错的预防体系，并做出实训报告。

项目四
物流系统

能力目标

1. 了解物流系统的定义、目标等相关概念。
2. 了解物流系统的模式及相关要素。
3. 能分析物流系统，包括分析步骤，分析作用原则、方法等。
4. 了解供应链管理的相关知识。

知识目标

1. 了解物流系统化的目标。
2. 理解物流系统一般模式的构成。
3. 了解物流系统设计的原则。
4. 理解供应链管理的运营机制。

情景导入

在上海浦东汽车运输总公司（以下简称"浦运"）的现代物流系统变革中，快步易捷公司全程参与了浦运公司的企业变革。

第一阶段，双方的合作集中在三个方面：

一是企业战略规划，包括市场战略和内部运作体系战略。

二是开发应用一套可适应多种业务模式和多种调度模式的一体化运输管理系统。

三是物流系统变革的实施。要保证物流系统达到预期目标，实施步骤是关键。

第一阶段，快步易捷在对浦运实际的运作情况和业务流程进行分析的基础上，提出了详尽的企业变革计划。在变革计划实施的过程中，快步易捷的物流顾问团队直接参与了浦运营销中心的建立，领导和完成了 SOP（标准运作流程）和 KPI 体系的设计。

第二阶段，快步易捷为浦运设计了未来业务模式的核心目标，目标之一就是：建立起一个支持浦运快速业务发展、适应多种业务类型和运作方式的一体化运输管理系统。快步易捷在对系统进行全面设计和开发的过程中，融合了国际先进物流管理理念和深厚的本土行业经验，以及跨系统、跨平台的集成方案，协助浦运建立起基于客户业务模式的、跨部门的、动态实时配置的流程管理平台。

方案凭借强大的技术平台，实现企业物流信息的高效管理，重组企业业务流程，其目的是对运输过程中的人、车、货、客户进行有效的协调和管理，以提高运输企业的经营管理水平，创造更好的效益与利润，从而最终做到：

1. 形成在全国范围内提供多种增值服务、处于领导者地位的资产型专业运输公司。

2. 通过运输管理系统，将托运单调度作业流程统一化、规范化和高效化，实现最优的客户服务和最大的资源利用。

3. 使所有运作成本透明化，帮助浦运进行成本控制的集中管理。

◉讨论与分析：

1. 上海浦东汽车运输总公司现代物流系统变革各阶段是如何进行的？

2. 物流系统变革，能创造哪些效益与利润？

任务一 物流系统概述

1. 系统与物流系统的定义

系统主要指由一组功能相互关联的要素、变量、组成部分或目标组成统一的整体。作为系统管理的一般原则是：不仅关注单个变量，而且关注多个变量作为一个整体是如何相互作用的。系统管理目标是使整体有效运行而不仅仅关注某一个组成部分。系统观念是物流管理中一个关键的概念。

物流系统是由相互存在的有机联系的物流各要素所组成的综合体。物流系统主要受内部环境以及外部环境要素的影响，使物流系统整体构成十分复杂。其外部存在过多的不确定因素，其内部存在着相互依赖的物流各种因素。物流系统的成功要素是使物流系统整体优化以及合理化，并服从或改善社会大系统的环境。

2. 物流系统化的意义

物流系统化，就是视物流为一个大系统，进行整体设计和管理，以最佳的结构、最好的配合，充分发挥其系统功能的效率，实现整体的物流合理化。

随着科技的进步和生产的发展，一些工业发达国家，在市场剧烈竞争的条件下，逐步认识物流系统的开发和研究，并把它视为"第三个利润源泉"。在一个发达的经济社会中，为了适应大规模生产、大规模流通和大量消费的需要，已不能静止地、孤立地去对待这些问题，而必须把社会再生产的过程——生产、分配、流通、消费，看成一个有机的整体，并且是相互制约、相互依存的。如在国民经济大系统中，虽然生产发展很好，但流通不畅，它会对社会经济发展造成不利影响。反之，流通工作很好，生产发展停滞，同样也会给社会经济发展带来不利。

要实现物流合理化，是就物流系统整体而言的，不只是要求物流过程某一环节的合理化。要把物流系统的诸种功能或各个子系统联系起来，进行综合分析研究，以谋求物流大系统整体的经济效益。对物流大系统来说，在各个子系统之间，存在着相互制约、相互依存的关系。例如在包装环节，如果片面地强调节省包装材料和包装费用，不适当地少用包装材料或用低质代用材料，虽然包装环节费用降低了，但由于包装质量差，在运输和装卸搬运过程中，造成货物破损混乱，从物流系统全过程来看，反而是一种浪费。各个子系统环节之间，要紧密衔接、互相适应，特别是前一道环节（工序）要为后一道环节创造条件，各个环节要为物流大系统取得最好的、整体的经济效益创造条件，物流系统化同时是物流合理化的重要前提。

3. 物流系统化的目标

（1）规模适当化。

对物流系统进行投资时，首先要确定规模的大小。对其所处的地理位置、周围环境、服务对象，特别是物流量的多少，要进行详细调查和预测，综合分析研究，以确定物流系统的规模。否则，物流系统规模设计大了，而物流量小了，必然要使一部分物流设施、技术装备闲置起来，不仅白白浪费了投资，而且影响物流的经济效益。反之，物流系统规模设计小了，物流量多了，与其业务活动不相适应，满足不了顾客的需要，同样也是不可取的。

（2）运送及时性。

运送及时性即根据货主的要求，及时运输和配送，或按顾客提出的时间、地点，把货物迅速运送到收货地或用户处，以赢得商誉。这也是衡量物流企业服务质量的一个重要标志。因此，在进行物流系统设计时，必须考虑运输、配送的功能，如运输工具的配备、运输路线的选择、运输环节的安排等。

（3）库存合理化。

保存一定的合理库存，是物流企业的一项重要任务。在物流系统设计时，必须充分予以重视。以生产物流来说，工厂要储存一定数量的原材料，否则，原材料供应不上，生产就中断了。反之，如果原材料储存过多，会造成积压，占用库房，浪费资金，影响企业的经济效益。从销售物流来看，批发企业或物流中心必须保持一定的合理库存量，不然，商品储存过多，会造成积压，占压资金；而储存过少，又要脱销，并失去销售机会，影响企业经济效益。因此，物流系统必须强化这一功能，及时反馈，调整库存，多则停止进货，少则补充库存，充分发挥其调节功能的作用。

（4）省费用、省力。

在商品经济日益发展、物流技术不断革新、物流业激烈竞争的情况下，在进行物流系统设计时，无论对系统整体及各个子系统来说，一切物流业务活动，都要求省力化，并收取比较低廉的费用。这是招揽顾客、扩大业务的手段，也是物流企业自身发展的关键所在。当然，所谓费用低廉也是相对而言的，是在物流业同行业之间比较而提出的，是为了减少劳动消耗、节省费用、保存企业管理竞争能力而提出的，而不是不讲企业的经济核算。物流企业也和其他企业一样，采取较好的经营手段，获得适当利润。

（5）高服务水平。

物流业属于第三产业的范畴，是后勤、供应和服务性的行业。所以，对整体物流系统设计和全部物流业务活动的要求来说，必须强调其服务性。无论运输、包装、配送等，每日每项物流活动，都要尽量使顾客满意，并要不断研究新问题、开发新技术，增加新的服务项目，为社会提供高质量的服务水平。如国外一些大型物流企业，最近几年新开发的"宅配便"等业务——送货到门、取货到家，方便了千家万户，受到社会各阶层广大群众的欢迎。这是物流业开拓的一个新领域。由此可见，高质量的服务水平是物流业不断发展的强大生命力，从事物流业的工作者必须充分认识到这一点。

（6）经济效益好。

一个物流企业构造一个比较完整的物流系统，其最终仍然是取得最佳的经济效益。即以最少的投入，取得同样的产出；或以同样的投入取得最大的产出。因此，在进行物流系统总体设计时，必须把提高物流经济效益放在首位。

4．物流系统的特点

物流系统具有规模庞大、结构复杂、目标众多等特点。

（1）物流系统是一个"人—机系统"。

物流系统是由人和形成劳动手段的设备、工具所组成。它表现为物流劳动者运用运输设备、装卸搬运机械、仓库、港口、车站等设施，作用于物资的一系列生产活动。在这一系列的物流活动中，人是系统的主体。因此，在研究物流系统的各个方面问题时，要把人和物有机地结合起来，作为不可分割的整体加以考察和分析，而且始终把如何发挥人的主观能动作用放在首位。

（2）物流系统是一个大跨度系统。

这反映在两个方面，一是地域跨度大，二是时间跨度大。在现代经济社会中，企业间的物流经常会跨越不同地域，国际物流的地域跨度更大。通常采取储存的方式解决产需之间的时间矛盾，时间跨度往往也很大。大跨度系统带来的主要问题是管理难度较大，对信息的依赖程度较高。

（3）物流是一个具有层次结构的可分系统。

作为物流系统，无论其规模多么庞大，都可以分解成若干个相互联系的子系统。这些子系统的多少和层次的阶数，是随着人们对物流的认识和研究的深入而不断扩充的。系统与子系统之间、子系统与子系统之间，存在着时间和空间上以及资源利用方面的联系；也存在总的目标、总的费用以及总的运行结果等方面的相互联系。有时为了便于研究，物流系统也分解为物流作业子系统和物流信息子系统，物流作业系统又可分为运输、保管、搬运、包装、流通加工等子系统。

（4）物流系统是一个动态系统。

一般的物流系统总是连接多个生产企业和用户，随需求、供应、渠道、价格的变化，系统内的要素及系统的运行经常发生变化。这就是说，社会物资的生产状况、需求变化、资源变化、企业间的合作关系等，都随时随地影响着物流，物流受到社会生产和社会需求的广泛制约。物流系统是一个具有满足社会需要、适应环境能力的动态系统。为适应经常变化的社会环境，人们必须经常对物流系统的各组成部分不断地修改、完善，这就要求物流系统具有足够的灵活性与可改变性。在有较大的社会变化情况下，物流系统甚至需要重新进行系统的设计。

（5）物流系统是一个多目标函数系统。

物流系统的总目标是实现宏观和微观的经济效益。但是，系统要素间有着非常强的"背反"现象，在处理时稍有不慎就会出现系统总体恶化的结果。通常，对物流数量，人们希望最大；对物流时间，人们希望最短；对服务质量，人们希望最好；对物流成本，人们希望最低。显然，要满足上述所有要求是很难办到的。所有这些相互矛盾的问题，在物流系统中广泛存在，而物流系统又恰恰要求在这些矛盾中运行。要使物流系统在诸方面满足人们的要求，显然要建立物流多目标函数，并在多目标中求得物流的最佳效果。

5. 物流系统管理的目标

（1）10R 目标。

物流系统管理的目标概括地说是以较低的成本和优良的顾客服务实现商品实体从发送地到接收地的运动，具体可表现为 10 个 Right（10R），即正确的来源、正确的物品或服务、正确的方式、正确的包装、正确的质量、正确的数量、正确的时间、正确的地点、正确的成本或价格、正确的顾客。

不同类型的物流系统对目标的重视程度是不同的，典型情况有两种。一是以成本为核心，兼顾其他目标。对于价格、费用比较敏感的顾客，这样的目标体系是合适的。二是以服务、速度为核心，兼顾其他目标。这种物流系统适合于对服务水平、准时性等要求较高的顾客。

（2）7S 目标。

①优质服务（Service）。

物流系统要以客户为中心，树立客户满意的观念。在为客户服务方面要求对客户的订货能按照预定的时间进行配送和送达，做到无缺货、无损伤和丢失现象，且费用便宜。

②迅速快捷（Speed）。

及时性是服务性的延伸，既是用户的要求，也是社会发展进步的要求。随着社会大生产的发展，对物流快速、及时性的要求更加强烈。在现代物流管理中，采用直达运输、多式联运等管理技术来对市场做出快速反应，按用户指定的时间和地点迅速送达。

③节约空间（Space saving）。

为了节约土地资源成本，必须有效利用空间，发展立体设施和有关的物流机械，以充分利用空间和面积，缓解仓储紧缺的问题。

④规模适当（Scale optimization）。

物流系统在考虑必要的发展余地情况下规模大小应该适度。物流系统的水平应根据需求合理确定，如物流网点的优化布局，合理的物流设施规模、自动化和机械化程度等。

⑤合理库存（Stock control）。

必要的库存是为了调节供应与需求的时间矛盾，减少缺货风险。但库存过多又占用保管场所，而且占压多余的资金，造成存储成本上升。因此必须制定合理的库存策略，合理控制库存量。

⑥可靠安全（Safe）。

物流系统要满足顾客的需求，最终实现价值，必须通过自身的安全运行，来保证物品在运输、保管、装卸搬运、配送等环节的安全性，做到货品不损坏、不丢失，到货时间准确可靠，付款及时有保证，服务信誉良好。

⑦总成本最低（Sum cost minimum）。

物流系统是一个多环节、多因素的复杂系统。物流系统管理的目标是通过各个环节的配合与协调，使各个物流环节价值增值最大化，实现总成本最低。通过在物流领域里推行集约化经营方式，提高物流作业能力，采取各种节约、省力、降耗措施，实现降低物流成本的目标。

6. 物流系统管理的思想

物流系统管理的思想是指在物流管理活动中，必须树立系统的思想和观念。现代物流的一个重要特征在于它的系统性，其各要素之间存在有机联系并使物流总体功能合理化。任何物流活动、物流过程、物流管理都必须按照系统的思想、系统的要求来进行。现代物流管理实质是系统管理理论与物流实践相结合的产物。

物流系统管理的思想主要有：

（1）整体优化的思想。

对于由各个子系统构成的大系统来说，局部优化不等于整体优化。必须从全局出发，综合协调各个局部的矛盾，统筹规划，才能实现整体最优，获得 1 加 1 大于 2 的效果。

（2）相互联系、相互依存的思想。

物流系统是一个复杂的系统，系统中的一个变量发生变化将会影响许多其他变量。"头疼医头、脚疼医脚"是不能解决根本问题的。

①动态观念。

系统存在的环境无时无刻不处在发展变化之中。环境发生了变化，系统只有适应变化了的环境才能存在，物流系统也是如此。所以，物流系统必须根据环境变化动态地调整系统的结构和目标，才能适应环境，服务社会。

②开放的观念。

系统必须是开放的，即要与外部环境不断地进行信息、能量、人员等的交换，系统才能发展。物流系统是一个由顾客、供应商、企业等许多成员组成的供应链系统，各成员为了满足顾客的需求，必须树立共赢的观念，而不是过去竞争的观念，要求相互合作、信息共享，才能快速高效地实现物流系统的目标。

总之，用系统思想来研究物流活动是现代物流科学的核心问题。现代物流管理的精髓在于运用系统的观点和方法组织、管理、设计物流活动的各个环节，将组成物流活动的各要素整合形成一个有机整体。

7. 物流系统的分类

物流系统是一个复杂的社会经济大系统，从不同的角度出发可以将物流系统划分成不同的类别，本书从物流系统、物流要素配置的主体、服务对象、实现目标等综合角度出发，将物流系统划分为企业物流系统和社会物流系统。

（1）企业物流系统的概念与内涵。

企业物流系统是指某一企业或部门为了满足一定的物流服务需求，实现具体的服务目标而构筑的物流服务系统。

生产企业、销售企业、消费者个人等是物流服务需求者，他们在生产经营或生活过程中产生了物流服务需求，这种物流服务需求的满足方式既可以采用"自给自足"的方式，也可以由专业物流服务经营者承担。无论采取哪种方式，企业物流系统的构筑都有三大明显特征。

①企业物流系统的构筑主体是企业。

如果物流服务需求者采用"自给自足"方式满足物流服务需求，那么生产企业、销售企业就需要自己构筑物流服务系统，如果物流服务需求者将物流服务需求外包给物流企业，那么相应的物流企业将要构筑相应的服务系统。由此可见，企业物流系统的构筑属于企业行为，追求企业效益最大化是企业物流系统的具体目标。

②企业物流系统的服务对象较具体。

企业构筑物流系统的目的很明确——为自己或某一客户群体提供物流服务。因此，企业物流系统的服务目标客户比较具体。

③企业物流系统的要素组成具有一定的个性化。

企业物流系统的要素配置需要从具体的需求出发，按照具体的服务要求进行处置。物流中心的选址和功能配置、运输方式选择等都会受到具体客户服务要求的影响。因此，从某种程度上讲，企业物流系统是个性化的物流系统。

（2）社会物流系统的概念与内涵。

社会物流系统将物流活动纳入整个社会活动加以调控，其目标在于协调社会资源配置与企业经济活动之间的关系，构筑一种良好的投资环境和社会经济活动基础。社会物流系统通过对多种资源的整合，形成服务于一个城市、一个区域甚至一个国家的社会基础服务体系，以提升全社会物流服务水平，降低物流成本。社会物流系统的构筑有三大明显特征。

①社会物流系统的构筑需要政府进行全局调控。

构筑社会物流系统是为了支持物流产业发展、提高企业物流服务能力、降低社会物流成本、改善投资环境，将社会物流系统作为支持国民经济持续发展的基础服务体系之一。在社会物流体系的构筑过程中，政府需要从全局的角度加以必要的调控，而企业则在政府的宏观指导下进行自主经营活动。

②社会物流系统的服务对象比较抽象。

在社会物流系统的构筑过程中，政府需要从社会经济发展对物流服务需求的总体出发，从全局的角度考察企业物流系统的发展要求，以实现社会物流系统配置的合理化。社会物流系统要面向整个社会经济活动，需要抽象出整个经济社会物流服务需求的共性、普遍性，为整个经济社会构筑一个优化的物流基础服务体系。

③社会物流系统是企业物流系统的共享资源。

社会物流系统构筑的目的在于解决在市场经济环境下由单个企业难以实现的某些物流资源配置问题，而且这些物流资源是每个企业物流系统不可缺少的物流要素，需要由政府干预创建一个公共物流资源平台，以满足企业物流系统的构筑需要。因此，企业物流系统中最基础的、企业难以配置的公共要素的集合就成为社会物流系统的主要组成部分，如物流园区等社会物流系统所配置的资源就成为由政府配置、企业在政府的宏观指导下共同使用、共享的物流资源。

任务二　物流系统模式与要素

1. 物流系统一般模式概述

在流通领域里，物流过程可以看成是一个由生产经过流通到消费的各物流要素相互作用和相互依存的过程体系。在生产领域里，物流过程是一个不断投入原材料、机器设备、劳动力，经过加工处理，产出满足社会需要的系统。就物流过程的每个环节来说，也同样是一个投入与产出系统。每一环节都要从外界环境吸收一定的能量、资源（人、财、物），并以输入形式投入，经过转换处理，直接或间接地产出一定的产品或服务，再以输出的形式向外界提供来满足社会的某种需求。因此，物流系统仍是一个从环境中不断输入要素，经过转换处理，不断输出产品或服务的过程，这就是物流系统的一般模式。

2. 物流系统一般模式的构成

（1）物流系统的输入。

物流系统的输入包括自然资源、人力资源、财务资源和信息资源等，还包括以不同形态存在的待移动物品，如原材料、在制品库存和制成品等，这些物品是物流系统处理的对象。

（2）物流系统的转换处理。

物流系统本身的转化处理过程，即把输入的物品、信息转化成输出的物品、信息等的过程。其基本原理就是通过计划、协调和控制等物流管理活动，以及运输、储存、包装、装卸、搬运、加工或信息等各种物流作业活动对输入的物品赋予空间效用、时间效用、占有效用或形态效用，使之变成顾客所需的物品或信息。

（3）物流系统的输出。

物流活动的作用之一就是将产品从供货点运达需求点，物流使市场区域界限有了延伸，实现了商品的空间效用。另外，产品和服务不仅要在客户需要的地点得到，而且还必须在他们需要的时间得到，这就是物流系统输出的时间效用。另外，卓越的物流运作能力还可以成为企业的一项专有资产，这种资产对手不易模仿，是企业的竞争优势来源之一。

（4）物流系统的约束、干扰和反馈。

约束是环境对物流系统的间接输入，包括人力、物力、信息、能源以及政治、经济、文化、地理、气候等软硬件条件，它们是物流系统必须接受的外部条件，是系统的约束条件。系统的干扰是一种偶然的约束，也是一种间接地、强迫性地输入。系统的反馈主要是信息的反馈，存在于输入和输出过程中，信息反馈一般都是系统和环境之间的信息反馈。现代物流的基本内容是为厂家、商家及消费者提供运输、装卸、仓储、包装、配送、代理、信息反馈等相关服务，实现业务流程的实时跟踪和工作状态的自动查询，及时掌握真实和动态的库存状态；合理调配运力、库房、人员等各种资源；有效监控和反馈订单执行情况；有效统计和管理客户和货物信息；及时掌握提供决策分析的相应数据统计和分析报表，这些都是物流系统的信息反馈。

3. 物流系统实体模式的概述

物流系统实体模式包括两个方面：第一，物流的各个环节通过物资实体的运动将它们联系在一起，各个环节间相互协调，根据需要适时、适量地调度物流过程中所涉及的资源，形成流动的实体网络；第二，通过信息以网络的形式将物流企业各部门、各物流企业、各生产企业和各商业企业等连在一起，实现了社会性的各部门、各企业之间低成本的数据高速共享，实现物流过程的相互衔接和资源调度，形成物流的虚拟网络。

4. 物流系统集成模式的概述

（1）要素一体化。

要素一体化也就是纵向一体化，是将物流系统需要的要素纳入一个资本所有和控制之下，由该资本对物流系统进行规划、设计，并且由该资本对这些要素进行经营和管理。这在需要大量的关系性资产和专用性资产的物流系统中是必要的，但应该实现专业化经营，这就是"大而全，小而专"，这是物流系统集成的最高形式，它有时是通过并购的形式，有时是通过内涵式自我扩张形式实现一体化的。

（2）建立战略联盟。

建立战略联盟即建立供应链的方式。物流系统中有许多专用性资产，比如专门处理某一类商品的车辆、配送中心、仓库、分拣机、信息系统等等。这些要素分属于许多不同的所有者，它们可以通过互相投资、参股，签订长期的战略联盟协议等方式建立供应链，从而实现集成。

（3）资源共享。

有两种形式：第一种，就是通常所说的在不同企业之间进行的横向一体化，即在不改变要素产权关系的情况下，将企业各自拥有的物流资源向物流要素集成者开放，并与其他要素的所有者开展物流业务合作，共同利用这些资源，比如共用车辆和仓库等，在实现物流资源要素共享的同时，也实现了资源与其他物流要素的集成；第二种，即在企业内部不同部门之间进行的横向一体化，企业不同部门之间都有物流资源，比如生产企业的各个事业部都有仓库，这些内部部门之间在物流资源上的共同利用方面也是很有潜力的。

（4）市场化。

市场化即采用第三方物流的方式，大量物流要素的集成可以通过物流市场途径来完成，但条件是物流市场必须起作用，即在物流市场上价格机制和竞争机制能够调节物流要素的供给与需求，同时，必须要有完善的法律保证对市场投机或者违法行为进行制裁。

5. 物流系统的一般要素

（1）人的要素。

人是所有系统的核心要素，也是系统的第一要素。提高劳动者的素质，是建立一个合理化的物流系统并使它有效运转的根本条件。

（2）资金要素。

资金是所有企业系统的动力。交换是以货币为媒介的，实现交换的物流过程，实际也是资金运动过程。同时物流服务本身也需要以货币为媒介，物流系统建设是资本投入的一大领域，离开资金这一要素，物流不可能实现。

（3）物的要素。

包括物流系统的劳动对象，即各种实物。因此，若没有各种实物，物流系统就变成了无本之木。物的要素还包括劳动工具、劳动手段，如各种物流设施、工具，各种消耗材料（燃料、保护材料）等。

（4）信息要素。

包括物流系统所需要处理的信息，即物流信息。物流信息主要表现在客户订单处理信息、客户管理信息，以及为了满足客户的需求所提供的运输信息、单据信息、库存信息及仓储信息等。

6. 物流系统的功能要素

物流系统的功能要素指的是物流系统所具有的基本能力，这些基本能力有效地组合、联结在一起，变成了物流系统的总功能，能合理、有效地实现物流系统的总目的。

物流系统的功能要素一般认为有运输、仓储、包装、装卸搬运、流通加工、配送及物流信息等要素，它们相互联系、相互制约。如果从物流活动的实际工作环节来考察，物流由上述七项具体工作构成。换句话说，物流系统能实现以上七项功能，而这些功能要素是物流系统特有的要素，我们将在后面的章节详细介绍。

7. 物流系统的支撑要素

系统的建立需要有许多支撑手段，尤其是处于复杂的社会经济系统中，要确定物流系统的地位，要协调与其他系统的关系，这些要素主要包括：

（1）法律制度。

法律制度决定物流系统的结构、组织、领导及管理方式，是国家对其进行控制、指挥的重要保障，有了这个支撑条件，物流系统才能确立在国民经济中的地位；物流系统的运行，不可避免地涉及企业或人的权益问题，法律、规章一方面限制和规范物流系统的活动，使之与更大系统协调，一方面给予保障，如合同的执行、权益的划分、责任的确定都靠法律、规章的维系。

（2）行政命令。

行政命令是决定物流系统正常运转的重要支持要素，物流系统和一般系统的不同之处在于，物流系统关系到国家军事、经济命脉。

（3）标准化。

标准化是保证物流环节协调运行，保证物流系统与其他系统在技术上实现连接的重要支撑条件，标准化系统也可以加快物流运作效率以及减少物流成本。

（4）商业习惯。

商业习惯是整个物流系统为了使客户达到满意所提供服务的基本要求。了解商业习惯，将使物流系统始终围绕客户进行运营，以达到企业的目的。商业习惯往往是潜在物流系统改善的最大问题点。

8. 物流系统的物质基础要素

物流系统的建立和运行，需要有大量技术装备手段，这些手段的有机联系对物流系统的运行有决定意义。这些要素对实现物流和某一方面的功能也是必不可少的。主要要素有：

（1）基础设施。

基础设施是组织物流系统运行的基础物质条件，包括物流场站、物流中心、仓库、物流线路、建筑、公路、铁路、港口等。

（2）物流装备。

物流装备是保证物流系统开动的条件，包括仓库货架、进出库设备、加工设备、运输设备及装卸机械等。

（3）物流工具。

物流工具是物流系统运行的物质条件，包括包装工具、维修保养工具、办公设备等。

（4）信息技术及网络。

信息技术及网络是掌握和传递物流信息的手段，根据所需信息水平的不同，包括通信设备及线路、传真设备、计算机及网络设备等。

（5）组织及管理。

组织及管理是物流系统的"软件"，起着连接、调运、运筹、协调及指挥其他各要素，以保障物流系统目的实现的作用。

任务三　物流系统分析

1. 物流系统分析的含义

物流系统分析是从物流系统的最优出发，在选定物流系统目标和准则的基础上，分析构成物流系统的各级子系统的功能和相互关系，以及物流系统同环境的相互作用；运用科学的分析工具和分析方法，对物流系统的目的、功能、环境、费用和效益等进行充分的调研、收集、比较、分析和数据处理，并建立若干替代方案和必要的模型，进行系统仿真试验；把试验、分析、计算的各种结果同原来制订的计划进行比较和评价，寻求对物流系统整体效益最佳和有限资源配备最佳的方案，为决策者最后判断提供科学依据和信息。物流系统分析实质上就是在明确目的的前提下，分析和确定物流系统所应具备的功能和相应的环境条件。

物流系统分析包括的内容是非常广泛的，既包括物流系统内部各要素，又包括与物流系统相联系的外部环境。由于物流系统是由相互联系、相互作用的多个要素组成的，具有多个子系统并能实现多种功能的集合，对物流系统进行系统分析，就是要了解物流系统各部门的内在联系，把握物流系统行为的内在规律性，这不论对于设计新系统，还是改造现有系统，都是极其重要的。

物流系统分析是系统方法在科学决策中的具体应用。它是一个有步骤地探索和分析问题、以寻求解决问题途径的过程。物流系统分析涉及的范围很广，需要对大量的信息进行收集、处理、分析、汇总、传递和存储，因此在物流系统分析中应采用多种数理方法和计算机技术，才能分析、比较系统目标不同替代方案的效果，为物流系统评价和物流系统设计提供充分的信息资料。

2．物流系统分析的作用

物流系统分析最主要的作用是向决策者提供达到目的的各种途径，物流系统分析是确立方案、建立物流系统必不可少的一环。

为了说明物流系统分析的作用，首先需要说明物流系统的建立过程。物流系统的建立过程一般可分为三个阶段，即物流系统规划、物流系统设计和物流系统实施。物流系统规划阶段的主要任务是定义物流系统的概念，明确建立物流系统的必要性，并在此基础上明确目的和确定目标；同时，提出物流系统建立应具备的环境条件以及制约物流系统的条件。物流系统设计阶段首先对物流系统进行概略设计，其内容主要是建立多个可行方案；然后进行物流系统分析，包括目的、替代方案、模型及评价标准等；最后，确定系统设计方案，对系统进行详细设计。物流系统的实施阶段，主要是对物流系统中的关键项目进行试验和试制，在此基础上进行必要的改进，然后正式投入运行。

物流系统分析起到承前启后的作用，特别是当系统中存在着不确定因素或相互矛盾因素时，更需要进行物流系统设计。只有这样，才能保证获得最优的物流系统设计方案。

3．物流系统分析的原则

（1）整体性原则。

物流系统分析的一个基本思想，就是把所要研究的对象看作一个有机的整体，以整体效益为目标。整体性原则要求人们在认识和改造系统时，必须从整体出发，从组成系统各要素间的相互关系中探求系统整体的本质和规律。

（2）层次性原则。

任何一个系统都是由一定要素组成的整体。一方面，这些要素是由其下一层要素组成的子系统；另一方面，该系统又是更大系统中的构成要素，如此相互包含的关系就构成了系统的层次性。运用系统分析方法研究物流问题，要注意整体与层次、层次与层次间的相互制约关系。

（3）结构性原则。

组成物流系统的要素间都有一种相互结合的存在方式，这种要素间相互结合的状态，构成了系统赖以存在和运行的结构系统。探讨物流系统的目标及优化时，必须注意组成物流系统各要素之间的结构方式，以及这种结构方式对物流系统整体的作用和影响，并根据物流系统的整体功能要求进行物流活动诸要素的结构设计，以便有效地满足物流系统的整体要求。

（4）相关性原则。

物流系统之间、物流系统各要素之间、系统和要素之间是相互联系、相互作用的，具有相关性特点。

（5）目的性原则。

人们建立物流系统总是出于某种需要，是为了达到预期的目的。因此在进行物流系统分析时，应把物流系统看作是具有一定发展规律和趋势的系统，并在尊重客观规律的前提下确定物流系统应达到的目标。

4．物流系统分析的步骤

物流系统分析的工作不是一蹴而就的，往往由于在某一步骤出现问题，需要返回到前面的步骤，甚至返回到确定目标阶段，重新开始。只有这样，才能保证为决策提供完全、准确的信息。

（1）明确问题，确立目标。

物流系统分析首先要明确所要解决的问题，以及问题的性质、重点和关键所在，恰当地划分问题的范围和边界，了解该问题的历史、现状和发展趋势，在此基础上确定物流系统的目标。物流系统分析是针对所提出的具体目标而展开的，由于实现系统功能的目的是靠多方面因素来保证的，因此物流系统目标也是由若干个目标组成的。在多目标情况下，要考虑各项目标之间的协调，防止发生相互抵触或顾此失彼的现象，同时还要注意目标的整体性、可行性和经济性。

（2）搜集资料、分析问题。

提出问题、明确目标之后，还必须广泛收集与所解决问题有关的一切资料，包括历史资料和现实资料、文字资料和数据资料，尤其要重视反映各种要素相互联系和相互作用的资料。在分析和整理资料的基础上，尽量搞清楚所要解决的问题是由哪些内部和外部要素组成的，其中占主要地位的有哪些，各自有什么特点和规律，它们之间的联系是怎样的。对这些问题分析得越透彻，成功就越大。

（3）建立模型。

建立模型是对与物流系统目标相关因素之间的关系进行描述。可根据不同表达方式、方法的需要选择不同的模型。通过模型的建立，可确认影响系统功能和目标的主要因素及其影响程度，确认这些因素的相关程度、总目标和分目标的达成途径及其约束条件。

（4）系统优化。

系统优化的作用在于运用最优化的理论和方法，如运筹学、系统工程原理与方法等，对若干个可行方案或替代方案的模型进行仿真和优化计算，求出几个替代解。

（5）系统评价。

运用确定的评价标准，主要从技术和经济两个方面，对各种方案进行比较和评价，权衡各个方案的利弊得失，从而为选择最优系统方案提供足够的信息。

5. 物流系统分析的要素

（1）物流系统目标。

物流系统目标是一个多目标体系，确定目标结构时，也应确定目标重要度的顺序。系统的目标既是建立系统的依据，又是系统分析的出发点。只有正确地把握和理解系统的目标和要求，才能为进一步的分析奠定基础，才能使所建系统达到预期的目的。目标不明确，系统分析就无从着手。由于物流系统的特性决定了物流系统目标的多元性和多层次性，这就增加了物流系统目标确定的困难程度。

（2）可替代方案。

可替代方案是系统方案优选的前提，没有一定数量、质量的可替代方案，就没有系统的优化。在分析阶段，可以制订若干已经达到目标和要求的物流系统可替代方案供分析、比较，以实现进一步改善的目的。

（3）物流系统模型。

建立相应的物流系统模型，以供预测、分析和完善系统功能使用，并作为物流系统组织和技术设计的依据。物流系统的模型种类很多，主要有实物模型、数学模型、图解模型、模拟模型和价值流模型等。

（4）评价标准。

评价标准是确定各个可替代方案优选顺序的评价依据，一般由评价准则和评价指标构成。评价准则有一定的通用性，其下属的评价指标一般根据不同物流系统的具体情况而定。评价指标一般要求指标的内涵明确、相互独立、可计量和适当的灵敏度。在定性指标和定量指标兼有的情况下，一是要将定性指标量化；二是要将定性指标与定量指标量纲化，并使之具有可比性。

（5）方案的完善。

通过方案评价，优选方案时，往往会发现落选方案中仍有一些获选方案所没有的可用优点，获选方案中也有一些不足或待完善之处。所以，应提出修改完善的建议。

6. 物流系统的结构分析

物流系统具有系统的所有特征：整体性、相关性、层次性、目的性、动态性、环境适应性。

从总体上看，这些特征是系统结构的一般表现形式。通常我们将目的性作为分析和构筑系统结构的出发点，它对于系统的其他特征来说是处在统领和支配地位的。环境适应性是系统本身作为一方，环境作为另一方的内外部协调的表述。而系统的整体性、相关性和层次性构成系统结构的主体骨架和内涵。这就是说，明确了系统的目的和总目标以及各个层次的分目标，构造出能够完成系统总目标及其各个层次分目标的系统组成要素，以及这些要素的相互关系、在系统各层次上的分布形式和整体的协调形式，也就是从质和量上了解系统结构的具体形式。

系统结构分析就是要找出构成系统的这几个表述方面的规律，即系统应具备的合理结构的规律。物流系统结构分析就是要弄清各组成要素之间的相互作用形式，为实现物流系统整体功能建立优良的结构体系。物流系统的结构分析主要是层次结构分析、业务活动结构分析以及功能结构分析。这些系统结构的侧面都有某些不同，但都是对物流系统的结构进行分析，只是分析的角度不同，因此它们之间也存在着一定的联系，如物流系统的层次构成分析是按物流活动范围的大小来进行的层次构成分析，主要分微观物流系统和宏观物流系统两个层次来进行分析。

7. 物流系统分析方法

（1）从系统流入和流出的角度。

该分析方法可以迅速了解物流系统的共性部分。一般来讲物流系统可以分为进货物流系统、生产物流系统、出货物流系统。物流管理中的进货物流系统和出货物流系统对于组织来说，往往存在着很大的差异。从进货和出货物流要求来看，可将企业物流系统划分为四种不同的类型。

①对称系统。

对称系统是指一些企业在物流系统的进货和出货方面是一种合理的平衡流，它们从位于不同位置的不同供应商处接受物料供应并运送到不同位置的不同客户处。尽管由于客户服务的重要性，企业可能会较强调实体配送，物流管理系统可能会更加影响企业物流系统的成本，所以说对这类企业来说进货物流与出货物流同样重要。

②偏进货型。

偏进货型是指一些企业的物流进货系统非常复杂，而出货物流系统较为简单。典型的例子就是波音公司。波音公司使用由几百个供应商生产的数千种零部件来装配和生产成品飞机。一旦飞机完工并经过测试，公司只是将它飞行到客户的所在地交货即可。出货物流十分简单，类似的行业还有汽车制造业、轮船制造业、零售业以及餐饮业等。

③偏出货型。

偏出货型是指一些企业进货系统非常简单，而出货物流系统却特别复杂。典型的例子就是实用油制造企业。在进货方面：公司从少量的供应商那里运入压榨油原料等，并且经常是大批量、短距离的运送。在出货方面：生产出来的各种油品需要储存、包装和运输到最终用户。因此，在出货物流系统繁忙的企业里，物流系统的实体配送更加复杂。这类企业主要关注的焦点是企业的多级仓库管理以及配送网络的建设。对偏出货型企业来说，库存可视化也是一个关注的焦点。

④逆向系统。

逆向系统是指从事逆向物流工作的企业，将物流以反方向进行操作，这一情况只可能和制成品的供应链有关。当产品需要返回时，逆向物流就发生了，可能的原因有：a. 次品返回以便修理或退换；b. 没有被卖出的或退回的产品；c. 促销产品或展示品在促销期结束后被返回；d. 回收包装材料以便重新利用。尤其是生产耐用品的企业，用户可能因为以旧换新、维修或废弃物处理而退回商品。随着国外对环境保护意识的逐渐加强，特别是在国外关于家电产品回收法的制定，逆向物流系统的设计将会越来越重要。

（2）从成本的角度。

分析物流系统的第二种方法是按照成本中心或活动中心对物流各个活动进行分析，由于减少物流总成本与提高物流服务质量最常发生在对两者的权衡上。

许多企业在物流领域内的管理活动都需要花费成本，如果将这些因素从成本的角度进行分析，强调这些活动的相关性，并巧妙地运用物流中特有的效益背反规律，这样就可能在带来更低的物流总成本的同时，提供更好的物流服务。

例如：用空运代替公路运输所带来的客户服务速度提高，并降低了库存成本，会抵消比较昂贵的空运运费，或增加仓储的网点会提高仓库和库存的成本，但是减少的运输和销售损失成本可能使物流总成本降低。成本中心的观点对由于考虑了各种效益背反的因素从而降低客户服务成本改善客户服务方面是非常有用。但是，并不是每一个变化都会带来总成本的降低。

（3）从结点、链条以及网络的角度。

结点是用于确定储存和处理商品的空间点。它是企业储存生产原材料和销售给顾客的产成品所需要的工厂和仓库的选址，主要由物流中心、仓储中心、配送中心等部分组成。

链条是用于确定运输和实物流动的方法。物流活动一般都是以某种逻辑顺序一个接一个发生的，并且每一个活动都由它的前一个活动来决定。链上的每一个结点都依赖于它的前一个结点，例如：原材料如果没有首先被运送到工厂，它们就不可能被制成成品。链条上一个环节的失误将会导致整个物流系统的失败，链上每一个元素都是同等重要的。一般链条是指连接物流供需的运输线路，在企业内部就是相关的物流搬运活动。

网络是用于连接物流系统的结点和链条之间的运输网络。这个网络可以由单独的运输方式组成，也可以由各种不同方式组合而成。物流系统中的一个重要目标就是整合的供应链管理，也就是说，使用一个整体的方法来控制和协调供应链所有的成分，从而最有效地获得最终的结果。

从结点、链条以及网络的观点来看，物流系统是非常复杂的，通常大型企业都拥有多个工厂与仓库，这类企业一般使用一种以上的运输方式管理运输网络。而中小企业一般结点和链条都比较简单，通常是点到点的运输方式，并利用简单的链条从供应商到组合工厂和仓库，然后到达相对比较小的市场区域客户的手中。

物流系统的复杂性通常直接与结点、链条以及网络之间的时间和空间距离有直接的关系，直接与系统内的商品进入、离开和运动，以及物流的稳定性、可预测性和数量有关。

（4）从渠道的角度。

渠道既包括主要关心商品的交易流程网络的商流渠道，也包括关于有效的商品流从事运输、储存、搬运、通信和其他职能中介网络的物流渠道。一般分为单点物流渠道、多点物流渠道和复杂的物流渠道。

单点物流渠道是指在单个生产厂商就可以控制的物流活动，一般由生产厂商直接和最终用户打交道。相对来说物流渠道的控制也比较简单，常见于地区性服务的厂商或品种单一的厂商。

多点物流渠道相对来说就比较复杂，通常是多环节的渠道，一个销售仓库对多个零售商，这时我们必须考虑到储存和运输环节，这两个环节控制比较复杂。

复杂物流渠道一般都由大型企业的销售渠道所组成，这一类的物流渠道具有非常复杂的特性，实现在渠道中有效的物流流动相当困难。如果是生产基础产品，如钢铁、铝或者化学制品，由于企业可能不仅仅只是一个渠道的一部分，有可能是多渠道、多客户，这样的物流渠道会重复，并且可能存在大量的物流设施投资、运输网络重叠、交易方式的冲突等严重问题。有些企业试图克服这些问题，利用垂直一体化控制物流渠道中几个阶段的产品流，甚至有些实力雄厚的企业通过控制整个渠道来取得效率。

任务四　物流系统设计与评价

1. 物流系统设计的原则

（1）开放性原则。

物流系统的资源配置需要在全社会范围内寻求。

（2）物流要素集成化原则。

物流要素集成化是指通过一定的制度安排，对物流系统功能、资源、信息、网络等要求进行统一规划、管理、评价，通过要素间的协调和配合使所有要素能够像一个整体运作，从而实现物流系统要素间的联系，达到物流系统整体优化的过程。

（3）网络化原则。

网络化是指将物流经营管理、物流业务、物流资源和物流信息等要素的组织，按照网络方式在一定市场区域内进行规划、设计、实施，以实现物流系统快速反应和总成本最优等要求的过程。

（4）可调整性原则。

能够对市场需求的变化及经济发展的变化及时应对。

2. 物流系统设计的 6 个基本元素（数据）

进行物流系统设计需要以下几方面的基本数据：

（1）所研究商品（Products）的种类、品目等。

（2）商品的数量（Quantity）多少，目标年度的规模、价格。

（3）商品的流向（Route）、生产厂配送中心、消费者等。

（4）服务（Service）水平、速达性、商品质量的保持等。

（5）时间（Time），即不同的季度、月、周、日、时业务量的波动、特点。

（6）物流成本（Cost），是指产品的空间移动或时间占有中所耗费的各种活劳动和货化劳动的货币表现。

以上 P、Q、R、S、T、C 称为物流系统设计有关基本数据的 6 个要素，这些数据是物流系统设计中必须具备的。

3. 物流系统设计的影响因素

物流系统规划设计的目的是定位物流服务市场，配置各种物流要素，形成一定的物流生产能力，使之能以最低的总成本完成既定的目标。只有通过考察、分析影响物流系统绩效的内在和外在因素，才能做出合理的规划设计方案。影响物流系统规划设计的因素通常有：

（1）物流服务需求。

物流服务项目是在物流系统的规划与设计的基础上进行的。由于竞争对手、物流服务市场在不断发生变化，为了适应变化的环境，必须不断改进物流服务条件，以寻求最有利的物流系统，支持市场发展前景良好的项目。

物流服务需求包括服务水平、服务地点、服务时间、产品特征等多项因素，这些因素是物流系统规划设计的基础依据。

（2）行业竞争力。

为了成为有效的市场参与者，应对竞争对手的物流竞争力做详细分析，从而掌握行业基本服务水平，寻求自己的物流市场定位，以发展自身的核心竞争力，构筑合理的物流系统。

（3）地区市场差异。

物流系统中，物流设施结构直接同顾客的特征有关，地区人口密度、交通状况、经济发展水平等都影响着物流设施设置的决策。

（4）物流技术发展。

在技术领域中对物流系统最具影响力的是信息、运输、包装、装卸搬运、管理技术等，计算机信息和网络技术等对物流的发展具有革命性的影响。及时、快速、准确的信息交换可以随时掌握物流动态，因而不但可以用来改进物流系统的实时管理控制与决策，而且可以为实现物流作业一体化、提高物流效率奠定基础。

多式联运、新型车辆、优化运输路径选择等提高了运输衔接能力和运输效率。机器人、自动化仓储系统、自动导引车系统、自动分拣系统等的扩大使用，提高了物流结点的生产能力，增加了物流结点的物流输入和输出能力。

（5）流通渠道结构。

流通渠道结构是由买卖产品的关系组成的，一个企业必须在渠道结构中建立企业间的商务关系，而物流活动是伴随着一定的商务关系而产生的。因此，为了更好地支持商务活动，物流系统的构筑应考虑流通渠道的结构。

（6）经济发展。

经济发展水平、居民消费水平、产业结构直接影响着物流服务需求的内容、数量、质量。为了满足用户需要，物流业的内容也在不断拓展、丰富，集货、运输、配载、配送、中转、保管、倒装、装卸、包装、流通加工和信息服务等构成现代物流活动的主要内容。为此，物流系统应适应物流服务需求的变化，不断拓展其功能，以满足经济发展的需要。

（7）法规、财政、工业标准等。

运输法规、税收政策等都将影响物流系统的规划。

4．物流系统设计的内容

物流系统规划设计就是根据物流系统的功能要求，以提高系统服务水平、运作效率和经济效益为目的，制订各要素的配置方案，其内容包括：

（1）物流系统布局规划。

物流系统布局规划是指在一定层次和地区范围内确定物流网络（物流通道、结点设施）合理的空间布局方案。

根据规划对象的不同可分为社会物流系统布局规划和企业物流系统布局规划。社会物流系统布局规划的目的是要构筑公共物流网络。社会物流系统布局对应着不同的规划区域范围，有不同层次的规划。例如，全国、区域（经济区、省市或者特定区域）、城市等多个层次。布局规划层次越高，其研究的对象就越宏观，随着规划层次的下降，研究的对象就愈加细化。如对物流通道的研究，在较高的布局规划上应研究干线通道，而在较低层次上，则主要研究次要的干线通道、支线通道等。对于结点的研究，在较高层次上主要研究物流区域、物流枢纽城市等的结点问题，如国际枢纽港。而在较低层次上，其研究重点则是地区性物流结点问题。社会物流系统布局规划的重点是综合运输网络的配置。

企业物流系统布局规划基本上是基于社会物流系统布局规划而进行的，企业物流系统依托自身物流结点（物流中心、配送中心、仓库、车站等）的选址，通过社会物流网络的共享，从而形成企业物流系统的物流网络。企业物流系统的物流网络往往通过利用社会物流系统的物流通道资源来构筑。因此，物流结点的选址是企业物流系统布局规划的重点。

（2）物流结点设施的内部布局规划。

物流结点设施的内部布局规划主要指根据物流结点的功能、作业流程和服务质量要求，确定物流结点内各设施的平面布局方案，如物流中心中仓储区、分拣区、加工区、内部通道等的布局。

（3）物流设备选型和平面布局设计。

根据物流系统的作业要求、作业特点，选择先进、适用的物流设备和器具，以提高物流作业效率，它包括以下内容：仓库货架系统的选型和平面布局设计；装卸搬运设备的选型和布局设计；包装、流通加工装备及器具的选型和布局设计；运输工具的选型设计；分拣设备的选型和布局设计等。

5. 物流系统设计的方法与步骤

成功的物流系统总是以能接受的价格来实现客户所要求的服务。价格和服务是一对矛盾的统一体，构筑一个良好的物流系统必须找到两者之间的平衡点。

满足一定服务网络的物流系统往往由若干子系统组成。物流系统规划设计包含了众多可能的选择，从物流网络构筑到仓库内部布局等，需要对每一个子系统或环节进行规划设计。每一个子系统的规划设计需要与整体物流规划过程中的其他组成部分相互平衡、相互协调。因此，首先需要形成一个总框架，在总框架的基础上采用系统分析的方法，对整个系统的各个部分进行规划与设计。物流系统规划与设计过程大体可分为五个阶段。

（1）第一阶段。

在进行一个物流系统的设计或重新设计之前，重要的是要描述分析系统规划设计的目的和目标。目标定位直接决定物流系统的组成部分，例如，对于企业物流系统规划设计来说，比较常用的目标有三种：总资金成本最小、运行成本最小以及顾客服务水平最高。

（2）第二阶段。

一旦确定了系统目标并分析了系统的制约因素，下一个阶段就是收集系统设计所需要的数据资料，并通过对这些数据资料的分析设计出系统方案。

（3）第三阶段。

方案评估阶段，对各方案进行评估，选择合适方案。

（4）第四阶段。

方案实施阶段，该阶段涉及设计、建筑，并将大型、专门的设施投入运行、培训等项目。

（5）第五阶段。

实效评估阶段，对实施方案进行追踪监测，分析方案实施前后的变化，提出评估报告，作为方案修正的依据。

6. 物流系统评价的目的

物流系统评价是物流系统分析过程中一个必不可少的步骤和重要组成部分。对物流系统进行了分析和综合之后，提出了技术上可行、经济上有利的多种方案之后，还需要对这些方案进行评价，要根据物流系统功能评价标准以及环境对物流系统的要求，详细比较这些方案的优劣，从中选出一个付诸实施。

在实施之前，对各物流系统方案进行评价就是要对物流系统方案实施后可能产生的后果和影响进行评价，对后果和影响产生的可能性进行评价以及对各方面后果和影响及其可能性进行综合评价。物流系统方案付诸实施后，为了及时发现问题，要随时采取措施使物流方案进一步完善，进行调整和控制，还需要经常对实施过程和结果进行跟踪评价。另外，为了总结经验、吸取教训，发现新现象、新规律，改进新物流系统的规划、设计和实施，还有必要在物流系统方案实施阶段结束后进行回顾评价。

物流系统评价的主要目的是判定物流系统各方案是否达到了预定的各项性能指标，

能否在满足各种内外约束条件下实现物流系统的预定目的。物流系统评价的另一个目的是按照预定的评价指标体系评出参评各方案的优劣，它的好坏决定着决策的正确与否。由于物流系统结构互不相同，物流系统目的也千差万别，因此物流系统评价的对象、标准、考虑的因素、使用的方法、评价过程和步骤也是各种各样、互不相同的。

7. 物流系统评价的原则

物流系统是一个非常复杂的人造系统，它涉及范围广，构成要素繁多且关系复杂，这都给系统评价带来了一定的难度。为了对物流系统做出一个正确的评价，应遵循下列基本原则：

（1）要保证评价的客观性。

评价的目的是为了决策，因此评价的质量影响决策的正确性。为了保证评价的客观性，必须弄清资料是否全面、可靠、正确，防止评价人员的倾向性，并注意人员的组成应具有代表性。

（2）坚持技术先进适用、经济合理的原则。

物流系统功能的发挥、目标和要求的实现，在很大程度上取决于物流技术本身的先进性和适用性。这是因为物流技术的先进性和适用性是影响物流速度高低、系统可靠性强弱的主要因素。经济上的合理性反映物流系统的物化劳动和活劳动消耗情况，以尽可能少的消耗获取良好的经济效果是经济管理工作的出发点和落脚点，也是物流系统的目的所在。

（3）坚持局部效益服从整体效益的原则。

物流系统由若干个子系统或要素构成，如果每个子系统的效益是好的，则整体的效益也会比较理想。在某些情况下，有些子系统经济效益是好的，但从全局看经济效益却不好，这种方案理所当然是不可取的。反之，在某些情况下，从局部看某一子系统经济效益不好的，但从全局看整个系统却是较好的，这种方案则是可取的。因此，我们所要求的是整体效益化和最优化，要求局部效益服从整体效益。

（4）对于指标体系的建立与评价指标的确定，要坚持先进合理性和可操作性原则。

影响物流系统功能发挥的因素是非常多的，因此在建立物流系统指标体系时，不可能面面俱到，但应在突出重点的前提下，尽量做到先进合理，坚持可操作性。可操作性主要表现在评价指标的设置上，既要可行又要可比。可行性主要是指指标设置要符合物流系统的特征和功能要求，在具体指标的确定上，不能脱离现有的技术水平和管理水平，而确定一些无法达到的指标。制定的评价标准不能过高过严，也不能偏低，应以平均水平为依据。可比性主要指评价项目的内容含义确切，便于进行比较，评出高低。

（5）在定性分析的基础上坚持定量分析，对系统进行客观合理的评价。

在对物流系统进行评价时，应该坚持定性分析与定量分析相结合的原则，并且在定性分析的基础上，以定量分析为主，既要反映物流系统实现功能的程度，又要确定其量的界限，才能得出对系统客观合理的评价结果，才能确定最优方案。

8. 物流系统规划设计评估的内容

物流系统评估的完整内涵包括现状评估、方案评估和实效评估三个阶段，它既受物流系统规划设计的制约，又反过来影响物流系统的规划与设计。这三个阶段是先后延续的，并且是周而复始的。

现状评估：现状评估是从分析现有物流系统各个子系统间的相互联系与内在影响因素入手，对现有物流系统进行诊断评价，找出现行物流系统的问题症结。通过现状评估可以对现有物流系统进行更为全面的了解，从而找出问题的症结，进而才能提出更为科学可行的规划方案。

方案评估：物流系统规划设计方案评估的基本目标是提供备选方案各方面的评估信息，以辅助决策者选择最优或满意的方案。

实效评估：实效评估是物流系统规划设计方案实施功效最直接的方法，它要为下述三个问题提供答案：物流系统规划设计方案实施后发生了哪些变化？这些变化带来的效益和损失是什么（方案的效果）？发生这些变化的原因是什么（问题症结）？

评估的结论能够定性、定量表明方案达到原定目标的程度，并对下一步物流系统的改进和发展指出方向与途径。

实效评价的重点是建立实施方案和实施效果之间的因果关系。确保实效评估的实施是关键，需要建立方案实施后的追踪检测部门，对方案实施前后做对比分析。

任务五　供应链管理系统

1. 供应链的结构模型

供应链的结构可以简单地归纳为如图4-1所示的模型。典型的供应链中，厂商先进行原材料的采购，然后在一家或多家工厂进行产品的生产，把产成品运往仓库做暂时储存，最后把产品运往分销商或顾客。为了降低成本和提高服务水平，有效的供应链战略必须考虑供应链各环节的相互作用。

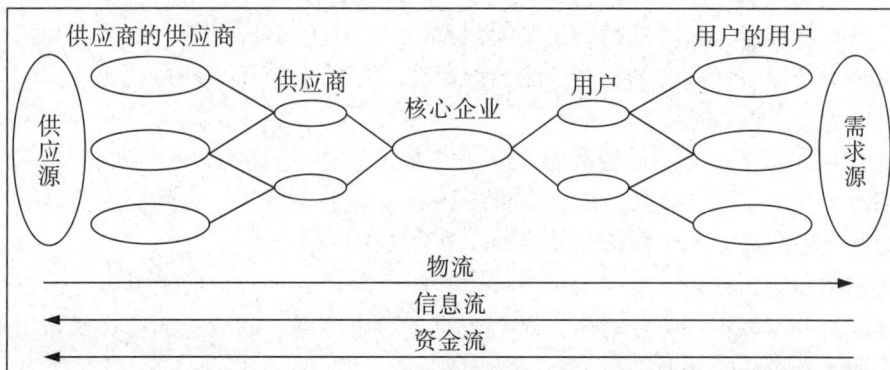

图4-1　供应链的网链结构模型

从图4-1中可以看出，供应链由所有加盟的结点企业组成，其中一般有一个核心企业（可以是产品制造企业，如我国的海尔；可以是大型零售企业，如美国的沃尔玛；也可以是第三方物流企业，如远成物流），结点企业在需求信息的驱动下，通过供应链的职能分工与合作（生产、批发、零售等），以资金流、物流和服务流为媒介实现整个供应链的不断增值。

供应链上集成了物流、信息流、资金流等要素。并且，这些要素常常是跨部门、跨企业，甚至是跨行业的。物流的价值和价值增值由上游企业流向下游企业，需求信息则由下游企业流向上游企业。

对于一个具体产品或产品大类的供应链，情况可能十分复杂，是一个复杂系统，存在多个行为主体、多渠道、多层结构和多个决策点。

2. 供应链的类型

（1）从制造企业供应链的发展过程来看，可分为内部供应链和外部供应链。

①从结构上讲，内部供应链是指企业内部产品生产和流通过程中所涉及的采购部门、生产部门、仓储部门、销售部门等组成的供需网络。

最初的供应链概念局限于企业的内部操作，注重企业内部各部门的协调，通过团队精神和运行机制，以争取更满意的企业利益目标。

②外部供应链是指涵盖企业的与企业相关的产品生产和流通过程中所涉及的供应商、生产商、储运商、零售商以及最终消费者组成的供需网络。

外部供应链是新的供应链概念，它注重与外部资源、与其他企业的联系，注重供应链的外部环境，它偏向于供应链中不同企业的制造、组装、分销、零售等过程，即将原材料转换成产品到最终用户的转换过程。它是更大范围、更为系统的概念。

（2）根据供应链存在的稳定性，可分为稳定的供应链和动态的供应链。

①基于相对稳定、单一的市场需求而组成的供应链稳定性较强。

②基于相对频繁变化、复杂的需求而组成的供应链动态性较高。

③在实际管理运作中，需要根据不断变化的需求，相应地改变供应链的组成。

（3）根据供应链容量与用户需求的关系，可以分为平衡的供应链和倾斜的供应链。

①当供应链的容量能满足用户需求时，供应链处于平衡状态。

②当市场变化加剧，造成供应链成本增加、库存增加、浪费增加等现象时，企业不是在最优状态下运作，供应链则处于倾斜状态。一个供应链应具有一定的、相对稳定的设备容量和生产能力（所有结点企业能力的综合，包括供应商、制造商、运输商、分销商、零售商等）。

（4）按供应链的主导主体控制能力分，可为盟主型供应链和非盟主型供应链。

所谓盟主型供应链，即某一成员在供应链中占有主导地位，对其他成员具有很强的辐射能力和吸引能力，通常称该企业为核心企业或主导企业。

盟主型供应链相对于非盟主型供应链，是比较典型的一种供应链类型。从供应链的主导主体分析，可以将供应链划分为制造企业主导供应链、商业企业主导供应链和第三方物流企业主导供应链等形式。

（5）按供应链的功能模式（物理功能和市场中介功能），可分为有效性供应链和反应性供应链。

①有效性供应链也称物质效率型供应链，是以最低的成本将原材料转化成零部件、半成品、产品，并以尽可能低的价格有效地实现以供应为基本目标的供应链管理系统。此类产品需求一般是可以预测的，在整个供应链各环节中总是力争存货最小化，并通过

高效率物流过程形成物资、商品的高周转率，从而在不增加成本的前提下尽可能缩短导入期。选择供应商时着重考虑服务、成本、质量和时间因素。

②反应性供应链也称灵敏反应型供应链。主要体现供应链市场中介的功能，即把产品分配到满足用户需求的市场，对未预知的需求做出快速反应的供应链管理系统。此类产品需求一般是不可预见的，需要做到因商品脱销、降价销售和存货过时所造成的损失最小化，因而生产系统需要准备足够的缓冲生产能力，存货需准备有效的零部件和成品的缓冲存货，同时，需要以多种方式投资以缩短市场导入期。在选择供应商时主要考虑速度、灵活性和质量。

③在供应链管理设计中，功能性产品强调有效实物供给，创新性产品强调市场灵敏反应，无论是提高物质效率过程还是提高市场灵敏反应过程都需要相应投资。根据企业产品及市场战略创建供应链管理体系应当能够提高设计的针对性，强化信息流、物流同期化程度，重点提高供应链实物效率过程或市场灵敏反应过程，实现和增加供应链给客户带来的附加价值。

④有效性供应链和反应性供应链的比较，见表4－1。

表4－1　有效性供应链和反应性供应链的比较

比较内容	市场反应性供应链	物理有效性供应链
基本目标	尽可能快地对不可预测的需求做出反应，使缺货、降价、库存最小化	以最低的成本供应可预测的需求
制造的核心	配置多余的缓冲库存	保持高的平均利用率
库存策略	安排好零部件和成品的缓冲库存	创造高收益而使整个供应链的库存最小化
提前期	大量投资以缩短提前期	尽可能缩短提前期
供应商的标准	速度、质量、柔性	成本、质量
产品设计策略	采用模块化设计，尽可能差异化	绩效最大化、成本最小化

3．供应链的特征

（1）复杂性。

供应链是一个复杂的网络系统。首先，受不同外部经济环境、不同行业、不同生产技术和不同产品的影响，会产生不同形态结构、不同行为主体构成和采用不同控制方式的供应链。其次，因为供应链节点企业组成的跨度（层次）不同，供应链往往由多个、多类型甚至多国企业构成，所以供应链结构模式比一般单个企业的结构模式更为复杂。因此，对于某一企业来说，要找到最优的供应链发展战略，其本身就是一项具有挑战性的工作。

（2）动态性。

供应管理的目标，既要满足消费需求，又要实现系统成本最小化。然而，消费需求和成本结构参数都随着时间不断变化，这增大了供应链管理的难度。另外，还受行业竞争的制约。最后，原材料供应商、制造商、物流者和分销商等合作伙伴的组成结构和行为方式，也需要不断优化组合。

（3）面向用户需求。

供应链的形成、存在、重构，都是基于一定的市场需求而发生，并且在供应链的运作过程中，只有用户的需求拉动才是供应链中信息流、产品流、服务流、资金流运作的驱动源。

（4）交叉性。

结点企业可以是这个供应链的成员，同时又是另一个供应链的成员，众多的供应链形成交叉网状结构，增加了协调管理的难度。

4．供应链的设计原则

（1）自上向下和自下向上相结合的设计原则。

在系统建模设计方法中，存在两种设计方法，即自上向下和自下向上的方法。自上向下的方法是从全局走向局部的方法，自下向上的方法是从局部走向全局的方法；自上而下是系统分解的过程，自下而上则是一种集成的过程。在设计一个供应链系统时，往往是先有主管高层做出战略规划与决策，规划与决策的依据来自市场需求和企业发展规划，然后由下层部门实施决策，因此供应链的设计是自上向下和自下向上的结合。

（2）简洁性原则。

简洁性是供应链的一个重要原则，为了能使供应链具有灵活快速响应市场的能力，供应链的每个结点都应是精简的、具有活力的、能实现业务流程的快速组合。比如供应商的选择就应以少而精的原则，通过和少数的供应商建立战略伙伴关系，有利于减少采购成本，推动实施 JIT（准时制生产方式）采购法和准时生产。生产系统的设计更是应以精细思想为指导，努力实现从精细的制造模式到精细的供应链这一目标。

（3）集优原则（互补性原则）。

供应链各个结点的选择应遵循强强联合原则，达到实现资源外用的目的，每个企业只集中精力致力于各自核心的业务过程。就像一个独立的制造单元（独立制造岛），这些所谓单元化企业具有自我组织、自我优化、面向目标、动态运行和充满活力的特点，能够实现供应链业务的快速重组。

（4）协调性原则。

供应链业绩好坏取决于供应链合作伙伴关系是否和谐，因此建立战略伙伴关系的合作企业关系模型是实现供应链最佳效能的保证。是否和谐用于描述系统是否形成了充分发挥系统成员和子系统的能动性、创造性及系统与环境的总体协调性，只有和谐与协调的系统才能发挥最佳的效能。

（5）动态性（不确定性）原则。

动态性（不确定性）在供应链中随处可见，并导致需求信息的扭曲。因此要预见各种不确定因素对供应链运作的影响，减少信息传递过程中的信息延迟和失真。降低安全库存总是和服务水平的提高相矛盾。增加透明性，减少不必要的中间环节，提高预测的精度和时效性对降低不确定性的影响都是极为重要的。

（6）创新性原则。

创新设计是系统设计的重要原则，没有创新性思维，就不可能有创新的管理模式，因此在供应链的设计过程中，创新性是很重要的一个原则。要产生一个创新的系统，就要敢于打破各种陈旧的思维框框,用新的角度、新的视野审视原有的管理模式和体系,进行大胆的创新设计。

进行创新设计,要注意以下几点:

①创新必须在企业总体目标和战略的指导下进行,并与战略目标保持一致。

②要从市场需求的角度出发,综合运用企业的能力和优势。

③发挥企业各类人员的创造性,集思广益,并与其他企业共同协作。

④建立科学的评价体系及组织管理系统,进行技术经济分析和可行性论证。

(7)战略性原则。

供应链建模时,通过战略性的思考来减少不确定影响。从供应链战略管理的角度考虑,供应链建模的战略性原则还体现在供应链发展的长远规划和预见性上,供应链的系统结构发展应和企业的战略规划保持一致,并在企业战略指导下进行。

5. 供应链管理的定义

国家标准 GB/T 18354—2001《物流术语》给出供应链管理的定义为:利用计算机网络技术全面规划供应链中的商流、物流、信息流、资金流等并进行计划、组织、协调与控制。

我们可以这样理解:

(1)供应链管理的范围包括由供应商的供应商、客户的客户所构成的网链结构及所涉及的资源范畴。

(2)供应链管理的目的是追求整个系统的效率和费用的有效性,使系统效益最大、总成本最低。

(3)管理内容是围绕网链各方经营主体、设施资源、功能服务等的一体化与集成管理,资源有效利用、资源整合将贯穿于企业战略层、战术层直到作业层的决策、经营和作业管理活动之中。

6. 供应链管理与传统管理模式的区别

(1)供应链管理把供应链中所有结点企业看作一个整体,供应链管理涵盖整个物流从供应商到最终用户的采购、制造、分销等职能领域过程。

(2)供应链管理强调和依赖战略管理。

"供应"是整个供应链中结点企业之间事实上共享的一个概念(任两个结点之间都是供应与需求关系),同时它又是一个有重要战略意义的概念,因为它影响或者可以认为它决定了整个供应链的成本和市场占有份额。

(3)供应链管理最关键的是需要采用集成的思想和方法,而不仅仅是结点企业、技术方法等资源的简单连接。

(4)供应链管理具有更高的目标,通过管理库存和合作关系达到高水平的服务,而不是仅仅完成一定的市场目标。

7. 供应链管理的思想

(1)"横向一体化"的管理思想。

强调企业的核心竞争力,这也是当今人们谈论的共同话题。为此,要清楚地辨别本企业的核心业务,然后狠抓核心资源,以提高核心竞争力。供应链上的企业应向专业化方向发展,克服原来的大而全、小而全,努力发展自身的核心竞争能力。企业自身核心竞争能力的形成，有助于保持和强化供应链上的合作伙伴关系。

（2）系统思想。

把供应链看成一个整体，而不是把供应链看成是由采购、制造、分销等构成的分离的功能块。例如，从库存管理来看，在供应链管理中库存水平是在供应链成员中协调，以使库存投资与成本最小。而传统的管理方法是把库存向前推或向后延，根据供应链成员谁最有主动权而定。例如，汽车制造时采用 JIT 存货管理，供应商的库存水平大大地提高了，以满足汽车制造商强加的 JIT 送货计划。把库存推向供应商并降低管道中的库存投资，仅仅是转移了库存。解决这个问题的方法可通过提供有关生产计划的信息，共享有关预期需求、订单、生产计划等信息，减少不确定性，并使安全库存点降低。让公司共享信息需要克服一些困难，比如共享方担心竞争对手知情太多会降低其竞争优势等。

（3）非核心业务都采取外包的方式分散给业务伙伴，与业务伙伴结成战略联盟关系。

建立新型的企业伙伴关系，以实现信息共享、风险共担。通过科学地选择业务伙伴，减少供应商数目，改过去企业与企业之间的敌对关系为紧密合作的业务伙伴，通过企业间的协调机制来降低成本，提高质量。

（4）供应链企业间形成的是一种合作性竞争。

合作性竞争可以从两个层面理解：一是过去的竞争对手相互结盟，共同开发新技术，成果共享；二是将过去由本企业生产的非核心零部件外包给供应商，双方合作共同参与竞争。这实际上也是体现出核心竞争力的互补效应。

（5）以顾客满意度作为目标的服务化管理。

对下游企业来讲，供应链上游企业的功能不是简单的提供物料，而是要用最低的成本提供最好的服务。

（6）供应链追求物流、信息流、资金流、工作流和组织流的集成。

供应链管理的目的是降低整个供应链的总成本，包括采购时的价格及送货成本、库存成本等。在传统的管理中，公司一般只注重本公司发生的成本，不太意识到它们与供应商的关系如何影响到最终产品的成本。而且由于竞争的原因，一般公司不会向供应商提供备货时间的信息，或要求顾客大批量购买，这会增加它们的库存成本，最终此成本会沿着供应链传递到最终客户中去。但是，信息共享是一个难处理的问题，尤其是在供应商或顾客也与它的竞争对手有业务往来的情况下。但信息共享是成功的关键因素。

（7）借助信息技术实现目标管理。

这是信息流管理的先决条件，况且传统型企业与现代型企业最大的区别就在于信息技术的不同。

（8）更加关注物流企业的参与。

在供应链管理环境下，物流的作用特别重要，因为缩短物流周期比缩短制造周期更关键。供应链管理强调的是从整体上响应最终用户的协调性，没有物流企业的参与是不可想象的。

8. 供应链管理的驱动要素

供应链管理者必须对影响供应链运营的相对独立的主要驱动要素——库存、运输、设施和信息，在反应能力和盈利水平之间进行平衡。

（1）库存。

库存的改变会在很大程度上影响整个供应链的反应能力和盈利水平。

厂商可以通过提高库存水平来增强反应能力，然而，库存量的增大将增加厂商的成本，从而降低盈利水平。

反之，减少库存会提高厂商的盈利能力，却又降低了反应能力。

（2）运输。

有多种方式与多种路径的运输组合可供决策与选择，不同组合有各自不同的运营特点。

选择更为快捷的运输方式，提高供应链的反应能力，意味着要支付更高的运输成本，降低盈利能力。

选择速度较慢的运输方式，降低运输成本，提高盈利能力，但意味着必须以降低反应能力为代价。

（3）设施。

设施无论是生产场所还是储存场所，有关设施的选址、功能和灵活性决策对供应链的绩效都有着决定性的作用。

一家汽车零配件分销商为了提高自己的反应能力，可以选择在靠近消费者的地方建设许多仓储设施，但这样做会降低盈利水平。若为了追求盈利，可能会减少仓库数量，这样做又会降低反应能力。

（4）信息。

信息包括整条供应链中有关库存、运输、设施、顾客等的数据资料和分析。

信息为管理者提供决策依据，从而使供应链更具反应能力和盈利水平。

在顾客需求拉动模式中，厂商利用及时、有效、丰富的顾客订单信息和供应信息，在订单履行时间内，快速合理地组织供应、生产和分销配送等活动，既提高了整个供应链的反应能力，也提高了供应链的盈利能力。

9. 供应链管理的运营机制

供应链成长过程体现于企业在市场竞争中的成熟与发展之中，通过供应链管理的合作机制、决策机制、激励机制、自律机制等来实现满足顾客需求、使顾客满意以及留住顾客等功能目标，从而实现供应链管理的最终目标：社会目标（满足社会就业需求）、经济目标（创造最佳利益）、环境目标（保持生态与环境平衡）的统一。

（1）合作机制。

供应链合作机制体现了战略伙伴关系和企业内外资源的集成与优化利用。基于这种企业环境的产品制造过程，从产品的研究开发到投放市场，周期大大地缩短，而且顾客导向化程度更高。模块化、简单化产品、标准化组件，使企业在多变的市场中柔性和敏捷性显著增强，虚拟制造与动态联盟提高了业务外包策略的利用程度。企业集成的范围扩展了，从原来中低层次的内部业务流程重组上升到企业间的协作，这是一种更高级别的企业集成模式。

在这种关系中，市场竞争的策略主要是基于时间的竞争和价值链及价值让渡系统管理或基于价值的供应链管理。

（2）决策机制。

由于供应链企业决策信息的来源不再仅限于一个企业内部，而是在开放的信息网络环境下，不断进行信息交换和共享，达到供应链企业同步化、集成化计划与控制的目的。而且随着 Internet（国际互联网）/Intranet（企业内部网）发展成为新的企业决策支持系统，企业的决策模式将会产生很大的变化，因此处于供应链中的任何企业决策模式应该是基于 Internet/Intranet 的开放性信息环境下的群体决策模式。

（3）激励机制。

为了掌握供应链管理的技术，必须建立、健全业绩评价和激励机制，使我们知道供应链管理思想在哪些方面、多大程度上给予企业改进和提高，以推动企业管理工作不断完善和提高，也使得供应链管理能够沿着正确的轨道与方向发展，真正成为能为企业管理者乐于接受和实践的新的管理模式。

（4）自律机制。

自律机制要求供应链企业向行业的领头企业或最具竞争力的竞争对手看齐，不断对产品、服务和供应链业绩进行评价，并不断地改进，以使企业能保持自己的竞争力和持续发展。自律机制主要包括企业内部的自律、对比竞争对手的自律、对比同行企业的自律和比较领头企业的自律。企业通过推行自律机制，可以降低成本，增加利润和销售量，更好地了解竞争对手，提高客户满意度，增加信誉，企业内部部门之间的业绩差距也可以得到缩小，从而提高企业的整体竞争力。

10. 供应链合作关系的含义

供应链合作关系是指供应商与制造商之间、制造商与销售商之间在一定时期内的共享信息、共担风险、共同获利的协议关系。

这种战略合作关系是在集成化供应链管理环境下形成的具有一致目标和共同利益的企业之间的关系。伙伴关系就意味着：新产品技术的共同开发，数据和信息的交换，研究和开发的共同投资。在供应链伙伴关系环境下，制造商选择供应商不再只考虑价格，而是更注重选择能够提供优质服务、技术革新、产品设计等方面供应商的合作。

11. 供应链合作关系的特征

（1）供应链合作伙伴关系具有以下几个鲜明特征。

①双方高度的信任机制。

②双方有效的信息共享，信息交换包括成本、进程与质量控制等信息更为自由的关系。

③需方直接参与供方的产品研制等，共同寻求解决问题和分歧的途径。

④长期稳定的供应合同。

⑤以实现系统双赢为目标。

（2）供应链合作关系与传统供应商关系的比较。

供应链合作关系与传统的关系模式有着很大的区别，如表 4-2 所示。

表 4-2 供应链合作关系与传统供应商关系的比较

比较内容	传统供应商关系	供应链合作伙伴
相互交换的主体	物料	物料、服务
供应商选择标准	强调价格	多标准并行考虑（交货的质量和可靠性等）
稳定性	变化频繁	长期、稳定、紧密合作
合同性质	单一	开放合同（长期）
供应批量	小	大
供应商数量	大量	少（少而精，可以长期紧密合作）
供应商规模	小	大
供应商定位	当地	国内和国外
信息交流	信息专有	信息共享（电子化连接、共享各种信息）
技术支持	不提供	提供
质量控制	输入检查控制	质量保证（供应商对产品质量负全部责任）
选择范围	投标评估	广泛评估可增值的供应商

知识与技能训练

一、知识题

1. 名词解释

物流系统的定义   物流系统的实体模式   物流系统分析   物流系统规划设计   供应链管理

2. 填空题

（1）运送及时性，这也是衡量物流企业服务质量的一个重要标志，因此，在进行物流系统设计时，必须考虑运输、配送的功能，如运输工具的配备、（   ）、运输环节的安排等。

（2）在不同企业之间进行的横向一体化，即在不改变要素（   ）的情况下，将企业各自拥有的物流资源向物流要素集成者开放，并与其他要素的所有者开展物流业务合作，共同利用这些资源，实现资源与其他物流要素的集成。

（3）系统规划阶段的主要任务是定义系统的概念，明确建立系统的必要性，并在此基础上明确目的和确定目标，同时，提出系统建立应具备的环境条件以及（   ）。

（4）物流系统中，物流设施结构直接同顾客的特征有关，（　　）、交通状况、经济发展水平等都影响着物流设施设置的决策。

（5）供应链上集成了物流、信息流、资金流等要素。并且，这些要素常常是跨部门、跨企业，甚至是跨（　　）的。

3. 单选题

（1）"在为客户服务方面要求对客户的订货能按照预定的时间进行配送和送达，做到无缺货、无损伤和丢失现象，且费用便宜"，这反映了物流系统管理的（　　）目标。

A. 合理库存　　　　B. 优质服务　　　　C. 可靠安全　　　　D. 迅速快捷

（2）（　　）是所有物流系统一般要素的核心要素，也是物流系统一般要素的第一要素。

A. 资金要素　　　　B. 物的要素　　　　C. 信息要素　　　　D. 人的要素

（3）生产基础产品，如钢铁、铝或者化学制品，它的物流渠道是（　　）。

A. 星状　　　　　　B. 单点　　　　　　C. 多点　　　　　　D. 复杂

（4）关于"物流系统规划设计方案实施后发生了哪些变化"是属于（　　）。

A. 方案评估　　　　B. 现状评估　　　　C. 定性评估　　　　D. 实效评估

（5）将供应链分为盟主型供应链和非盟主型供应链的分类标准是（　　）。

A. 供应链的发展过程　　　　　　　　B. 供应链的主导主体控制能力

C. 供应链容量与用户需求的关系　　　D. 供应链存在的稳定性

4. 多选题

（1）物流系统是一个大跨度系统，这反映在两个方面，一是（　　）跨度大，二是（　　）跨度大。

A. 成员　　　B. 地域　　　C. 时间　　　D. 设备　　　E. 文化

（2）物流系统的转换处理是指物流系统本身的转化处理过程，即把输入的（　　）、（　　）进行转化的过程。

A. 物品　　　B. 资金　　　C. 商品　　　D. 信息　　　E. 人员

（3）从系统流入和流出的角度，物流系统分析方法分为（　　）类型。

A. 对称系统　　B. 偏进货型　　C. 偏出货型　　D. 逆向系统　　E. 对冲系统

（4）物流系统评价应遵循的原则有（　　）。

A. 局部效益服从整体　　　　B. 可操作性　　　　　　C. 定量分析

D. 经济合理　　　　　　　　E. 评价的客观性

（5）内部供应链是指企业内部产品生产和流通过程中所涉及的（　　）等组成的供需网络。

A. 运输部门　　B. 销售部门　　C. 仓储部门　　D. 生产部门　　E. 采购部门

5. 思考题

（1）什么是物流系统化的目标？

（2）物流系统一般模式的构成是怎样的？

（3）物流系统分析的原则有哪些？

（4）物流系统设计的影响因素有哪些？

（5）供应链有哪些类型？

二、实训题

主题：货物受理系统及发运管理系统的使用

目的和要求：掌握在整个宏观的货物运输流程中前两个子系统的功能及具体使用。

步骤：通过具体操作熟悉两个子系统的流程情况。

（1）货物受理。

（2）货物分理。

（3）货物确认交接。

项目五
物流综合管理

能力目标

1. 了解物流综合管理所包含的内容。
2. 了解物流服务管理、物流战略管理、物流成本管理以及物流标准化的方法和途径。
3. 清楚物流网络和物流结点的形势。

知识目标

1. 了解物流综合管理所包含的内容及相关概念。
2. 理解物流管理理论及物流管理观念。
3. 理解物流网络和物流结点的形势。

情景导入

海尔物流管理的"一流三网"充分体现了现代物流的特征:"一流"是以订单信息流为中心;"三网"分别是全球供应链资源网络、全球配送资源网络和计算机信息网络。"三网"同步流动,为订单信息流的增值提供支持。

在海尔,仓库不再是储存物资的"水库",而是一条流动的"河"。河中流动的是按单来采购、生产必需的物资,也就是按订单进行采购、制造等活动。这样,从根本上消除了呆滞物资,消灭了库存。

目前,海尔集团每个月平均接到 6 000 多个销售订单,这些订单的品种达 7 000 多个,需要采购的物料品种达 26 万余种。在这种复杂的情况下,海尔物流自整合以来,呆滞物资降低了 73.8%,仓库面积减少 50%,库存资金减少 67%。海尔国际物流中心货区面积 7 200 平方米,但它的吞吐量却相当于普通平面仓库的 30 万平方米。同样的工作,海尔物流中心只有 10 个叉车司机,而一般仓库完成这样的工作量至少需要上百人。

全球供应链资源网的整合,使海尔获得了快速满足用户需求的能力。

一、海尔通过整合内部资源优化外部资源,使供应商由原来的 2 336 家优化至 840 家,国际化供应商的比例达到 74%,从而建立起强大的全球供应链网络。GE、爱默生、巴斯夫、DOW 等世界 500 强企业都已成为海尔的供应商,有力地保障了海尔产品的质量和交货期。不仅如此,海尔通过实施并行工程,更有一批国际化大公司已经以其高科技和新技术参与到海尔产品的前端设计中,不但保证了海尔产品技术的领先性,增加了产品的技术含量,还使开发的速度大大加快。另外,海尔对外实施日付款制度,对供货商付款及时率达到 100%,这在国内,很少有企业能够做到,从而杜绝了"三角债"的出现。

二、由于物流技术和计算机信息管理的支持,海尔物流通过 3 个 JIT,即 JIT 采购、JIT 配送和 JIT 分拨物流来实现同步流程。

1. 目前通过海尔的 BBP（电子商务采购平台），所有的供应商均在网上接收订单，使下达订单的周期从原来的 7 天以上缩短为 1 小时内，而且准确率达 100%。除下达订单外，供应商还能通过网上查询库存、配额、价格等信息，实现及时补货，实现 JIT 采购。

2. 生产部门按照 B2B（企业对企业）、B2C（商对客电子商务模式）订单的需求完成以后，可以通过海尔全球配送网络送达用户手中。目前海尔的配送网络已从城市扩展到农村，从沿海扩展到内地，从国内扩展到国际。全国可调配车辆达 1.6 万辆，目前可以做到物流中心城市 6~8 小时配送到位，区域配送 24 小时到位，全国主干线分拨配送平均 4.5 天，形成全国最大的分拨物流体系。

3. 计算机网络连接新经济速度在企业外部，海尔 CRM（客户关系管理）和 BBP 电子商务平台的应用架起了与全球用户资源网、全球供应链资源网沟通的桥梁，实现了与用户的零距离。在企业内部，计算机自动控制的各种先进物流设备不但降低了人工成本、提高了劳动效率，还直接提升了物流过程的精细化水平，达到质量零缺陷的目的。计算机管理系统搭建了海尔集团内部的信息高速公路，能将电子商务平台上获得的信息迅速转化为企业内部的信息，以信息代替库存，达到零营运资本的目的。

海尔物流运用已有的配送网络与资源，并借助信息系统，积极拓展社会化分拨物流业务，目前已经成为日本美宝集团、AFP 集团、乐百氏的物流代理，与 ABB 公司、雀巢公司的业务也在顺利开展。同时海尔物流充分借力，与中国邮政开展强强联合，使配送网络更加健全，为新经济时代快速满足用户的需求提供了保障，实现了零距离服务。海尔物流通过积极开展第三方配送，使物流成为新经济时代下集团发展新的核心竞争力。

◉讨论与分析：

1. 海尔物流管理的"一流三网"分别是什么？
2. 海尔物流是如何实现全球供应链资源网的整合，使海尔获得了快速满足用户需求的能力？

任务一　物流战略管理

1. 物流战略的概念

物流战略包括三大目标：成本最小、投资最少和服务改善。

成本最小，是指降低可变成本，主要包括运输和仓储成本，例如物流网络系统的仓库选址、运输方式的选择等。面对诸多竞争者，公司应达到何种服务水平是早已确定的事情，成本最小是在保持服务水平不变的前提下选出成本最小的方案。当然，利润最大一般是公司追求的主要目标。

投资最少，是指对物流系统的直接硬件投资最小化，从而获得最大的投资回报率。在保持服务水平不变的前提下，我们可以采用多种方法来降低企业的投资，例如，不设库存而将产品直接送交客户，选择使用公共仓库而非自建仓库，运用 JIT 策略来避免库存或利用第三方物流服务等。显然，这些措施会导致可变成本的上升，但只要其上升值小于投资的减少，则这些方法是可行的。

服务改善，是提高竞争力的有效措施。随着市场的完善和竞争的激烈，顾客在选择公司时除了考虑价格因素外，及时准确的到货也成为公司越来越有力的筹码。当然高的服务水平要有高成本保证，因此权衡综合利弊对企业来说是至关重要的。服务改善的指标通常是用顾客需求的满意度来评价,但最终的评价指标是企业的年收入。

总之,企业物流战略的制定作为企业总体战略的重要组成部分,要服从企业目标和一定的顾客服务水平,企业总体战略决定其在市场上的竞争能力。有时企业战略的制定是为了反击竞争对手的策略,此时,有效的物流系统往往是体现企业竞争力的重要因素。

2. 物流战略的内容

物流战略包括很多方面,如物流战略目标、物流战略优势、物流战略态势、物流战略措施和物流战略步骤等,其中物流战略目标、物流战略优势和物流战略态势是物流战略设计的基本要点。

物流战略目标,是由整个物流系统的使命所引起的,可在一定时期内实现量化的目标。它为整个物流系统设置了一个可见和可以达到的未来,为物流基本要点的设计和选样指明了努力的方向,是物流战略规划中各项策略制定的基本依据。

物流战略优势,显而易见是指某个物流系统能够在战略上形成的有利形势和地位,是其相对于其他物流系统的优势所在。物流系统战略可在很多方面形成优势:产品优势、资源优势、地理优势、技术优势、组织优势和管理优势。随着顾客对物流系统的要求越来越高,很多企业都在争相运用先进的技术来保证其服务水平,其中能更好地满足顾客需求的企业将成为优势企业。对于道路运输企业来说,研究物流战略优势,关键是要在物流系统的关键因素上形成差异优势或相对优势,这是取得物流战略优势经济有效的方式,可以取得事半功倍的效果。当然也要注意发掘潜在优势,关注未来优势的建立。

物流战略态势,是指物流系统的服务能力、营销能力、市场规模在当前市场上的有效方位及战略逻辑过程的不断演变过程和推进趋势。研究公司的物流战略态势,就应该对整个物流行业和竞争对手的策略有敏锐的观察力和洞察力,不断调整自身定位,从而做到知己知彼,以期在行业中占有半壁江山。

根据系统论的观点,万事万物都不是独立存在的,都是处于不断发展变化的系统中,都是构成大系统的一个要素,并且要素之间相互影响,相互作用,共同构成了多姿多彩的大千世界。企业行为也是在一定的内外环境中产生的,与其所在的环境共同构成一个大的系统,制订战略计划,必须首先立足于其所处的环境。这里的环境既包括宏观环境和行业环境,也包括企业内部环境。

宏观环境指的是以国家宏观社会经济要素为基础,结合物流企业的行业特点而制定的指标,所针对的是行业而不是单个物流企业,如目标市场的经济发展状况、政治稳定情况、社会结构状况、文化和亚文化、法律完善情况以及政策稳定性等。经营环境的变化如果能带来社会购买力的提高,便可为物流行业提供很好的发展机会。另外,分析经济的周期对于研究物流的行业发展状况也是十分必要的,是处于经济高涨期、经济衰退期还是经济复苏期,对于制定物流的长期发展战略具有很大的制约作用。制定长期物流战略时,除了要考虑经济因素外,政治因素也绝对不可忽视。因为政治稳定性是社会稳定的基础,对于物流企业来说,目标市场的政治稳定性是长期发展的可靠保证。同时,不同的社会结构状况、文化和亚文化会影响居民的消费倾向,从而对物流产生作用。一个国家和地区的法律体系和政策稳定性对于物流企业来说也是至关重要的,物流企业要想发展,必须首先获得一个平稳的环境。

建立物流系统时,除了要分析物流系统所处的宏观环境外,最重要的还要分析物流行业的现状和发展，它是物流企业必须研究的重要方面，因为它是直接影响物流经营的外部环境。它分析的内容包括：市场规模与发展、竞争者情况、技术经济支持情况和新技术新产品的影响。市场规模及其发展状况决定了此行业的发展空间和潜力。市场规模大，则企业的投资规模和经营规模可以定在一个比较高的层面。行业的成长会影响企业的投资方式，企业采取大规模投资还是采取小规模多次投资的经营决策，必须考虑行业是否处于快速成长阶段。研究整个行业的发展，要研究竞争者的实力和战略，它也是物流企业在制定发展战略时必须设计的内容。企业在竞争中所采取的策略，在很大程度上与自己所处的实力地位有关。强势的领导者往往凭借其在规模优势上采取主动的行为去影响其他成员，影响服务价格水平等。作为一个弱势企业，则会寻找发展机会，避免与优势企业硬碰硬，从优势企业在市场上所建立的坚固壁垒中找寻松动的角落，从而形成自身的经营特色和竞争优势，打造属于自己的一片天地。对物流管理最有影响的技术主要有信息技术、物料处理技术、包装以及包装材料技术、运输技术。新技术有可能会引起整个物流系统的革命，使整个社会的物资供应实现准时化，大大缩短物流周期，减少全社会的库存量，使全球的资源得到充分的利用。

对物流企业的内部环境进行分析，包括对企业内部各职能部门和生产要素的分析。对物流企业职能部门的分析涉及各职能部门的现状、发展以及各职能部门之间的联系和沟通，目的是为了找出制约企业发展的"瓶颈"。对生产要素的分析从纵向出发，打破职能的界限，站在整体发展的高度研究各生产要素对物流企业的影响，从而更适合企业总体战略分析。

3. 企业战略与企业物流战略

企业战略是企业为了实现长期经营目标，适应经营外部环境的变化而制定的一种具有指导性的经营规划。根据决策内容的特点，企业战略可划分为三个层次：公司级战略、部门级战略和职能级战略。物流战略属于职能级战略，和企业的营销战略、制造战略、财务战略和人力资源战略等同属一个层次，支持企业整体战略的实现。

企业物流战略与企业战略呈现出相辅相成的关系。首先，企业战略统领企业经营的全局，为企业的经营发展确定目标、指明方向。而物流战略则是企业为开展好物流活动而制定的更为具体、操作性更强的行动指南，它作为企业战略的组成部分，必须服从企业战略的要求，与之协调一致。其次，有效地实现企业战略需要企业物流战略等职能级战略的支持和保证，企业战略需要由具体的职能战略来具体落实。没有物流战略和其他相关职能战略的协调配合实施，企业的战略目标不可能顺利实现。

4. 企业物流环境的分析

制订一个战略性物流计划的首要因素是了解影响该战略绩效的内在及外在因素。对战略计划的一项重要投入是评价、控制环境变化，其目的就在于保证该战略能使物流运作受企业外部环境的限制减少；保持一定的灵活性。企业外在力量的考查通常包括以下方面：

（1）同业竞争者的物流水平。

"知己知彼，百战不殆"，了解同行的物流水平，分析自己的优势，是企业制定战略时必须对照考虑的。

（2）技术评价。

现代的物流技术设施对物流的作业带来了革命性的影响，但不是所有的技术都适合一个特定的企业，所以企业应结合实际，如企业规模和企业所在具体环境的差异。选择对自身物流实用性最强的技术，切不可盲目引进，造成不必要的浪费。

（3）物流渠道结构。

渠道是指实现物流功能的途径，不同的物流战略，要求选择不同的实现物流功能的途径。企业与外部合作，采取配送还是直接购销商品，企业应该把哪些关联的企业纳入本企业的物流渠道中，自己计划在其中扮演什么角色，这一切都要进行评价，根据物流绩效进行选择。

总之，企业是在环境约束下生存的，战略及战略计划的制订不可不考虑环境的影响因素。

5．企业物流战略定位

经过环境因素分析，企业需要根据经营战略来进一步确定物流战略，即要进行战略定位。物流战略定位即是设定企业物流管理达到的期望水平，以物流成本和物流运作水平为主要衡量对象。

企业物流战略是为企业的总体战略服务的，企业的物流总体战略一般可以分为三类：过程战略、市场战略和信息战略。

（1）过程战略的目标是达到从原材料到成品全过程物料转移的效率最大化。

（2）市场战略重视客户服务质量，因此会把与客户服务直接相关的销售和物流活动设立专门机构来统一管理。

（3）追求信息战略的企业一般销售网络和分销组织较广泛，因此物流的投入主要在于通过信息管理，协调各个分支网络的物流活动。

根据以上这些不同的战略定位，企业就可以对物流成本和物流运作水平做出相应的定位，从而制定物流战略。

6．企业物流战略的目标和内容

（1）企业物流战略的基本目标。

与企业物流管理的目标是一致的，在保证物流服务水平的前提下，实现物流成本的最低化。具体而言，可通过以下各个目标的实现来达到。

①维持企业长期物流供应的稳定性、低成本、高效率。

②为产品的个性谋求良好的竞争优势。

③对环境的变化为企业整体战略提供预警和功能范围内的应变力。

④以企业整体战略为目标追求与生产销售系统良好的协调性。

（2）企业物流战略计划。

战略计划是实现战略意图的行动性文件，由一系列的具体措施和步骤组成。

在制订战略计划前，首先要得到企业其他职能部门的支持，搜集各种必要的信息和资料。如需要：

①市场部门提供有关产品的价格、销售数量、顾客的类型和区域，对顾客的售后服务政策等方面的信息。

②制造部门提供有关产品的制造信息，主要包括产品的原料供应商、产品的生产规

模、品种和生产地点等。

③财会部门提供关于成本的预测信息和不同物流方案的成本评价，对物流设施的规划做投资预算等。

总之，物流部门在制定自己的战略前，有必要充分了解各个职能部门的战略意图，同时也要向其他职能部门提供物流状态的信息，以便各个职能部门之间相互协调支持。

7. 企业物流战略的基本战略框架

根据企业物流战略的内容和目标，专家提出了企业物流管理战略框架的四个层次。

（1）全局性战略。

物流管理的最终目标是满足用户需求，因此用户服务应该成为物流管理的最终目标，即全局性的战略目标。要实现用户服务的战略目标，企业可以根据自己的实际情况建立提高用户满意度的管理体系，通过实施用户满意工程，全面提高用户服务水平。

（2）结构性战略。

物流管理战略的第二层次是结构性战略，包括渠道设计和网络分析。渠道设计是供应链设计的一个重要内容，包括重构物流系统和优化物流渠道等。通过优化渠道，可以提高物流系统的敏捷性和响应性，使供应链获得最低的物流成本。网络分析是物流管理中另一项很重要的战略工作，它为物流系统的优化设计提供了参考依据。用于网络分析的方法有标杆法、调查分析法、多目标综合评价法等。

（3）功能性战略。

物流管理第三层次的战略为功能性战略，包括物料管理、仓库管理和运输管理三个方面。物料管理与运输管理是物流管理的主要内容，必须不断地改进管理方法，使物流管理向零库存这个极限目标努力。降低库存成本和运输费用，优化运输路线，保证准时交货，实现物流过程的适时、适量、适地的高效运作。

（4）基础性战略。

第四层次的战略是基础性战略，主要作用是为保证物流系统的正常运行提供基础性的保障，它包括组织系统管理、信息系统管理、政策与策略和基础设施管理。

信息系统是物流系统中传递物流信息的桥梁，库存管理信息系统、配送分销系统、用户信息系统、EDI（电子数据交换）/Internet 数据交换与传输系统、电子资金交易系统（EFT）、零售点 POS（销售终端），对提高物流系统的运行效率起着关键作用，因此必须从战略的高度去规划与管理，才能保证物流系统高效运行。

任务二　物流成本管理

1. 物流成本的含义

成本，从广义上看，是为了达到某一特定目标而失去或放弃的资源。从狭义上看，成本是企业为了生产商品、产品或提供商品劳务而耗用的人、财、物等资源的货币表现。物流成本是指产品空间位移（包括静止）过程中所耗费的各种劳动价值的货币表现。它是产品在实物运动过程中，如运输、储存、包装、装卸搬运、流通加工、信息处理、物流管理等各个环节所支出的人力、财力、物力的总和。

物流成本是企业管理物流运作的主要指标，但物流成本本身并不能反映企业物流运作的好坏。通过物流成本的统计分析，使企业可以从全局的角度了解自身的物流运作现状，明确目前关键的瓶颈问题以及突破口，提出解决的方法，以提高企业整体的运作绩效。

物流成本管理是物流管理的重要内容，降低物流成本与提高物流服务水平构成企业物流管理最基本的课题。物流成本管理的意义在于，通过对物流成本的有效把握，利用物流要素之间的效益背反关系，科学、合理地组织物流活动，加强对物流活动过程中费用支出的有效控制，降低物流活动中的物化劳动和活劳动的消耗，从而达到降低物流总成本，提高企业和社会经济效益的目的。

2. 物流成本的特点

（1）物流成本的隐含性。

物流成本的隐含性也被称作物流冰山现象，这是日本早稻田大学西泽修教授在研究有关物流成本问题时所提出的一种比喻。他认为，在企业中，绝大多数物流活动发生的费用，是被混杂在其他费用之中，而能够单独列出会计项目的，只是其中很少一部分，这一部分是可见的，常常被人误解为它就是物流费用的全部，其实只不过是浮在水面上的、能被人所看见的冰山而已。

（2）物流效益背反现象。

效益背反现象是物流成本的另一个特征，物流成本的发生源很多，亦即物流成本发生的领域往往在企业里面分属各个不同的部门，这种部门的分割，使相关的物流活动无法进行整体协调与优化。在物流活动中，一种功能成本的削减会使另一种功能的成本增高，就是说出现了此消彼长、此损彼益的现象。因为物流活动是一个整体，必须考虑整个系统成本最低。

（3）成本削减的乘数效应。

物流成本的控制，对企业利润的增加具有显著作用，这可以从物流成本削减的乘数效应看出。假设销售额为100万元，物流成本为10万元，如果物流成本下降1万元，就可增加1万元的收益。由此可见，物流成本的下降对企业经济利益有巨大影响。

（4）物流成本中的非可控现象。

物流成本中有不少是物流部门不能控制的，如保管费中包括了由于过多进货或过多生产而造成积压的库存费用，以及紧急运输等例外发货的费用。

（5）物流成本计算方法的不统一。

对物流成本的计算和控制，各企业通常是分散进行的，也就是说，各企业根据自己不同的理解和认识来把握物流成本，这样就带来了一个管理上的问题，即企业间无法就物流成本进行比较分析，也无法得出产业平均物流成本值。例如，不同的企业外部委托物流的程度是不一样的，由于缺乏相互比较的基础，无法真正衡量各企业相对的物流绩效。

3. 物流成本的构成

（1）物流成本的决定因素。

①起止范围。物流活动贯穿企业活动全过程，包括原材料物流、生产物流、从工厂到配送中心再到用户手中的物流等。

②物流活动环节。包括输送、保管、装卸、包装等，以哪几种活动为计算对象其结果是不同的。

③费用性质。支付的运输和保管费等向企业支出的物流费用，以及人工费、折旧费、修理费、动力费等企业内部的费用支出，哪一部分是列入物流成本计算范围的。

（2）影响物流成本的因素。

①竞争性因素。市场环境变幻莫测，充满了激烈的竞争，在这样一个复杂的市场环境中，企业之间的竞争也并非单方面的，它不仅包括产品和价格的竞争，也包括客户服务的竞争。而高效的物流系统是提高客户服务水平的重要途径。只有物流管理合理高效，企业才能够及时可靠地提供产品和服务，才可以有效地提高客户服务水平。而客户服务水平又直接决定了物流成本的多少，企业每一次对竞争做出回击，都是以物流成本的提高为代价的。因此，物流成本在很大程度上是由于日趋激烈的竞争而不断发生变化的。

②产品因素。产品的特征也会影响物流的成本，主要体现在产品价值、产品密度、易损性和特殊搬运等方面。以产品价值为例，随着产品价格的增长，物流活动的每一领域的成本都会增加。运费在一定程度上反映货物移动的风险。一般来说，产品价格越大，对其所需使用的运输工具要求越高，运费也越高。仓储的库存保管费也随产品价格的增加而增加，高价值的产品往往对包装也有较高的要求。

③空间因素。空间因素是指物流系统中工厂或仓库相对于市场或供货点的位置关系。若工厂距离市场太远，则必然要增加运输费用。

4. 物流成本的核算方法

（1）会计方式的物流成本核算。

会计方式的物流成本核算，是要通过凭证、账户、报表的完整体系，对物流耗费予以连续、系统、全面地记录的计算方法。这种核算方法又可分三种具体形式：

①独立的物流成本核算体系。它是把物流成本核算与财务会计核算体系截然分开，单独建立起物流成本的凭证、账户和报表体系。

②结合财务会计体系的物流成本计算。它是把物流成本核算与企业财务会计和成本核算结合起来进行，即在产品成本计算的基础上增设一个"物流成本"科目，并按物流领域、物流功能分别设置二级、三级明细账，按费用形态设置专栏的计算。

③物流成本二级账户（或辅助账户）核算形式。这是指在不影响当前财务会计核算流程的前提下，通过在相应的成本费用账户下设置物流成本二级账户，进行独立的物流成本二级核算统计。

（2）统计方法的物流成本核算。

统计方法的物流成本核算，是指在不影响当前财务会计核算体系的基础上，通过对有关物流业务的原始凭证和单据进行再次的归类整理，对现行成本核算资料进行解剖分析，从中抽出物流成本的部分，然后再按物流管理的要求对上述费用按不同的物流成本核算对象进行重新归类、分配、汇总，整理成物流管理所需的成本信息。

由于统计计算不需要对物流成本做全面、系统和连续的反映，所以运用起来比较简单、灵活和方便。但是由于不能对物流成本进行连续、系统和全面的追踪反映，所以得到的信息的精确程度受到很大影响，而且易于流于形式，使人认为，物流成本管理是权宜之计，容易削弱物流管理的意识。

5. 物流成本管理方法

企业在进行物流成本管理时，首先要明确管理目的，有的放矢。一般情况下，企业物流成本管理的出发点是：通过掌握物流成本现状，发现企业物流中存在的主要问题；对各个物流相关部门进行比较和评价；依据物流成本计算结果，制定物流规划、确立物流管理战略；通过物流成本管理，发现降低物流成本的环节，强化总体物流管理。准确地进行物流成本管理，必须掌握好物流成本管理方法，一般有以下几种方法：

（1）比较分析。

横向比较：把企业的供应物物流、生产物流、销售物流、退货物流和废弃物物流（有时包括流通加工和配送）等各部分物流费，分别计算出来，然后进行横向比较，看哪部分发生的物流费用最多。如果是供应物物流费用最多或者异常多，则再详细查明原因，堵住漏洞，改进管理方法，以便降低物流成本。

纵向比较：把企业历年的各项物流费用与当年的物流费用加以比较，如果增加了，再分析一下为什么增加，在哪个地方增加了，增加的原因是什么？假若增加的是无效物流费，则立即改正。

计划与实际比较：把企业当年实际开支的物流费与原来编制的物流预算进行比较，如果超支了，分析一下超支的原因，在什么地方超支？这样便能掌握企业物流管理中的问题和薄弱环节。

（2）综合评价。

比如采用集装箱运输，一可以简化包装，节约包装费；二可以防雨、防晒，保证运输途中物品质量；三可以起仓库作用，防盗、防火。但是，如果由于简化而降低了包装强度，货物在仓库保管时则不能往高堆码，浪费库房空间，降低仓库保管能力。简化包装可能还影响货物的装卸搬运效率等等。那么，利用集装箱运输是好还是坏呢？这就要用物流成本计算统一的尺度来综合评价。分别算出上述各环节物流活动的费用，经过全面分析后得出结论，这就是物流成本管理。即通过物流成本的综合效益研究分析，发现问题，解决问题，从而加强物流管理。

（3）排除法。

在物流成本管理中有一种方法叫活动标准管理，英文简称 ABM（Activity Based Management）。其中一种做法就是把物流相关的活动划分为两类，一类是有附加价值的活动，如出入库、包装、装卸等与货主直接相关的活动；另一类是非附加价值的活动，如开会、改变工序、维修机械设备等与货主没有直接关系的活动。其实，在商品流通过程中，如果能采用直达送货的话，则不必设立仓库或配送中心，实现零库存，等于避免了物流中的非附加价值活动。如果将上述非附加价值的活动加以排除或尽量减少，就能节约物流费用，达到物流管理的目的。

（4）责任划分。

在生产企业里，物流本身的责任在物流部门，但责任的源头却是销售部门或生产部门。以销售物流为例，一般情况下，由销售部门制订销售物流计划，包括订货后几天送货，接受订货的最小批量是多少等均由企业的销售部门提出方案，定出原则。假若该企业过于强调销售的重要性，则可能决定当天订货，次日送达。这样，订货批量大时，物流部门的送货成本少，订货批量小时，送货成本就增大。过分频繁、过少数量送货造成的物流费用的增加，甚至大大超过了扩大销售产生的价值。这种浪费和损失，应由销售部门负责。分清类似的责任有利于控制物流总成本，防止销售部门随意改变配送计划，堵住无意义、不产生任何附加价值的物流活动。

6. 降低物流成本的途径

物流成本在企业经营成本中占的比重比较大，但一直未受到足够的重视。传统的企业总是关注制造成本的降低和销售利润的提高，关注产品质量，却很少考虑如何以最小的代价将产品及时、准确地送到客户手中，或及时准确地获得自己所需的原材料或半成品。随着客户对交货要求的不断提高，物流成本也随着客户服务水平的提高而水涨船高，企业家们才逐渐意识到，降低物流成本是企业获利的一条重要渠道。从长远的角度来看，降低企业的物流成本有以下几条途径：

（1）物流合理化。

物流合理化就是一切物流活动和物流设施趋于合理，以尽可能低的成本获得尽可能好的物流服务。由于效益背反的作用，物流的各个活动的成本往往此消彼长，若不综合考虑的话，必然会造成物流费用的极大浪费。对于一家企业而言，物流合理化是降低物流成本的关键因素，它直接关系到企业的效益，也是物流管理所要实现的总目标。物流的合理化要在广泛调查的基础上，根据实际物流流程来实际规划，不能单纯地强调某个环节的合理、有效、节省成本，而是要通盘考虑，减少不必要的环节，追求整个流程的合理化。

（2）物流质量。

加强物流质量管理，也是降低物流成本的有效途径。这是因为只有不断提高物流质量，才能不断减少和消灭各种差错事故，降低各种不必要的费用支出，降低物流过程的消耗，从而保持良好的信誉，吸引更多的客户，形成规模化的集约经营，提高物流效益，从根本上降低物流成本。

（3）物流速度。

提高物流速度，可以减少资金占用，缩短物流周期，降低储存费用，从而节省物流成本。海尔公司提出"零运营成本"，就是靠加快采购物流、生产物流、销售物流的速度来缩短整个物流周期，提高资金的利用率来实现的。

（4）物流人才。

市场竞争归根结底是人才的竞争。物流已发展成为国民经济中的一个行业，存在自身运行的规律，因此，实现物流合理化，提高物流服务质量以及加快物流速度，需要大量专业性人才。物流专业人才的操作技能、工作态度、工作方法，将影响物流的效率，进而影响物流成本的大小。因此，应该重视物流人才的培养和使用。

任务三　物流标准化

1．物流标准化的定义

物流涉及不同国家、地区和不同行业的很多企业，如果每个企业都用自己的基准进行物流活动，则必然导致各个企业之间无法沟通，物流很难实现国际化。物流要实现国际化和通用化，必然要建立一个国际标准。

物流标准化是指在运输、配送、包装、装卸、保管、流通加工、资源回收及信息管理等环节中，对重复性事物和概念通过制定发布和实施各类标准，达到协调统一，以获得最佳秩序和社会效益。物流标准化包括以下三个方面的含义：

（1）从物流系统的整体出发，制定其各子系统的设施、设备、专用工具等的技术标准，以及业务工作标准。如运输车船标准、作业车辆（叉车、台车、手车等）标准、传输机具标准、仓库技术标准、站场技术标准、包装、托盘、集装箱标准、货架、储罐标准以及各项物流服务标准及作业规范等。

（2）研究各子系统技术标准和业务工作标准的配合性，按配合性要求，统一整个物流系统的标准。如专业计量单位标准、物流基础模数尺寸标准、物流建筑基础模数尺寸、集装模数尺寸、物流术语标准、物流核算、统计标准等。

（3）研究物流系统与相关其他系统的配合性，谋求物流大系统的标准统一。

以上三个方面是分别从不同的物流层次上考虑将物流实现标准化。要实现物流系统与其他相关系统的沟通和交流，在物流系统和其他系统之间建立通用的标准，首先要在物流系统内部建立物流系统自身的标准，而整个物流系统标准的建立又必然包括物流各个子系统的标准。因此，物流要实现最终的标准化必然要实现以上三个方面的标准化。

2．物流标准化的形式

现代物流是运用现代科学技术，通过优化与整合物流全过程，实现其科学化、系统化，获得最大效率与效益的复合型产业。我国物流在制定和推行标准化过程中必须从具体国情出发，综合运用以下形式：

（1）简化。

简化是指在一定范围内缩减物流标准化对象的类型数目，使之在一定时间内满足一般需要。如果对产品生产的多样化趋势不加限制地任其发展，就会出现多余、无用和低功能产品品种，造成社会资源和生产力的极大浪费。

（2）统一化。

统一化是指把同类事物的若干表现形式归并为一种或限定在一个范围内。统一化的目的是消除混乱。物流标准化要求对各种编码、符号、代号、标志、名称、单位、包装运输中机具的品种规格系列和使用特性等实现统一。

（3）系列化。

系列化是指按照用途和结构把同类型产品归并在一起，使产品品种典型化；又把同类型产品的主要参数、尺寸，按优先数理论合理分级，以协调同类产品和配套产品及包装之间的关系。系列化是使某一类产品的系统结构、功能标准化形成最佳形式。系列化是改善物流、促进物流技术发展最为明智而有效的方法。比如按 ISO 标准制造的集装箱系列，可广泛适用于各类货物，大大提高了运输能力，还为计算船舶载运量、港口码头吞吐量和公路与桥梁的载荷能力等提供了依据。

（4）通用化。

通用化是指在互相独立的系统中，选择与确定具有功能互换性或尺寸互换性的子系统或功能单元的标准化形式，互换性是通用化的前提。通用程度越高，对市场的适应性越强。

（5）组合化。

组合化是按照标准化原则，设计制造若干组通用性较强的单元，再根据需要进行合并的标准化形式。对于物品编码系统和相应的计算机程序通过组合化使之更加合理。

3．物流标准体系的内容

物流标准体系共分为五个部分：

第一部分为物流通用基础标准；第二部分为物流技术标准；第三部分为物流信息标准；第四部分为物流管理标准；第五部分为物流服务标准。

表 5 - 1　物流标准体系

物流标准体系	具体物流标准体系分类项目		
物流通用基础标准	物流术语		
	物流企业分类		
	物流产业分类		
物流技术标准	物流设备、设施	物流设施设备基础标准	物流设施设备术语
			物流设施设备图示符号
			物流中心设施
		专业物流设施标准	仓库设施
			相关配套设施
			储存设备标准
		物流设备标准	搬运车辆标准
			自动分拣设备标准
	物流技术方法	技术方法通用标准	
		综合技术方法标准	
		物流环节技术方法标准	
		物流增值业务作业标准	
		特定产品物流作业规范	

续上表

物流标准体系	具体物流标准体系分类项目		
	物流信息基础标准		
物流信息标准	物流信息技术标准	物流信息分类与编码标准	物流单元编码标准
			物流单证编码标准
			物流设施与装备编码标准
		物流信息采集标准	条码技术标准
			射频识别技术标准
		物流信息数据元与交换标准	物流数据元与交换标准
			物流业务流程信息交换规范
			物流电子单证
	物流信息系统及信息平台标准		
	物流信息管理标准		
物流管理标准	物流管理基础标准		
	物流安全标准	物流安全基础标准	
		人员安全标准	
		物流设施设备——安全标准	
		物流作业安全标准	
		危险品、特殊货物安全标准	
	物流环保标准	物流环保基础标准	
		物流基本业务环保标准	
		物流特殊业务环保标准	
		废弃物物流环保标准	
	物流统计标准	物流统计基础标准	
		物流产业规模统计标准	
		物流业务活动统计标准	
		物流从业人员统计标准	
		财务状况统计标准	
		安全与环保统计标准	
	物流绩效评估标准	绩效评估基础标准	
		成本评估标准	
		风险评估标准	
		效率与服务评估标准	

物流标准体系	具体物流标准体系分类项目	
物流服务标准	物流服务基础标准	
	综合物流服务标准	第三方物流服务标准
		国际货运代理服务标准
		物流咨询服务标准
	物流环节服务标准	公路货运服务标准
		水路货运服务标准
		铁路货运服务标准
		航空货运服务标准
		管道运输服务标准
		储运包装服务标准
		多式联运服务标准
		商品配送服务标准
		仓储服务标准
		流通加工服务标准
	物流信息服务标准	
	专业物流服务标准	搬家服务标准
		包裹快递服务标准
		烟草物流服务标准
		医药物流服务标准
		食品物流服务标准
		农产品物流服务标准
		危险品物流服务标准
		国际快递物流服务标准
		展品物流服务标准

4. 物流标准化的基点

(1) 集装是物流标准化基点。

物流是一个非常复杂的系统，所涉及的面又很广泛，过去，构成物流这个大系统的许多组成部分也并非完全没有搞标准化，但是，这往往只形成局部标准化或与物流某一局部有关的横向系统的标准化。从物流系统来看，这些互相缺乏联系的局部的标准化之间缺乏配合性，不能形成纵向的标准化体系。所以，要形成整个物流体系的标准化，必须在这些局部中寻找一个共同的基点，这个基点能贯穿物流全过程，形成物流标准化工作的核心，这个基点的标准化成了衡量物流全系统的基准，成为各个局部标准化的准绳。

为了确定这个基点，人们将进入物流领域的产品（货物）分成了3类，即：零杂货物、散装货物与集装货物。这3类的标准化难易程度是不同的。

零杂货物及散装货物在物流的"结点"上，例如在换载、装卸时，都必然发生组合数量及包装形式的变化，因此，要想在这些"结点"上实现操作及处理的标准化，那是相当困难的。

集装货物在物流过程的始终都是以一个集装体为基本单位的，其包装形态在装卸、输送及保管的各个阶段基本上都不会发生变化，也就是说，集装货物在结点上容易实现标准化的处理。至于零杂货物的未来，一部分可向集装靠拢，向标准包装尺寸靠拢；另一部分还会保持其多样化的形态而难以实现标准化。

所以，不论是国际物流还是国内物流，都可以肯定：集装系统是使物流全过程贯通而形成的体系，是物流各环节上使用的设备，是装置及机械之间整体性及配合性的核心，所以，集装系统是使物流过程连贯而建立标准化体系的基点。

（2）物流全系统标准化取决于和集装的配合性。

以集装系统为物流标准化的基点，来解决全面的标准化。因此，必须实现集装与物流其他各个环节之间的配合性。其中包括：

①集装与生产企业最后工序（也是物流活动的初始环节）——包装的配合性。包装尺寸和集装尺寸的关系应当是：集装是包装尺寸的倍数系列，而包装是集装尺寸的分割系列。

②集装与装卸机具、装卸场所、装卸小工具（如吊索、跳板等）的配合性。

③集装与仓库站台、货架、搬运机械、保管设施乃至仓库建筑（净高度、门高、门宽、通路宽度等）的配合性。

④集装与保管条件、工具、操作方式的配合性。

⑤集装与运输设备、设施，如运输设备的载重、有效空间尺寸间的配合性。在以集装为基本物流单位的物流系统中，经常有许多基本集装单位进一步组合成大集装单位或输送保管单位的情况。例如，将集装托盘货载放入大型集装箱或国际集装箱，就组成了以大型集装箱或国际集装箱为整体的更大的集装单位；将集装托盘货载或小型集装箱放入卡车车厢、货车车厢，就组成了一个大的运输单位等。如果形成了倍数系列的尺寸关系，就能提高装运的密度和形成坚实的货垛。

⑥集装与末端物流的配合性。随着整个经济活动越来越以消费者（再生产者）的需要为转移，消费者的地位越来越稳固，质量管理、生产管理、成本管理等经济管理活动都确立了"用户第一"的基本观念，这种观念在物流活动中的反映，就是末端物流越来越受到重视。一般说来，占消费者中大多数的零星消费者的要求，是逆规格化方向而行的，消费者追求多样化，这就使多样化的末端物流与简单化的主体物流（集装系统）的配合性出现困难。集装物流转变为末端物流，要对简单性的集装进行多样化的分割，以解决集装的简单化与末端物流多样化要求的矛盾。衔接消费者的"分割系列"与衔接生产者的"倍数系列"有时是有矛盾的，标准化要解决的就是要选择最优。

⑦集装与国际物流的配合性。从国际经济交往来讲，我国已经加入 WTO（世界贸易组织），以国际标准为主体、与国际标准接轨是我们集装标准化应该做的事情，其中最重要的是和国际海运集装箱接轨。这个接轨可以使国际海运集装箱通过我国的铁路和公路运输直达内地，从而充分发挥集装箱联运"门到门"的优势。

5．物流标准化方法

（1）物流基础模数尺寸。

物流基础模数尺寸与建筑模数尺寸的作用大体是相同的，考虑的基点主要是简单化。基础模数尺寸一旦确定，设备的制造、设施的建设、物流系统中各环节的配合协调、物流系统与其他系统的配合就有所依据。ISO 中央秘书处及欧洲各国已基本认定 600 毫米 × 400 毫米为基础模数尺寸。

由于物流标准化系统较之其他标准系统建立较晚，所以确定基础模数尺寸时主要考虑了目前对物流系统影响最大而又最难改变的事物，即输送设备。采取"逆推法"，由输送设备的尺寸来推算最佳的基础模数。当然，在确定基础模数尺寸时也考虑到了现在已通行的包装模数和已使用的集装设备，并从行为科学的角度研究了人及社会的影响。从其与人的关系看，基础模数尺寸是适合人体操作的最高限度尺寸。

（2）物流模数。

物流模数即集装基础模数尺寸，前面已提到，物流标准化的基点应建立在集装的基础之上，所以在基础模数尺寸之上，还要确定集装的基础模数尺寸（即最小的集装尺寸）。

ISO（国际标准化组织）对物流标准化的重要模数尺寸方案下：①物流基础模数尺寸 600 毫米 ×400 毫米；②物流模数尺寸（集装基础模数尺寸）1 200 毫米 ×1 000 毫米为主，也允许 1 200 毫米 ×800 毫米及 1 100 毫米 ×1 100 毫米；③物流基础模数尺寸与集装基础模数尺寸的配合关系，见图 5 – 1。从图中可以看出，集装基础模数尺寸可以用 5 个物流基础模数尺寸组成。

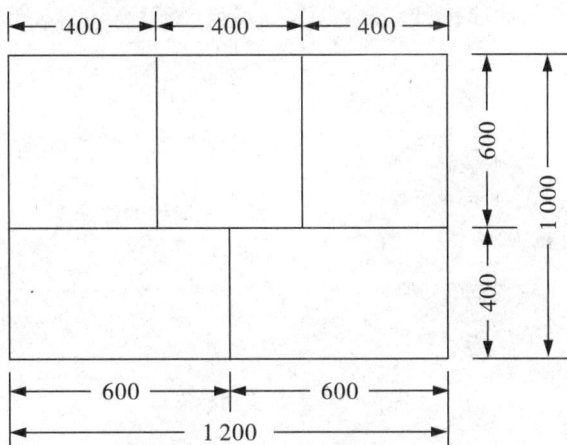

图 5 – 1　物流基础模数尺寸与集装基础模数尺寸的配合关系

（3）以分割与组合的方法来确定系数尺寸。

物流模数作为物流系统各环节标准化的核心，是形成系列化的基础。依据物流模数进一步确定有关系列的大小及尺寸，再从中选择全部或部分，确定为定型的生产制造尺寸，这就完成了某一环节的标准系列。

（4）识别与标志标准技术。

①传统的识别与识别的标准方法。

在物流领域，识别标记主要用在货物的运输包装上，传统的标准化将包装标志分为三类，即：识别标志、储运指示标志和危险货物标志。

a. 识别标志：包括主要标志、批数和件数号码标志、目的地标志、体积重量标志、输出地标志、附加标志和运输号码标志。

b. 储运指示标志：包括"向上"标志、"防漏防水"标志、"小心轻放"标志、"由此吊起"标志、"由此开启"标志、"重心点"标志、"防热"标志、"防冻"标志及其他诸如"且勿用钩""勿近锅炉""请勿斜放倒置"标志等,其形式如图5-2所示。

图5-2 包装储运指示标志

c. 危险货物标志:包括爆炸品标志、氧化剂标志、无毒不燃压缩气体标志、易燃压缩气体标志、有毒压缩气体标志、易燃物品标志、自燃物品标志、遇水燃烧物品标志、有毒品标志、剧毒品标志、腐蚀性物品标志、放射性物品标志等,如图5-3所示。

第一类:爆炸物质和物品
(NO.1) 第1.1,1.2和1.3类
符号(爆炸的炸弹):黑色;
底色:橙黄色;
数字"1"写在底角

图5-3 危险货物标志

在物流工作中,可以按以上三类标志为依据处理遇到的问题。如涉及国际海运,则依据国际标准化组织发布的"国际海运危险品标志"来识别。

传统标志方法简单、直观、醒目、方便,但限制了标志的内容,有许多本应标志的项目却不能被标志。标志过于简单,往往使人难以掌握得清楚透彻,往往出现识别错误而处置失当,再加上人的识别反应速度有限,难以对大量、快速、连续运动中的货物做出准确识别。

②自动识别与条形码标志。

"自动识别+条码"是"人工识别+标志"的一大进步,这种技术使识别速度提高几十倍甚至上百倍,准确度极高。

"自动识别+条码"技术的关键在于条码的标准化,使自动识别的电子数据可以成为共享的数据,从而提高了物流效率。

条码有大得多的数据储存量,可以将物流有关的所有信息都包含在内。但条码缺乏直观性,只能和自动识别系统配套使用,无法人工识别,其提示、警示作用远不如图记标志。

任务四　物流网络和物流结点

1. 物流网络构建原则

物流网络是指以多个物流中心统一布局、合理分工、相互衔接为结点，形成覆盖一定区域范围的网络。建立物流网络，关键是确定各个物流中心的布局，以及据此确定具体物流中心的任务和规模。

构建物流网络应遵循的一般原则包括：

（1）按经济区域建立网络。可以借助物流中心将区域内的企业密切联系起来，并与区域的发展相结合，有利于组织合理运输，实现物流的优化。

（2）以城市为中心布局网络。城市本身就是一个区域的物流中心，这样，既满足了城市生产和消费的需要，又发挥了城市对吸引区域的组织和辐射功能。

（3）要在商物分离的基础上形成网络。即商业交易中心和物流中心应分开布局，自成系统，以促进物流合理化。

（4）同时设置物流信息系统网络。使每一个物流中心成为该网络的子系统或终端，以提高物流管理水平，实现物流效率化。

2. 物流结点

物流结点又称物流节点，是物流网络中连接物流线路的结节之处，所以又称物流结节点。按物品流通位移运动的程度进行观察，物流过程是由许多运动过程和相对停顿过程组成的。通常情况下，两种不同形式运动过程或相同形式的两次运动过程中都要有暂时的停顿，而一次暂时停顿也往往连接两次不同的运动。因此，物流过程便是由这种多次的运动→停顿→运动→停顿，直至达到最终目的所组成的。与之相呼应，物流网络结构是由两种基本元素所组成的——即执行运动使命的线路和执行停顿使命的结点，全部的物流活动也是在线路和结点上进行的。其中在线路上进行的活动主要是运输，如陆路、水路、航空等；在结点上完成物流功能的其他要素。事实上物流线路上的活动也是靠结点组织和联系的，如果离开了结点，物流线路上的运动将陷入瘫痪状态。

现代物流网络中的结点对优化整个物流网络起着重要作用，并且更多地执行指挥、调度和信息等中枢的职能，是整个物流网络的灵魂所在，因而更加受到人们的重视。

3. 物流结点的功能及作用

物流结点在物流系统中的功能及作用如下：

（1）衔接功能。

物流结点将各个物流线路连接成一个系统，使各个线路通过结点变得更为贯通而不是互不相干，这种作用称为衔接作用。物流结点的衔接作用可以通过多种方法实现，主要有：

①通过转换运输方式衔接不同运输手段。

②通过加工，衔接干线物流及配送物流。

③通过储存衔接不同时间的供应物流和需求物流。

④通过集装箱、托盘等集装处理衔接整个"门到门"运输，使其成为一体。

（2）信息功能。

物流结点是物流信息传递、收集、处理、发送的集中地，关联整个物流系统或与结点相接。在现代物流系统中起着非常重要的作用，也是复杂物流单元能连接成有机整体的重要保证。

在现代物流系统中，每一个结点都是物流信息的一个点。若干个这种类型的信息点和物流系统的信息中心结合起来，便成了指挥、管理、调度整个物流系统的信息网络，这是一个物流系统建立的前提条件。

（3）管理功能。

物流系统的管理设施和指挥机构往往集中设置于物流结点中，实际上，物流结点大都是集管理、指挥、调度、信息、衔接及货物处理为一体的物流综合设施。整个物流系统的运转有序化和正常化、整个物流系统的效率和水平取决于物流结点管理职能实现的情况。

物流结点对优化整个物流网络起着重要作用，从发展来看，它不仅执行一般的物流职能，而且越来越多地执行指挥调度、信息等神经中枢的职能，是整个物流网络的灵魂所在，因而更加受到人们的重视。所以，在有的场合也称之为物流据点，对执行中枢功能的又称之为物流中枢或物流枢纽。

4．物流结点的种类

在各个物流系统中，结点起着若干作用，但随整个系统目标不同以及结点在网络中的地位不同，结点的主要作用往往不同。根据这主要作用可分成以下几类：

（1）物流集货中心。

物流集货中心主要功能是将零星货物集中成批量货物的物流中心。这类中心所进的货物多是包装程度低，甚至完全不包装的小批量货物，而且一般进货距离短，运输方式简单，进货成本低。这些货物经中心简单加工或较复杂的加工，如进行批量包装，使零星货物形成大包装或集装箱、托盘形式的包装。再如对初级产品进行分级、分选加工、除杂、精制加工，简单的成型、切裁加工等，然后按不同加工要求组合成较大的包装再进行短暂的储存。这就使原来分散的小批量、规格质量混杂而不易进行批量运输和销售的货物，形成批量运输的起点，从而实现大批量、高效率、低成本的运输，并有利于运输后的配送和销售。这类中心广泛适用于外贸、内贸收购部门，供销、粮食系统以及商业部门。集货中心的主要装备有：进货计量检查设备，加工设备，分类设备，储存设备，包装、捆扎设备等。

（2）物流分货中心。

物流分货中心是指专门或主要从事分货业务的物流结点。其主要功能是将大批量运到的货物分成批量较小的货物。这种中心运进的货物大多是大规模包装、集装或散装的，采用大批量低成本运输方式如轮船、铁路整列或汽车整车方式运送的货物。其运出的则是分装加工的货物，如按销售批量要求进行销售批量加工而成为较小包装的货物，并使其形成小的销售起点或小的批发起点，再载运出去。分货中心的主要设施和设备有：大批量货物的接货及存储设施（如专用线、站台、大型卸车设备、库房等），分货、分装设备，包装、捆扎设备等。

（3）配送中心。

配送中心是指专门从事配送业务的物流结点。这是物流中心中数量较多的一种。配送中心的主要业务包括集货、储存、分货及配货和配装送货等。

①集货。集货是指根据用户的订货要求，将所需货物集中起来。配送中心必须汇集许多生产企业生产的货品，大批量地进货，以备齐所需货物。一般说来，集货批量远大于配送批量，才能从差额中获得效益。集货一般采用大批量低成本运输手段。

②储存。配送中心必须保持足够的储备量，以防止储备缺货，造成所服务的企业难以实现低库存、"零库存"，或企业生产线的中断。

③分货及配货。分货及配货指将保管的货物按发货要求进行分拣，并放到发货场所的指定位置。

④配装送货。配装送货是指按配送要求装车送货。配送中心的主要设施和设备有：装卸机械（能力较大），储存设施，主传输装置和分支传输装置，货物识别装置（如光电识别机构、识码器等），暂存及装运设施，棚、厢式配送车辆等。

（4）物流转运中心。

物流转运中心是指承担货物中转运输的物流中心，也称转运中心或转运终端、货运站。这类中心可以承担汽车与汽车、汽车与火车、汽车与轮船、汽车与飞机、火车与轮船等不同运输方式之间的转运任务，也是某种运输方式的起点，所以也称终端。转运中心通常是大型物流中心，可以是两种运输方式的转运，同一运输两程以上的中转运输，也可以是多种运输方式的转运。在运输业，这种运输组织方式称为联运，这类中心称为货运站。综合型转运中心需要设置相应运输工具的线路，如火车轨道、飞机跑道等，而且要求功能齐全，如集货、分拣、配送等。

（5）物流仓储中心。

物流仓储中心是指主要从事储存的物流中心。目的在于保持对生产、销售、供给等活动进行调节。从功能上看，这类中心实际上就是仓库。当然，这类仓库同样具备集货、储存、分货、送货的功能，但以储存功能为主。

（6）物流加工中心。

物流加工中心是指以流通加工为主要功能的物流结点。这类物流中心有两种主要形式：一是设在靠近生产区，以实现物流为主要目的的加工中心。如肉类、鱼类等食物冷冻加工中心，木材制浆加工中心等。经过这类中心加工的货物，可以顺利地、低成本地进入运输、储存等物流环节。二是设在靠近消费区以促进销售、强化服务为主要目的的加工中心。如平板玻璃开片套裁加工中心、钢板剪板及下料加工中心等。经过这类中心加工的货物，可以更好地适应用户的具体要求，有利于销售。

5. 物流结点的形式

（1）铁路车站。

铁路车站根据规模大小和作业状况分为中间站、区段站、编组站和货运站。

①中间站。中间站是铁路车站中最普遍、数量最多的一类，它的主要作业是办理列车的接发、通过、会让；沿途摘挂列车的调车作业以及旅客上下，行李、包裹、货物的承运、交付、装卸和保管等。

②区段站。区段站是位于铁路牵引区段起讫点上的车站，它办理的客货运业务基本

与中间站相同，但业务量较大。运输作业除办理列车接发等与中间站相同外，主要办理货物列车的中转作业、区段货物列车和零摘列车的编组解体、向货场及专用线的取送车作业等。由于区段站位于牵引区段的起讫点，因此具备两大特征：一是办理货物列车更换机车和乘务组，机车的检查和整备作业以及列车的技术检查和车辆的检修；二是以办理无改编中转货物列车作业为主。

③编组站。编组站是铁路网上的主要车站，其主要任务是将重车与空车汇集后编成发往各目的地的直达列车，此外还编组区段列车、摘挂列车、小运转列车等。编组站以改编车流作业为主，直通车流作业为辅。为适应大量解体与编组列车的需要，编组站上设有比区段站上更为完善的调车设备，如调车场、调车驼峰与调速设备。编组站具有作业量大、占地宽广、工程投资大、修建工期长等特点。

④货运站。货运站是指专门办理货物装卸作业、联运或换装的车站。货运站可分为综合性货运站和专业性货运站两种。综合性货运站办理多种不同种类货物的作业，专业性货运站则专门办理某一种类货物的作业，如危险品、粮食、煤、建筑材料等。货运站除办理货物的承运、交付、保管等作业外，有的还办理货物的换装、车辆的清扫洗刷和保温车的加冰作业。在运转作业方面主要办理枢纽内编组站与需求站间小运转列车的接发和编解作业，以及向装卸地点的取送车作业等。货运站的主要服务设备有库场、站台、装卸设备、货运汽车道路与停车场，有的还设有轨道衡、加冰设备和牲畜饮水设备等。铁路货运车站根据日均装卸车数共分为六个等级。

（2）汽车站场。

汽车站场是保证车辆正常运行的营业场所，主要有以下两种：

①停车场库。停车场库的主要功能是保管停放车辆。按其保管条件可分为暖式车库、冷式车库、车棚和露天停车场四类；按其空间利用程度可分为单层停车场和多层停车场，多层停车场通常需要配备供车辆发生垂直位移的斜道、旋转车道或升降机。停车场库内还要按照车辆回场后的工艺过程，设立清洗、例保、加油、检验等有关设备，以及必要的照明、卫生和消防设施。

②货运站。汽车货运站有时也称为汽车站或汽车场，其主要任务是安全、方便、及时地完成货物的运输生产作业。它具有以下功能：货物运输组织管理功能；仓储与装卸功能；多式联运与运输代理功能；中转换装功能；辅助服务功能和通信信息功能。货运站的布局除了生产、生活用房外，主要是停车场的设置。大型汽车站还设有保养场、修理厂、加油站等，小型车站设有修车场和一、二级保养站。

（3）港口。

港口通常指水港，是由水域和陆域两大部分组成。水域是供船舶进出港以及在港内运转、锚泊和装卸作业使用的，因此，要求它有足够的深度和面积，水面基本平静，流速和缓，以使船舶安全操作；陆域是供货物装卸、堆存和转运使用的，主要包括码头和泊位、仓库与堆场、铁道专用线和汽车线、装卸机械和辅助生产设施等部分，因此，要求陆域要有适当的高程、岸线长度和纵深。

港口按地理位置可分为海港、河港和湖港。

①海港。在自然地理和水文气象条件方面具有海洋性质，而且是专为海船服务的港口。它分为海湾港（如大连港、青岛港、横滨港、神户港）、海峡港（如湛江港、新加

坡港、维多利亚港等）、河口港（如上海港、黄埔港、鹿特丹港、纽约港、伦敦港等）。

②河港。位于江河沿岸、最具有河流水文特性的港口。如我国长江沿岸的重庆港、武汉港、南京港等河港，松花江沿岸的哈尔滨港、佳木斯港，西江两岸的梧州港等。

③湖港（水库港）。位于湖泊或水库岸边的港口。世界上位于北美五大湖区的湖港最具影响力。

（4）航空港。

航空港习惯称机场，具有执行客货运业务和保养维修飞机、起飞、降落或临时停机等用途，一般由飞行区、客货运输服务区和机务维修区三部分组成。机场的布局是以跑道为基础来安排的，并以此布置滑行道、停机坪、货坪、维修机坪以及其他飞机活动场所，我国最重要的空港有北京首都机场、上海虹桥机场、广州白云机场等。

根据机场的通信导航设备、跑道灯光设备、目视助航设备、仪表着陆系统和雷达引航能力等条件，可以把机场分为不同的等级和进近着陆种类。

①一级机场，供国内和国际远程航线使用，能起降160吨以上（起飞全重）的飞机。机场跑道通常为三类或二类精密进近跑道，4E或4D级跑道。

②二级机场，供国内和国际中程航线使用，能起降70~160吨（起飞全重）的飞机。机场跑道通常为二类或一类精密进近跑道。

③三级机场，供近程航线使用，能起降20~70吨（起飞全重）的飞机。机场跑道通常为一类精密进近跑道。

④四级机场，供短途航线和地方航线使用，能起降20吨以下（起飞全重）的飞机。机场跑道通常设有相当的仪表进近着陆设备或简易目视助航设备。

（5）管道站。

管道站惯称输油（气）站，是为输送油（气）品而建立的各种作业站（场）的统称，是给液流增加能量（压力），改变温度，提高液流流动性的场所。按其所处位置的不同可分为首站（起点站）、末站（终点站）和中间站，中间站按其设备不同又可分为中间泵站、加热站、热泵站、分（合）输站和减压站等。

①首站。首站是管道的起点，通常位于油（气）田、炼厂或港口附近。其任务主要是接收来自油（气）田的原油（天然气）或来自炼厂的成品油，经计量、加压（有时还加热）后输往下一站。此外还有发送清管器、油品化验、收集和处理污油等作业。有的首站还兼有油品预处理任务，如原油的脱盐、脱水、脱机械杂质、加添加剂或热处理等。

②末站。末站位于管道的终点，往往是收油单位的油（气）库或转运油库，或两者兼而有之。接收管道来的油（气），将合格的油品经计量后输送给收油单位，或改换运输方式，如转换为铁路、公路或水路继续运输，以解决管道运输和其他运输方式之间输量的不均衡问题。

③中间站。中间站位于管道沿线。中间站的设置一般是根据输油工艺中水力和热力计算，以及沿线工程地质、建设规则等方面的要求来确定的。中间站的主要任务是给油（气）流提供能量（压力、热能），它可能是只给油（气）品加压的泵站，也可能是只给油（气）品加热的加热站，或者是两者兼而有之的热泵站。

知识与技能训练

一、知识题

1. 名词解释

物流战略　客户服务　物流成本　物流标准化　物流结点

2. 填空题

（1）企业物流战略是为企业的总体战略服务的，企业的物流总体战略一般又可以分为三类：（　　）战略、市场战略和信息战略。

（2）在市场导向型的客户服务中，通过与（　　）、顾客需求调查及第三方调查等方法探寻顾客最强烈的需求愿望，是决定顾客服务水平的基本方法。

（3）独立的物流成本核算体系：它是把物流成本核算与财务会计核算体系截然分开，单独建立起物流成本的凭证、账户和（　　）。

（4）要实现物流系统与其他相关系统的沟通和交流，在物流系统和其他系统之间建立通用的标准，首先要在（　　）建立物流系统自身的标准。

（5）（　　）是管道的起点，通常位于油（气）田、炼厂或港口附近。

3. 单选题

（1）物流管理（　　）包括物料管理、仓库管理、运输管理等三个方面。

A. 全局性的战略　　B. 结构性的战略　　C. 功能性的战略　　D. 基础性的战略

（2）客户服务的最佳效果是争取到和保留住（　　）的客户。

A. 尽快下订单　　B. 投诉最少　　C. 现金流最大　　D. 利润贡献最大

（3）物流成本管理方法的比较分析不包括（　　）。

A. 综合评价　　B. 计划与实际比较　　C. 纵向比较　　D. 横向比较

（4）ISO 中央秘书处及欧洲各国已基本认定（　　）为基础模数尺寸。

A. 1 200 毫米 ×1 000 毫米　　　　　　B. 600 毫米 ×400 毫米

C. 1 200 毫米 ×800 毫米　　　　　　　D. 1 100 毫米 ×1 100 毫米

（5）铁路车站的（　　）是铁路车站中最普遍、数量最多的一类。

A. 区段站　　　　B. 编组站　　　　C. 中间站　　　　D. 货运站

4. 多选题

（1）物流战略优势是指某个物流系统能够在战略上形成的有利形势和地位，是其相对于其他物流系统的优势所在，物流系统战略可在（　　）方面形成优势。

A. 组织优势　　B. 技术优势　　C. 地理优势　　D. 资源优势　　E. 产品优势

（2）影响客户服务的重要因素是（　　）。

A. 时间　　B. 可靠性　　C. 沟通　　D. 方便　　E. 地点

（3）影响物流成本的决定因素有（　　）。

A. 起止范围　　B. 竞争性因素　C. 费用性质　　D. 物流活动环节　　E. 产品因素

（4）我国物流在制定和推行标准化过程中必须从具体国情出发，综合运用（　　）形式。

A. 简化　　　　　B. 组合化　　　　C. 通用化　　　　D. 系列化　　　　E. 统一化

（5）根据物流结点的主要作用，可分成（　　）。

A. 集货中心　　B. 信息中心　　C. 配送中心　　D. 转运中心　　E. 加工中心

5. 思考题

（1）从哪些方面分析物流行业的现状和发展？

（2）物流客户服务的重要性表现在什么方面？

（3）物流成本有哪些特点？

（4）物流标准体系共分为哪几个部分？

（5）构建物流网络应遵循什么一般原则？

二、实训题

主题：结合物流公司运输、仓储、采购、配送等管理情况，提出合理化建议。

目的和要求：

1. 具体信息收集管理能力。

2. 能准确地核算运输、仓储、采购、配送等物流成本。

3. 分析物流公司运输、仓储、采购、配送等管理情况，提出合理化建议。

步骤：

1. 实地考察、网上搜集百世物流成本资料。

2. 根据物流企业实际情况核算出物流企业成本。

3. 对物流企业的运输、仓储、采购、配送等物流成本进行分析，提出合理化管理建议。

4. 每小组提交一份完整的项目解决方案报告，内容包括：问题分析、解决问题的方法介绍、过程资料、方案陈述及感受等。

项目六
企业物流

能力目标

1. 了解企业物流的基本功能。
2. 能将所学知识应用到物流企业的管理与控制中去。

知识目标

1. 了解企业物流循环过程。
2. 理解企业供应物流、企业生产物流、企业销售物流和回收物流与废弃物流等基本概念。
3. 掌握企业生产物流控制原理。
4. 了解如何进行企业物流管理的基本方法和理论参考依据。

情景导入

据易迅网联营物流中心总监罗联栩透露，易迅仓配体系的开放将首先在其物流体系最发达的华东地区开展，今年上半年就可在华东地区实现针对第三方商家的"上门揽件＋统一配送"服务。而在下半年将会正式开放仓储服务，在华东和华南两个区域实现统一的上门揽件、入仓和配送业务。

罗联栩表示："通过仓配体系的开放，接入易迅的第三方商家将只负责供货，而运营、促销、物流、售后服务等相关环节都由易迅负责，易迅上并不存在供应商独立运营的店铺，此举将有效地保障在高标准的购物体验下提升易迅的商品丰富度，更好地满足消费者购物需求。"

1. 仓储配送体系首试"开放"

目前，易迅在北京、上海、深圳、武汉、西安、重庆有 6 个核心仓库，今年将再建 10 个二级仓库。其中，位于上海青浦区 22 万平方米的物流中心在 2014 年投入使用，同时在全国 14 个城市建立自有配送队伍。在全国首推"一日三送，晚间送货""闪电送"等配送服务。

罗联栩对记者表示，在物流环节投入大量财力物力的同时，易迅网的物流体系也逐步在电商行业树立起自己的口碑，其自有物流体系向第三方商家开放的条件已经成熟。

与此同时，第三方数据显示随着腾讯流量的持续导入，易迅网的流量已经超越某当等进入行业前三。加上之前自营业务的优质服务带来的稳定老顾客回流，以及 80 个城市大规模线下广告的投放，易迅做平台的条件早已完善。

不过，易迅对开放仓配体系有着自己的顾虑。易迅 CEO 卜广齐就曾经表示，在中国电商行业目前的开放体系下，无论某东还是某当，开放尺度都比较大。用户来买东西，商家直接发货，至于货质量怎么样、实效怎么样、最终服务怎么样，都不能实现闭环控制。为了做到口碑与开放的平衡，易迅将向第三

126

方商家开放仓储的时间不断推迟，如今开始尝试开放仓配体系，是其自身仓配体系能力大幅提升后的结果。"以快递为例，某东的第三方商家发货给你，可能不会对快递速度有规定，但易迅的第三方商家需要当日送达或指定日送达，我们就必须对商户的备货有严格的要求。"罗联栩介绍。

2. 建独有"联营平台"模式

其实在易迅向第三方商家开放仓配物流体系前，包括某东、某当等都已经搭建了自己的开放平台。然而自营业务和第三方商家之间的用户体验平衡一直困扰着各方。

这也使易迅虽然已经开始尝试向第三方商家开放仓储配送体系，但是在开放条件上显得有些苛刻和谨慎，罗联栩告诉记者："其他电商平台化的成功或失败，已经给我们提供了很好的案例，但腾讯电商对易迅网口碑十分看重，对齐易迅的口碑是我们开放仓配体系的最大前提。"为此，易迅在"区域""品类"和"配送模式"三个方面采取"收着做"策略。

罗联栩解释说，通过仓配体系的开放，接入易迅的第三方商家将只负责供货，而运营、促销、物流、售后服务等相关环节都由易迅负责。易迅上并不存在供应商独立运营的店铺，这在易迅被称为"联营模式"。

按照计划，易迅将在今年上半年在华东地区实现"上门揽件＋统一配送"模式，下半年将会打通华东和华南两个区域，实现两个区域的上门揽件、入仓和配送业务。"我们先从最熟悉的华东地区开始做，就是为了让这种模式对齐易迅的口碑，这是第一个'收着做'区域。"

在品类扩张上易迅同样"收着做"。目前，易迅网的核心产品集中在 3C 数码领域，整体 SKU 数在 10 万个左右。虽然在手机、平板电脑等通信 IT 产品领域其与竞争对手的差距在不断缩小，但在百货、家居等领域的商品丰富度一直是易迅的短板。

据悉，这次首批接入易迅仓配体系的商户将以自营供应商为主，品类选择与易迅自营品类互补的家庭消费相关产品。"未来还会进一步扩张，比如做生鲜，但绝不是盲目扩张，这些产品要有很强的用户黏性，能提高重复购买率。"为保证产品品质，易迅严格执行对商户品牌授权链核查，并对商品进行抽检。

在配送模式上，易迅首先开放的是"上门揽件＋统一配送"，而不是让"商家自行配送"，这是第三个"收着做"。卜广齐表示，易迅要保证在整个末端服务上的一致性和标准化，这是易迅第一条底线。总之，易迅希望打造统一化的运营。在展现体系上，用相对一致的体验尽量减少供货商本身对客户选择的影响，通过这些措施和独有的联营平台模式，易迅希望找到一条既能保证口碑又能获得品类扩张的差异化道路。

在通过联营模式跑通流程和完善用户体验之后，未来易迅也将尝试开发店中店等新的平台模式。对此，腾讯电商有关人士透露，随着今年下半年易迅和 QQ 网购后台打通，商家只需入驻一次，就可在两个平台同时进行销售，而易迅的仓配体系也可以为更多的商家提供服务。

◉讨论与分析：

易迅物流管理有何特点？结合易迅物流管理，说说你对企业物流的理解。

任务一　企业物流概述

1. 企业物流概述

企业物流是指在生产经营过程中，物品从原材料供应，经过生产加工，到产成品销售，以及伴随生产消费过程中所产生的废弃物回收及再利用的完整循环活动。企业物流是从企业角度研究与之有关的物流活动。企业物流是企业生产力经营活动的重要组成部分，是创造"第三利润"的源泉，是具体的、微观的物流活动的领域。生产是商品流通之本，生产的正常进行需要各类物流活动支持。生产的全过程从原材料的采购开始，便要求有相应的供应物流活动，将所采购的材料运送到位，使生产顺利进行；在生产的各个工艺流程之间，也需要原材料、半成品物流过程，即所谓的生产物流，以实现生产的流动性；部分余料可重复利用的物资回收，就需要回收物流；废弃物的处理则需要废弃物物流。可见，整个生产过程实际上就是系列化的物流活动。企业物流循环过程如图 6-1 所示。

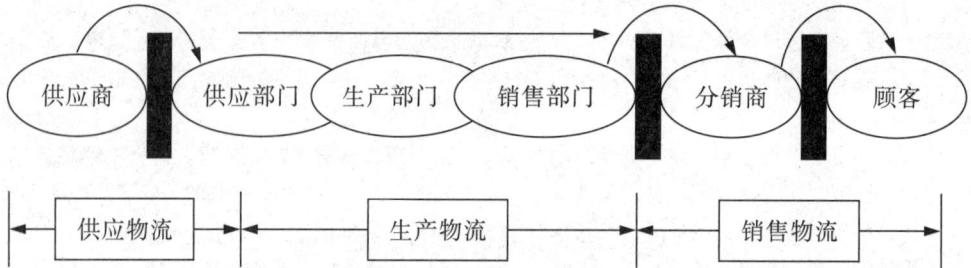

图 6-1　企业物流循环过程

2. 企业物流功能结构

从物流功能角度显示了供应、生产、销售物流中的具体物流操作范围，如图 6-2 所示。

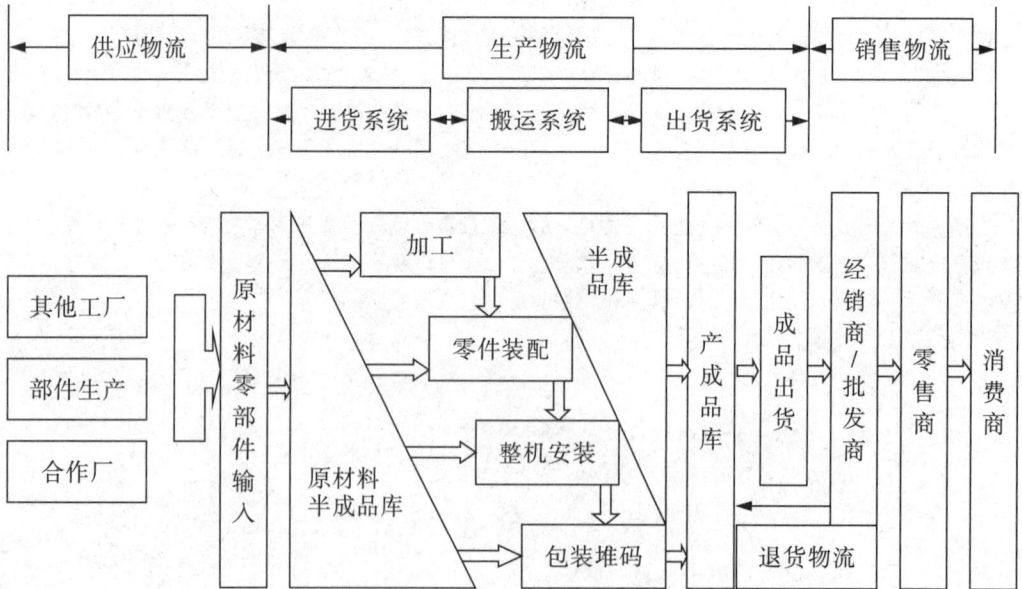

图 6-2　企业物流功能结构图

企业为了保证本身生产的节奏，不断组织原材料、零部件、燃料、辅助材料供应的物流活动，这种物流活动对企业生产的正常、高效进行起着重要作用。企业供应物流不仅要保证供应的目标，而且要以最低成本并以最少消耗、最快速度来组织供应物流活动。企业竞争的关键在于如何降低物流过程成本，这是企业物流的最大难点。为此，企业供应物流就必须解决有效的供应网络、供应方式、零库存等的问题。

任务二　企业生产物流

企业生产物流是指企业在生产工艺中的物流活动。这种物流活动是与整个生产工艺过程相伴的，实际上已构成了生产工艺过程的一部分。企业生产过程的物流大体为：原料、零部件、燃料等辅助材料从企业仓库或企业的门口开始，进入到生产线的开始端，再进一步随生产加工过程一个环节一个环节地流动，在流动的过程中，原料等本身被加工，同时生产一些废料、余料，直到生产加工终结，再流向生产成品仓库，便完成了企业生产物流过程。

1. 生产物流管理目标

生产物流区别于其他物流系统的最显著的特点是，它和企业生产紧密联系在一起。只有合理组织生产过程，才有可能使生产过程始终处于最佳状态。

（1）物流过程的连续性。企业生产是一道工序一道工序地往下进行的，要求物料能够顺畅地、最快地、最省地走完各个工序，直至成为产品。整个生产过程是连续地、顺延地、有组织地按进度保质保量地运行的，因此物流过程具有连续性。

（2）物流过程的节奏性。企业产品生产过程的各个阶段，从投料开始到产成品完工入库，生产过程按计划有节奏均衡地进行，因此物流过程具有节奏性。

（3）物流过程的平行性。企业生产产品的种类和型号是多种多样的。每种产品包含着多种零部件，各个零部件的生产平行作业是协调进行的，因此物料的投入具有平行性。

（4）物流过程的应变性。企业生产产品的型号和种类发生变化时，生产过程具有较强的应变能力，物流过程也同时具备相应的应变能力。

2. 生产物流控制原理

生产物流控制有两种模式：推进式和拉引式。

（1）物流推进式控制原理。

①推进式控制的基本原理。

物流推进式控制的基本原理是，根据最终的产品需求量，在考虑各阶段的生产提前期之后，向各阶段发布生产指令量。企业对生产物流实行集中控制，每个阶段物流活动服从集中控制的指令，各阶段没有独立影响本阶段局部库存的能力。

推进式控制模式是基于美国计算机信息技术的快速发展和美国制造业大批量生产的基础上提出的，以 MRPH（制造资源计划）技术为核心的生产物流控制模式。但从实际结果来看，该模式的长处却在多品种小批量生产类型的加工装配企业得到了最有效的发挥。其具体做法是，在计算机通信技术控制下制订和调节产品需求预测、生产计划、物料需求计划、能力需求计划、物料采购计划、生产成本核算等环节。生产物料严格按照各工艺顺序确定的物料需要数量、需要时间（物料清单所表示的提前期），从前道工序"推进"到后道工序或下游车间。在整个控制过程中，信息流往返于每道工序、车间，并与生产物流完全分离。通过信息流的控制保证按生产作业计划的要求完成物料加工任务。

②推进式物流控制的特点。

a. 在生产物流方式上，以零件为中心，强调严格执行计划，维持一定量的在制品库存。

b. 在管理手段上，大量运用计算机管理。

c. 在生产物流计划编制和控制上，以零件要求为依据，计算机编制主生产计划、物料需求计划、生产作业计划。执行中以计划为中心，工作的重点在管理部门，着重处理突发事件。

d. 在对待在制品库存的问题上，认为"风险"是外界的必然，因此必要的库存是合理的，也就是说，为了防止计划与实际的差异所带来的库存短缺现象。

（2）物流拉引式控制原理。

①拉引式控制的基本原理。

物流拉引式控制的基本原理是，在最后阶段按照外部市场需求，向前一阶段提出物流供应要求，前一阶段按本阶段的物料需求量向前一阶段提出供应要求。依此类推，接受供应要求的阶段再重复地向前一阶段提出供应要求。采用此方式的物流控制原理称为物流拉引式控制原理。

拉引式是以日本制造业提出的JIT（准时制）技术为创新的生产物流管理模式。具体表现为，使物流始终不停滞、不堆积、不超越、按节拍地贯穿于从原材料、毛坯的投入到成品的全过程。该模式强调物流同步管理，要求在适当的时间将适当数量的物料送到适当的地点。采用从后向前拉动控制的方法，即从最终市场需求出发，每道工序、上游车间只生产后道工序、下游车间需要数量的零部件。在拉引控制中信息流与物流完全结合在一起，但信息流（生产指令）与生产物流方向相反。信息流控制的目的是保证按后道工序要求准时完成物料加工任务。

②拉引式物流控制的特点。

a. 实行分散控制。在多道工序生产中，指令由各阶段各自独立发布，因而属于分散控制。每一分散控制的目标是满足局部要求，通过所有的局部控制达到整体的要求。

b. 在生产物流方式上，以零件为中心，要求前一道工序加工完的零件立即进入后一道工序，强调物流平衡而没有在制品库存，从而保证物流与市场需求同步。

c. 在管理手段上，把计算机管理与看板管理相结合。

d. 在生产物流计划编制和控制上，以零件为中心采用计算机编制物料生产计划，并运用来自内部的在制品库存。因此，应将一切库存视为"浪费"，予以消灭。其库存管理思想表现为：一方面强调供应对生产的保证，另一方面强调实现"零库存"，从而消灭库存产生的浪费。

3. 生产物流的现场管理

（1）现场管理的概念。

现场管理是指用科学的管理制度、标准和方法对生产现场各生产要素，包括人（工人和管理人员）、机（设备、工具、工位器具）、料（原材料）、法（加工、检测方法）、环（环境）、信（信息）等进行合理有效的计划、组织、协调、控制和检测，使其处于良好的结合状态，达到优质、高效、低耗、均衡、安全、文明生产的目的。现场管理是生产第一线的综合管理，是生产管理的重要内容，也是生产系统合理布置的补充和深入。

（2）现场管理的基本内容。

①现场实行"定置管理"，使人流、物流、信息流畅通有序，现场环境整洁，文明生产。

②加强工艺管理，优化工艺路线和工艺布局，提高工艺水平，严格按工艺要求组织生产，使生产处于受控状态，保证产品质量。

③以生产现场组织体系的合理化、高效化为目的，不断优化生产劳动组织，提高劳动效率。

④健全各项规章制度、技术标准、管理标准、工作标准、劳动及消耗定额、统计台账等。

⑤建立和完善管理保障体系，有效控制投入产出，提高现场管理的运行效能。

⑥搞好班组建设和民主管理，充分调动职工的积极性和创造性。

任务三　企业采购与供应物流

企业为保证本身生产的节奏，不断组织原材料、零部件、燃料、辅助材料供应的物流活动，这种物流活动对企业正常生产、生产效率等起着重大作用。企业供应物流不仅要保证供应的目标，而且要以最低成本和最少消耗、最大保证来组织供应物流活动。企业竞争的关键在于如何降低物流过程的成本，这是企业物流的最大难点。为此，企业供应物流就必须解决有效供应网络、供应方式和零库存等问题。

1. 供应物流概述

（1）供应物流的概念。

供应物流是为组织生产所需要的各种物品供应而进行的物流活动，是企业生产活动所需生产资料的供应。供应物流是从原材料、外协件等的订货、购买开始，通过运输等中间环节，直到收货人收到货入库为止的物流过程，它是企业物流过程的起始阶段。

供应物流是保证企业生产经营活动正常进行的前提条件。在实际生产中，企业生产活动要素的投入首先是生产资料的投入。因此，适时、适量、齐备、成套地完成供应活动是保证企业顺利进行生产经营活动的基础。

（2）供应物流的任务与作用。

①供应物流的任务。

企业的生产过程同时也是物质资料的消费过程。企业只有不断投入必要的生产要素，才能顺利进行生产和保证其经济活动最终目的的实现。同时，企业供应物流的基本任务是保证适时、适量、适质、适价、齐备成套、经济合理地供应企业生产经营所需的各种物资，并且通过对供应物流活动的科学组织与管理和运用现代物流技术，促进物资的合理使用，加速资金周转，降低产品成本，使企业获得较好的经济效果。

②供应物流的作用。

供应物流的基本作用表现在以下两个方面：

a. 供应物流是保证企业顺利进行生产经营活动的先决条件。企业供应物流的作用，首先就是为企业提供生产所需的各种物资。

b. 加强供应物流的科学管理，是保证完成企业各项技术经济指标、取得良好经济效果的重要环节。物资供应费用在产品成本中占有很大的比重（如在机械产品中一般占60%～70%），因此，加强供应物流的科学管理，合理组织供应物流活动，如采购、存储、运输、搬运等，对降低产品成本有着重要的意义。其次，在现代化大生产中，企业的储备资金在流动资金中所占的比重也是很大的，一般为50%～60%，因此，加强供应物流的组织管理，合理储备，对压缩储备资金、节约占用资金、加快流动资金的周转起着重要的作用。最后在物资供应中，能否提供合乎生产要求的物资，直接关系到产品的质量、新产品的开发和劳动生产率的提高。

2. 供应物流系统的构成

（1）供应。

①供应的概念。

任何企业进行生产经营活动，都要消耗各种物品。为了生产经营不间断地进行，就必须不间断地以新的物品补充生产经营过程的消耗，这种以物品补充生产经营消耗的过程，就称为供应。供应过程包括采购、储存、供料等环节，涉及商流、物流、信息流和资金流。

供应是供应物流与生产物流的衔接点。供应是根据材料供应计划、物资消耗定额、生产作业计划进行生产资料供给的作业层，负责原材料消耗的控制。供应方式一般有两种基本方式：一是传统的领料制；二是供应部门根据生产作业信息和作业安排，按生产中材料需要的物料数量、时间、次序、生产进度进行配送供应的方式。

②供应物流的主要业务。

供应物流的主要业务活动包括物资供应计划、物资消耗定额、供应存货与库存控制等。

物资供应计划一方面要适应生产、维修、技术措施、基建、成本、财务等对物资和资金使用方面的要求；另一方面又反过来为其他计划的顺利执行提供物资保证。对企业物资管理来说，物资供应计划是订货、采购、储存、使用物资的依据，起着促进企业加强物资管理的作用。正确确定物资需要量，是编制物资计划的重要环节。不同用途、不同种类物资需要量的确定，方法是不同的。概括来说，有直接计算法和间接计算法两种。

物资消耗定额是在一定生产技术条件下，为制造单位产品或完成某项任务所规定的物资消耗量标准。物资消耗定额的制定，包括"定质"与"定量"，即确定物资消耗所需数量。

（2）采购。

①采购的概念。

采购是供应物流与社会物流的衔接点。它是依据企业生产计划所要求的供应计划制订采购计划并进行原材料外购的作业层，需要承担市场资源、供货方、市场变化等信息的采集和反馈任务。

采购是选择和购买物品的过程，包括了解需求、选择供应商、协议价格、签订合同、选择运输方案、跟踪订单、货物验收入库等作业事项。采购既是一个商流活动，又是一个物流活动。

对于生产企业而言，为销售而生产，为生产而采购是一个环环相扣的物料输入输出的动态过程。采购是企业物流管理的起点，最初的采购活动成功与否直接影响到企业生产、销售最终产品的定价情况和整个供应链的最终获利情况。因此企业采购在物流管理中的龙头作用不可轻视。

②采购管理的概念及目标。

采购管理是指保障整个企业物资供应而对企业采购进货活动进行的管理活动，是整个物流活动的重要组成部分。它所面对的是整个企业，而不仅仅是企业中的采购人员（因为企业组织的其他人员也要进行有关采购的协调配合工作），它们的使命是保证整个企业的物资供应，同时，他们也拥有调动整个企业资源的权力。

实施采购管理旨在实现以下目标：

a. 正确计划用料，加强对用料的控制，预防呆、废料的产生。

b. 适当的存量管理。通过强化重点管理（如 ABC 管理），改善库存结构，降低库存量，减少库存资金占用。

c. 按照适价、适质、适时、适地的原则做好采购工作，降低采购成本。

d. 发挥储存运输功能，确保物品品质、规范收发作业、维护仓库安全。

e. 加强供应商关系管理。与供应商建立一种能促使其不断降低成本，高质量的长期合作关系。

③采购管理的内容。

a. 企业采购决策。企业采购决策者应对所需原材料的资源分布、数量、质量和市场供需要求等情况进行调查，作为制订较长远的采购规划的依据。同时，要及时掌握市场变化的信息，进行采购计划的调整与补充。

b. 选择供货方。在选择供货方时，应考虑原材料供应的数量、质量、价格（包括运费）、供货时间保证、供货方式和运输方式等，根据本企业的生产需求进行比较，最后选择供货方。要建立供货商档案，其内容主要有企业概况（地点、规模、营业范围等）、供应资产种类、运输条件及完善的档案数据，这些是选定供货商的重要依据。

c. 采购批量。采购批量在采购决策中是一个重要问题。一般情况下，每次采购的数量越大，在价格上得到的优惠越多，同时因采购次数减少，相对能节省一些采购费用。但一次进货数量过大，容易造成积压，从而占压资金，多支付银行利息和仓储管理费用。如果每次采购的数量过少在价格上得不到优惠，因采购次数的增多而加大采购费用的支出，并且要承担因供应不及时而造成停产待料的风险。控制进货的批量和进货的时间间隔，使企业生产不受影响，同时费用最省，是采购决策应解决的问题。

（3）库存管理。

在今天的企业环境中，库存管理的任务变得越来越复杂，涉及库存管理的方法越来越多，库存决策也变得更加复杂。在实践中管理者需要根据企业的具体情况来选择合适的库存管理方法以提高企业物流系统的效率，无论企业选择什么样的库存管理方法，总成本最小化是库存管理的关键。

库存是指企业在生产经营过程中为现在和将来的耗用或者销售而储备的资源。包括原材料、材料、燃料、低值易耗品、在产品、半成品、产成品等。

库存是保障生产、调节供需所必需的，同时又是一种闲置。库存量管理的任务是要选择适宜的库存管理制度，确定合理的库存量标准并掌握库存量变化动态，适时进行调整。

库存是指处于储存状态的物品或商品。库存是由于物品的生产和消费在时间上和空间上的矛盾形成的。由于生产和消费在时间和批量上的差异，在空间地理位置的分离，使生产出来的物品往往不能立即投入消费，就形成了库存。库存具有整合供给和需求，维持各项活动顺畅进行的功能，是连接和协调企业供产销系统各环节以及生产和流通过程中各相关企业经济活动的润滑剂。因此，库存是保证社会再生产不间断进行的客观必要条件。但是，库存又是物品的闲置，是社会产品的一种扣除。只有当物品库存量保持在社会再生产正常进行所必要的限度内，这种库存才具有积极意义。过多的库存会带来物品流转过程的停滞，过少的库存又会造成社会再生产的中断。所以，研究和建立物品库存的意义就在于寻求确定和实现这种库存量的必要限度，以达到保障生产、加速流通、提高企业和社会经济效益的目的。

库存管理是供应物流的核心部分。库存管理是依据企业生产计划的要求和库存控制情况，制订采购计划、库存数量和结构的控制，指导供应物流的合理运行；另外还包括制订库存控制策略和计划及根据反馈修改计划。

库存管理的任务是用最低的费用在适当的时间和适当的地点取得适当数量的原材料、消耗品和最终产品。在许多企业中，库存成本是物流总成本的一个重要组成部分，物流成本的高低常常取决于库存管理成本的大小，而且，企业物流系统所保持的库存水平对企业提供的客户服务水平起着重要作用。库存成本主要包括以下方面：库存持有成本、订货或生产准备成本、缺货成本和在途库存储存成本。

3. 供应存货控制

（1）准确预测需求。

准确预测需求，是以企业生产计划对各类物资的需求为依据确定出的物资供应需求量。

生产计划是根据市场对该产品的需求量来控制的，而供应计划则依据生产计划下达的产品品种、结构、数量的需求，各种材料的消耗定额和生产工艺时序来制定。供应计划要做到对各种原材料、购入件的需求量（包括品种、数量）和供货日期的准确需求预测，才能保证生产计划。确定合理的物资消耗定额，是做到准确预测需求量的关键。

（2）合理控制库存。

供应物流中断将使生产陷于停顿，所以必须要有一定数量的储备，以保证生产的正常进行。

这种储备包括两个方面：一方面是正常库存，因采购是批量进行的，而生产是连续进行的，由于这种节奏的不一致，要保证生产，必须有正常的库存。另一方面是安全库存。为了防止发生意外事故和不可知因素的影响，供应活动受到阻碍时，需要有安全库存，以保证生产的正常进行。

库存控制的内容包括库存控制策略、库存计划及库存动态调整。库存控制是实现合理储存的重要手段，运用这种手段来解决物资供应计划中的合理储备数量问题，将改善物流供应状态。

（3）库存控制。

库存控制，是指对制造业或服务业生产、经营权过程的各种物品、产成品以及其他资源进行的管理和控制，目的是使其储备保持在经济合理的水平上。库存控制是使用控制库存的方法，得到更高的盈利的商业手段。库存控制要考虑销量、到货周期、采购周期、特殊季节和特殊需求等。库存需要控制利用信息化手段，每次进货都记录下来，要有盘库功能，库存的价值与市场同步涨跌，要有生产计划，根据生产计划和采购周期安排采购。

库存量不是越多越好，也不是越少越好，多了会造成积压，少了又会出现不能满足正常所需，因此需要确定合理库存。库存控制是实现合理库存的重要手段。

①库存的性质。

在研究库存系统性质时，需求、补给、约束和成本是任何库存系统都共有的组成部分。

a. 需求。需求是指从库存中提取物品。需求可按数量、需求率和需求模式进行分类。当需求数量已知时，该系统称为确定塑系统；当需求量未知，但可以确定其概率分布时，该系统称为概率塑系统。概率分布可以是连续的，也可以是不连续的。需求率即单位时间的需求量。需求模式是指货物出库的方式，例如货物在期初、期末出库，在整个期间均匀出库或按其他形式出库等。

需求又可分为独立需求和相关需求两种。当某一物品的需求量和其他物品的需求量之间没有关系时，这种需求叫独立需求，如成品、消耗品和维修用品等。相关需求是指与其他某项或数项物品有关的需求。它是需要制造某一其他物品时对零件的需求。独立需求物品通常采用连续或定期库存系统来控制，而相关需求的物品最适宜采用"物料需求计划系统"来控制。

b. 补给。补给是指将物品加入库存。补充供应可以按数量、模式和前置时间进行分类。补充供应量是指被接收入库的订货量。根据库存系统的不同类型，订货量可以是不变的，也可以是可变的。补充供应模式是指物品以什么方式加入库存，如有时的、均衡的和分批的方式。补充供应的前置时间是指从决定补充某项货物到它实际加入库存之间的延续时间。

c. 约束。约束是指由管理或实际环境施加于需求、补充或成本的限制，也就是施加于库存系统的限制。如仓容的约束可能限制库存的数量，管理当局把奖金的约束加于库存投资金额或对某些物品采取不准缺货的策略。

d. 成本。成本是指维持库存和不维持库存所花费的代价。库存成本是与库存系统的经营相关的成本，是输入到任何库存决策模型的基本经济参数，由购入（订购）成本、生产准备成本、储存成本和缺货成本（亏空成本）四部分组成。

②库存的目标。

库存问题不是孤立的，它与营销问题、仓库问题、生产问题、材料运输问题、采购问题、账务问题等都有联系。因此物料管理所涉及的目标并不完全一致，有些甚至互斥的目标。库存问题是企业内部不同职能部门之间矛盾的根源，这种矛盾是由于不同的职能部门在涉及存货使用上承担不同的任务而引起的。

库存目标是使库存投入最少，对用户的服务水平最高和保证企业的有效经营。

③库存控制系统。

a. 库存控制系统的任务。库存控制系统是解决订货时间和订货数量问题的常规联动系统。一个有效的系统要达到下列目的：保证获得足够的货物和物料；鉴别出超储物品、畅销品和滞销品；向管理部门提供准确、简明和适用的报告；花费最低的成本金额。

b. 库存控制系统的内容。一个完整的库存控制系统所涉及的内容远不止是各种定量库存模型，还必须考虑如下方面：开展需求预测和处理预测误差；选择库存模型；测定存货成本；用以记录和盘点物品的方法；验收、搬运、保管和发放物品的方法；用以报告例外情况的信息程序。

④提高供应物流的水平。

a. 在各种供货单位分别送货的情况下，依靠调整送货批量、时间间隔以及包装材料回收等措施降低物流费用。

b. 从更广泛的角度将厂内在制品和产成品的输送、配送中心与营业期间的输送和国外购进的原材料的输送包含在内，建立综合供应物流体系。

4. 供应物流合理化

企业的生产过程同时也是物质资料的消费过程。企业只有不断投入必要的物质资料，才能进行生产和保证其经营活动的连续性。但是，物资供应特别是原材料和零部件，由于物流费用可以加在进货价格中，其合理化问题往往不被人们重视。不过，供应物流与销售物流相比，以企业内部为主体，合理化问题较易解决。

供应物流合理化主要从下述两个方面入手：

（1）进货方式合理化。

现代企业生产的规模大、品种多、技术复杂，生产需要的物资不仅数量、品种、规格、型号繁多，供应来源也广，因此在物料采购时，必须改变过去那种分别购买、各自进货的做法。根据企业生产经营的用货需要和进货要求，采取联合进货方式，由运输单位实行有组织的送货，使企业的物流批量化，以提高运输单位的配送车辆效率和进货工作效率。同时，还可以与同行企业采用代理进货方式，由别的企业代为采购、发送，以提高整车发送率。在美国，为了提高对供应物流合理化的重视，以整车为单位进行交易时，其物流费由卖方负担，非整车交易物流费则由买方负担。

（2）供应方式合理化。

其主要内容包括：一是发展以产定供的多种形式的物资技术供应，包括按需加工供应、承包配套供应、定点直达供应等。二是实行供运需一体化供货，即物资供应厂商按照企业生产、工艺和设备要求，签订供货合同，实行定品种、定质量、定数量、定时间送货上门，运输部门按供货合同承担送货任务，按确定的时间将物料送达规定地点。这种供运需一体化的供应方式有利于缩短供应物流时间，减少物流费用。

任务四 企业销售物流

1. 销售物流概述

销售物流是指生产企业、流通企业出售商品时，物品在供方与需方之间的实体流动，是企业为保证本身的经营利益，不断伴随销售活动，将产品所有权转给用户的物流活动。在现代社会中，市场环境是一个完全的买方市场，因此，销售物流活动便带有极强的服务性，以满足买方的要求，最终实现销售。在这种市场前提下，销售往往以送达用户并经过售后服务为终止，因此，销售物流的空间范围很大，这便是销售物流的难度所在。在这种前提下，企业销售物流的特点，是通过包装、送货、配送等一系列物流实现销售的，这就需要研究送货方式、包装水平、运输路线等采取各种诸如少批量、多批次，定时、定量配送等特殊的物流方式达到目的。

销售物流的起点，一般情况下是生产企业的产成品仓库，经过分销物流，完成长距离、干线的物流活动，再经过配送完成市内和区域范围的物流活动，到达企业、商业用户或最终消费者。销售物流是一个逐渐发散的物流过程，这和供应物流形成了一定程度的镜像对称，通过这种发散的物流，使资源得以广泛配置。

2. 销售物流信息系统

过去，由于市场传递信息的缓慢，企业为了保证足够的产品供应市场，往往需要准备大量的库存，然而大量的库存积压却占据了企业宝贵的流动资金，在某些领域如计算机、数码产品、手机制造等行业中还存在"存货贬值"的问题。如何使计划生产、库存和市场销售相匹配，获取渠道和最终消费者之间的流动信息，掌握各地的库存情况一直是企业关注的焦点。使用计算机、PDA的方式固然可以解决，但是面对全国成千上万的销售网点、专卖店、商场柜台，部署计算机、PDA（掌上电脑）所需要的成本之大，令绝大部分企业望而却步。

物流信息系统一般分为以下几部分：

（1）接收订货系统。办理接收订货手续是交易活动的始发点，为了迅速准确地将商品送到，必须准确迅速地办理接收订货的各种手续。

（2）订货系统。订货系统是与接收订货系统、库存管理系统互动的，库存不仅应防止缺货、断货，而且在库存过多或库存不合理时，根据订货情况，适时适量地调整订货系统。

（3）收货系统。收货系统是根据预订信息，对收到的货物进行检验，与订货要求进行核对无误之后，计入库存，指定货位等的收货管理系统。

（4）库存管理系统。正确把握商品库存，对于制订恰当的采购计划、接收订货计划、收获计划和发货计划是不可少的，所以库存管理系统是物流信息的中心。

（5）发货系统。通过迅速、准确的发货安排，将商品送客户手中。发货系统是一种与接收订货系统、库存管理系统互动的，向保管场所发出拣选指令或根据不同的配送方向进行分类的系统。

（6）配送系统。降低成本对高效配送计划是重要的，将商品按配送方向进行分类，指定车辆调配计划和配送路线计划的系统。企业销售渠道的情报系统应畅通，企业应建立起高效、快速的信息情报系统。

3. 分销需求计划（DRP）

在制造行业中，对分销商以及销售分支机构的管理已经成为企业赢利的一个重要组成部分的。企业想长期地、最大化地获取利润，并在同行业中取得竞争优势，就必须在一个动态的环境中处理好与各级分销机构的关系。在当前市场竞争如此激烈的情况下，企业提高分销管理水平的一个快速、有效的方式就是求助于高科技，深入而广泛地利用信息技术，加大企业的 IT 投资，建立符合自身特点的信息化分销管理系统。对于制造类企业来说，由于行业的复杂性，建立分销管理体系一定要根据具体企业的特点进行。

（1）分销需求计划的概念。

分销需求计划的狭义含义是指对分销网络上的库存进行计划和管理。DRP（灾难恢复计划）的管理对象主要包括订单、库存、财务往来等方面。

广义的 DRP 系统，在对分销链上库存、销售订单进行管理的基础上，还加入了财务管理、客户关系管理、物流管理等方面的功能。供应商和经销商之间可以实现实时的提交订单、查询产品供应和库存状况，并获得市场、销售信息及客户支持，实现供应商与经销商之间终端到终端的供应链管理，有效地缩短供销链。新的模式借助互联网的延伸性及便利性，使商务过程不再受时间、地点和人员的限制，企业的工作效率和业务范围都得到了有效的提高。

DRP 系统主要在两类企业中应用。一类是流通企业，储运公司、配送中心、物流中心、流通中心等。这些企业，不一定做销售，但一定有储存和运输的业务，它们的目标是在满足用户需要的原则下，追求有效利用资源（如车辆等），既做生产又做流通，产品全部或一部分自己销售。另一类是企业中有流通部门承担分销业务，具体组织储、运、销活动。

这两类企业的共同之处如下：

①以满足社会需求作为自己的宗旨。

②依靠一定的物流能力（储、运、包装、搬运能力等）来满足社会的需求。

③从制造企业或物资资源市场组织物资资源。

（2）分销需求计划的功能。

①建立统一互动的营销网络业务平台。

制造企业非常重视市场营销网络的建设，普遍建立了遍及全国的专业营销网络，实行"统一市场、统一管理"的营销管理政策。随着市场规模的扩大和业务量的增加，企业迫切需要建立更加高效、统一互动的营销网络信息平台。网络化营销管理系统的使用可以大幅度提升企业销售业务流程的自动化水平，减少企业运营成本，提高运作效率，保证在最短的时间里将符合市场需求的产品和服务传递给客户。

②市场资源的深入挖掘与利用。

随着市场竞争的加剧，制造企业越来越重视市场资源的开发、分析和利用，致力于市场网络的建设。网络化营销管理系统已经不只是狭义上的销售管理系统，更确切地说，应该是市场管理系统，为进行广泛的市场资源挖掘提供有力的系统保障。

③完善的营销业务管理。

营销业务管理是网络化营销管理系统的基础需求，包括销售业务管理、库存管理、财务开票、结算管理以及费用拨付管理等。制造企业在各个业务环节都存在自己业务的特殊性，在网络化营销管理系统中，对此都应有相应的解决方案。

④信用销售与风险控制。

由于市场竞争激烈，制造企业一般采用给商业客户一定信用额度的营销方式进行销售。网络化营销管理系统通过实时控制商业客户应收贷款和应付账款的额度，在保证企业销售灵活度的前提下，最大限度降低了制造企业的商业风险。

⑤收支两条线。

有些制造企业的内部财务管理采用贷款、费用分账，收支两条线管理的方式。网络化营销管理系统应充分满足这种管理的需求。

⑥事务警示处理系统。

除了在库存管理、信用监控等环节嵌入警示功能外，网络化营销管理系统还在营销管理、财务、市场等部门的日常业务中设置警示处理功能，如送货单需要在预定时间内签收、回款明细单需要在预定时间内完成等。如果特定业务没有在规定时间内完成或某业务运行结果触发了预设警示线，网络化营销管理系统将自动发出提示信息，提醒责任者立即处理，并自动填入警示事件日志备查。同一事件如果提示三次仍没有完成，则此预警事件会层层上报，直至总裁，这样就保证了营销过程中发生的任何问题都能得到及时的解决。

⑦市场信息管理。

除了以数据流为基础的单据信息、报表信息外，网络化营销管理系统包括以传递文字信息为主的市场信息管理系统，通过市场信息管理，各职能部门将拥有专有的部门公告栏，以利于部门内的信息交流和沟通。

⑧决策支持管理。

网络化营销管理系统的决策支持管理包括各部门在日常业务管理基础上，通过数据汇总和分析取得的各种统计报表和分析图表。这些结果除了满足各职能部门的业务管理需要外，还能为总部决策层提供决策支持。通过这些统计报表和分析图表，决策层能够全面掌握企业的营销运营状况、资金周转状况、市场资源状况、销售人员总体状况等，以便及时制定各项销售政策适应市场的变化。

任务五　回收物流与废弃物流

1. 回收物流与废弃物流的概述

从生产经过流通直到消费时物资流向的主渠道。在这一过程中有生产过程形成的边角余料、废渣、废水，有流通过程产生的废弃包装器材，也有大量由于变质、损坏、使用寿命终结而丧失了使用价值或者在生产过程中未能形成合格产品而不具有使用价值的物资，它们就要从物流主渠道中分离出来成为生产或流通中产生的排泄物。这些排泄物一部分可以回收并再生利用，称为再生资源，形成了回收物流；另一部分在循环利用过程中，基本或完全失去了使用价值，生成无法再利用的最终排放物，形成了废弃物流。

（1）回收物流与废弃物流的概念。

①回收物流的概念。

回收物流是指不合格物品的返修、退货以及周转使用的包装容器从需方返回到供方所形成的物品实体流动。即企业在生产、供应、销售的活动中总会产生各种边角余料和废料，这些东西回收时是需要伴随物流活动的。如果回收物品处理不当，往往会影响整个生产环境，甚至影响产品的质量，占用很大空间，造成浪费。例如，废纸被加工成纸浆，又成为造纸的原材料，废钢被分拣加工后进入冶炼炉变成新的钢材，废水经净化后又被循环使用等，被称为回收。这类物质的流动形成回收物流。

②废弃物流的概念。

废弃物流是指将经济活动中失去原有使用价值的物品，根据实际需要进行收集、分类、加工、包装、搬运、储存等，并分别送到专门处理场所时所形成的物品实体流动。它仅从环境保护的角度出发，不管对象物有没有价值或利用价值，而将其妥善处理，以免造成环境污染。

（2）回收物流与废弃物流的作用。

①回收物流的作用。

回收物流的作用是考虑到被废弃的对象有再利用价值，将其进行加工、拣选、分解、净化，使其成为有用的物资或转化为能量而重新投入生产和生活循环系统。

②废弃物流的作用。

废弃物流的作用是无视对象的价值或对象物已没有再利用价值，仅从环境保护出发，将其焚化、化学处理或运到特定地点堆入，掩埋。

（3）回收物流与废弃物流的意义。

①回收物流是社会物资大循环的组成部分。

自然界的物资是有限的，森林的采伐、矿山的开采都是有一定限度的，在资源已日渐枯竭的今天，人类社会越来越重视通过回收物流将可以利用的废气物收集、加工、重新补充到生产、消费的系统中去。例如废纸回收已成为造纸业原料供应不可缺少的一环。据统计，钢铁产量有 1/3 来自回收的废钢铁。在日本，每年报废汽车半数以上被分解成废钢、橡胶和玻璃而回收利用。城市垃圾中的一些成分也可以加工成肥料或燃料，甚至有些废物、废材经过适当加工，可以直接成为商品进入消费领域。

②回收物流与废弃物流合理化的经济意义。

废弃物是一种资源，但和自然资源不同，它们曾有过若干加工过程，本身凝聚着能量和劳动力的价值，因而常被称为载能资源。回收物资重新进入生产领域作为原材料会带来很高的经济效益。

③回收物流与废弃物流合理化的社会意义。

由于废弃物的大量生产严重地影响人类赖以生存的环境，必须有效地组织回收物流与废弃物流，使废弃物得以重新进入生产、生活循环或得到妥善处理。

2．回收物流与废弃物流技术

（1）回收物流与废弃物流技术的特点。

①小型化、专用化的装运设备。

使用各种机动车和非机动车，采用多阶段收集，逐步集中的方式将分布广泛的各类生产和生活废弃物回收处理。

②多样化的流通加工。

对回收的废弃物根据其类别，采用分拣、分解、分类、压块、捆扎、切断和破碎的加工处理方法。

③简易包装与储存。

对于废弃物多数不需包装，只需露天堆放，但对一些特殊废弃物应讲究其包装并妥善储存，以防止对环境的污染。

（2）回收物流技术。

①以废汽车为代表的拆解及破碎分选物流技术。

在废汽车再生资源的物流过程中，流通加工占着重要位置，所有的废旧汽车几乎都通过一定的流通加工，然后以各种新资源的形式进入到新一轮循环利用中。

②以废玻璃瓶为代表的回送复用技术。

废玻璃瓶作为再生利用资源物流，有一个回送复用的运输系统，依靠这个运输系统，可将用过后的玻璃瓶再回运给生产企业，成为再生资源。

③以废纸为代表的收集集货物流技术。

废纸回收资源的物流，有一个收集废纸的废纸收集物流系统，这种收集系统是集货系统的一种，废纸需要收集、集中，才能批量提供回收加工业。

④以粉煤为代表的联产供应物流技术。

粉煤灰再生资源的物流，采用管道这种物流手段，将电厂排放的粉煤灰，通过管道直接运送供应给生产企业，进行加工处理。

（3）回收物流技术流程。

①原厂复用技术流程。

原厂生产废旧物品→原厂回收→原厂分类→原厂复用。

采用这一回收流程的典型例子有钢铁回收再利用。

②通用回收复用技术流程。

通用化、标准化的同类废旧物品→统一回收→按品种、规格、型号分类→达到复用标准后再进行通用化处理。

③外厂代用复用技术流程。

本厂过时的、生产转户及规格不符合标准的废旧物品→外厂统一回收→按降低规格、型号、等级分类或按代用品分类→外厂验收→外厂复用。

④加工改制复用技术流程。

需改制的废旧物品→统一回收→按规格、尺寸、品种分类→拼接→验收→复用。

⑤综合利用技术流程。

工业生产的边角余料、废旧纸、木制包装容器→统一回收→综合利用技术→验收→复用。

⑥回炉复用技术流程。

需回炉加工的废旧物品→统一回收→由各专业生产厂家进行再生产性的工艺加工→重新制造原物品→验收→复用。

例如：废玻璃、废布料、废锡箔纸等采用这一类回收物流流程。

（4）废弃物流技术。

①垃圾掩埋。在一定规划区内，利用原来的废弃坑塘或用人工挖出深坑，将垃圾运来后倒入，达到一定处理量之后，表面用土掩埋。

②垃圾焚烧。在一定地区用高温焚烧垃圾以减少垃圾和防止污染及病菌。

③垃圾堆入。在远离城市地区的沟、坑、塘、谷中，选择合适位置直接倒垃圾，也是一种物流技术。

④净化处理加工。对垃圾进行净化处理，以减少对环境有危害的废弃物物流技术，尤其是废水的净化处理。回收与废弃物流具有良好的社会效益，同时对资源的再利用起到较大的作用。

知识与技能训练

一、知识题

1. 填空题

（1）企业物流包括（　　）、（　　）、（　　）和（　　）。

（2）供应物流系统由（　　）、（　　）、（　　）、（　　）所构成。

（3）生产物流具有（　　）、（　　）和（　　）的特点。

（4）企业销售物流是通过（　　）、（　　）、（　　）等一系列环节实现物质的销售。

（5）废弃物流技术包括（　　）、（　　）、（　　）、（　　）等。

2. 选择题

（1）企业敏捷能力体现在：快速反应能力、（　　）。

A. 竞争力　　　　　　B. 灵活性　　　　　　C. 快速性　　　　　　D. 经济性

（2）销售系统的功能是：调查与需求预测、（　　）。

A. 编制销售计划　　　　　　　　　　B. 组织管理订货合同

C. 组织产品推销　　　　　　　　　　D. 组织售后服务

（3）MRP 表示（　　）。

A. 物料需求计划　　B. 生产需求计划　　C. 准时制　　　　D. 销售策略计划

（4）各个工序对所需要的物资都按精密的计划适时地足量地供应，一般不会生产超量库存，从而使在制品实现零库存，达到节约库存费用的效果，这反映了（　　）。

A. 需求的相关性　　　　　　　　　　B. 需求的确定性

C. MRP 的优越性 D. 计划的复杂性

（5）企业物流管理的最终目标是（　　）。

A. 用户服务 B. 物料管理

C. 组织系统管理 D. 优化物流渠道

3. 思考题

（1）企业物流过程有哪些？

（2）库存控制的目标是什么？

（3）生产物流控制原理是什么？控制方法有哪些？

（4）什么是销售物流？

（5）什么是回收物流？什么是废弃物流？它们各有什么意义？

二、实训题

1. 主题：物料请购单的编制与审批。

2. 目的和要求：要求学生熟练掌握物料请购单的相关内容及编制物料请购单的步骤；并且熟悉物料请购单在企业采购中的功能和作用。

3. 步骤：

（1）了解采购各部门的权责。

（2）结合企业案例编制请购单。

（3）填写其内容，开立请购单。

（4）了解审批程序，将采购请购单进行汇总。

（5）办理订购。

项目七
物流客户管理与第三方物流

能力目标

1. 了解物流企业客户的特点。
2. 能将所学知识应用到物流企业客户开发与服务实践中去。
3. 了解第三方物流在国内外的发展现状和趋势。

知识目标

1. 理解客户服务与第三方物流的基本概念。
2. 了解物流客户服务要素。
3. 掌握第三方物流的特征、类型、优越性和服务内容。
4. 了解我国第三方物流的产生背景。

情景导入

上海友谊集团物流有限公司是由原上海商业储运公司分离、改制而来的。公司的主要物流基地处于杨浦区复兴岛，占地面积 15.1 万平方米，库房面积 8 万平方米，货车及货柜车 200 辆，设施齐全，交通便捷，距杨浦货运站 1.5 公里；拥有一支近 500 人的专业技术人员队伍，长期储存国家重点储备物资和各类日用消费品，积累了近 50 年的丰富的物流管理经验。20 世纪 90 年代初，上海友谊集团物流有限公司为联合利华有限公司提供专业的物流服务，并与其建立了良好的物流合作伙伴关系。

在合作的过程中，友谊物流为联合利华提供了个性化的物流服务，具体做法是：

1. 改变作业时间

由于联合利华采用 JIT（即时制生产方式），要求实现"零库存"管理，如生产力士香皂的各种香精、化工原料，需从市内外及世界各地采购而来，运到仓库储存起来，然后根据每天各班次的生产安排所需的原料配送到车间，不能提前也不能推迟。提前将造成车间里原料积压，影响生产；推迟将使车间流水线因原料短缺而停产。因此，友谊物流改革了传统储运白天上班、夜间和双休日休息的惯例，实施 24 小时作业制和双休日轮休制，法定的节假日与物流需求方实施同步休息的方法，来满足市场和客户对物流服务的需求，保证了全天候的物流服务。

2. 更改作业方式

友谊物流根据不同商品、流向、需求对象，实行不同的作业方式。在商品入库这一环节上，除了做好验收货物有无损坏，数量、品名、规格是否正确等工作之外，针对联合利华公司内部无仓库的特点，友谊物流采取了两条措施来确保其商品迅速及时的入库。

（1）实行托盘厂库对流，产品从流水线下来后，直接放在托盘上，通过货车运输进入仓库。

（2）对从流水线上下来的香皂，因为现在工艺上没有冷却到常温这一环节，工厂又无周转仓库，每班生产出来的产品，必须立即运到仓库，这样进仓的香皂箱内温度在 50 ℃～60 ℃。为保证这样高温的商品不发生质量问题，香皂到库后立即进行翻板，摆置成蜂窝状以利于散热、散潮。

商品出库是仓库保管与运输配送两个业务部门之间在现场交接商品的作业，交接优劣直接影响商品送达到商店（中转仓）的时效性和正确性。在出货过程中，为了提高车辆的满载率，将几十种品种及相邻近地区需要的产品，首先进行组配成套装车。送入市内、华东地区的，采用货车以商店为单位组合装车；发往中转仓的商品，采用集装箱运输，每箱的装运清单，由仓库复核签字后的一联贴在集装箱门的内侧，使开箱后对该箱所装货物一目了然。

3. 仓库重新布局

在商品布局上，友谊物流将联合利华的储备库、配销库分离。储备库储存的物资包括各种原料、半成品、广告促销品、包装材料、退货品及外销品等；配销库则按商品大类进行分区分类管理。

4. 商品在库管理

友谊物流对联合利华的所有在库商品实施批号、项目号管理，各种商品根据批号进、出仓，凡同种商品不同批号不得混淆，并用计算机管理，来确保商品的先进先出，保持商品的较长保质期，最大限度地保护消费者的利益。

此外，按照要求定期进行仓间消毒，每月进行仓间微生物、细菌测试，确保库存商品质量安全。

5. 流通加工

根据市场需要和购销企业的要求，对储存保管的一些商品，进行再加工包装，满足市场需要，提高商品附加值。为此，友谊物流专门开辟出约 1 000 平方米的加工场地，为联合利华进行诸如贴标签、热塑包装、促销赠品搭配等加工作业。

这样的流通加工作业在物流企业内进行，能把需要加工的商品最大限度地集中起来，统一地做加工处理，以达到从运输包装改为销售包装、礼品包装或促销包装的要求，从而使商品出库能在超市、各商店直接上柜，可让供应商、制造商、商店、超市各门店节省相当可观的人力和时间成本。

6. 信息服务

友谊物流除了每天进行记账、销账、制作各类业务报表外，还按单价、品类、颜色、销售包装分门别类做出商品统计，每天的进出货动态输入计算机，及时将库存信息传送给联合利华，使联合利华能够随时了解销售情况及库存动态。

7. 退货整理

退货与坏货作业是物流企业对客户的后续服务。借鉴国外先进经验，两年来，友谊物流专门设立了退货整理专仓，将联合利华全国各地的退货全部集中起来，组织人员进行整理、分类，对选拣出来无质量问题的商品，重新打包成箱，将坏货选拣出来，以便集中处理。设立退货整理仓，解除了顾客担心不能退货的后顾之忧，改善了供求关系，同时也提高了供应商成品的完好率。

8. 为客户提供个性化的服务

物流需求方的业务流程各不一样，所需要的服务也不尽相同，一项独特的物流服务能给客户带来高效、可靠的物流支持，而且使客户在市场中具有特别的、不可模仿的竞争优势。友谊物流就是通过向客户提供个性化的服务，使客户满意而获得成功的。

◉讨论与分析：

1. 联合利华的生产特色对其物流管理有哪些要求？

2. 为了对联合利华进行个性化服务，友谊物流在哪些方面进行了怎样的改革？这些改革是如何满足联合利华的要求的？

任务一 物流客户的开发

一、客户开发概述

1. 客户开发的含义和必要性

客户开发是指销售业务员将企业的潜在客户变为现实客户的一系列过程，包括寻找客户、联系客户、推销准备、接近客户、了解需求、销售陈述、克服异议、达成协议八个环节，每个环节都蕴含着特定的相关知识与技能。只有正确理解与掌握这些知识与技能，才有可能获得客户的订单，实现销售的目的。

随着企业竞争的白热化，资金、土地、技术都不再是企业争夺的核心，客户成为企业资源中的关键因素。拥有了客户，也就拥有了成功的希望，如果没有客户，产品和服务品质再优良，也无法转化为现实的经营成果。企业任何一个老客户无不是由新客户发展而来，而无论企业如何努力，根据客户生命周期理论，客户流失都是必然的。客户流失的原因是多方面的，对于由于客观原因造成的客户流失，必须要通过增加新客户来进行补充，以维持在其他条件不变情况下的生产和服务规模。因而对于任何一个企业而言，客户开发都是一项十分必须而又重要的工作，其实质就是为企业寻找并发展新的客户。尤其对于物流企业这种客户流动性很大的行业来说，开发新客户一直是最重要的经常性的业务内容。

2. 客户开发的步骤

（1）寻找客户。

寻找客户即找到对本公司产品有需求的单位，了解客户相关信息。销售业务员要做个有心人，通过各种渠道与方式将潜在客户找出来，并了解客户单位与主要负责人的相关信息，为筛选、联系与拜访客户做准备。

（2）联系客户。

联系客户的方式有很多：打电话、发邮件、写信函、去拜访等。但现实中用得最多的是打电话，即使是其他方式，也离不开电话，因为电话是最简单快捷的通信工具。

（3）推销准备。

包括推销资料的准备，如名片、公司画册、样品、报价单、公司小礼品、演示辅助工具、合同样本等；客户异议预测和应对的准备及仪表修饰和个人心态的准备。

（4）接近客户。

通过良好的外表、良好的身体语言和轻松氛围的营造给客户留下良好的第一印象。

（5）了解需求。

销售业务员一般采用发问的方式来了解客户的需求，发问的形式有开放式发问与封闭式发问。开放式发问一般用"为什么""怎么样"等句式来发问，以提供给客户较大的回答空间，更多地了解客户的实际情况。封闭式发问一般用来取得或确认简单的答案，比如"是吧""对吧""行吗"等句式，封闭式的问题限定了客户的谈话空间，因此容易得到明确而简单的回答。在发掘客户需求时，应尽可能地多用开放式的问题而少用封闭式的问题；在向客户确认自己的理解或想引导客户谈话的方向时，使用封闭式的问题还是很有必要的。

（6）销售陈述。

①销售陈述的内容与步骤。一是产品基本情况的介绍。包括产品生产企业、性能、功能、服务、包装等。二是产品的特点、优点的介绍。三是给顾客带来的利益。销售业务员在做销售陈述时要考虑对各种信息做相应的取舍，销售陈述可以做这样的排序：顾客必须知道的信息、顾客最好知道的信息、可知道或可不知道的信息、没有必要知道的信息，销售业务员要重点介绍顾客必须知道的信息。

②销售陈述应注意的问题。须注意三个方面：一是使用积极的语言，引导客户从有利的一面看待产品，从而促进销售成交。二是提高声音的表现力。三是运用非语言的力量，包括形体、动作、着装、姿势、面部表情甚至语气等，以此赢得顾客的认同。

（7）克服异议。

异议是指客户的不同意见，其实质是客户对产品、服务及相关情况的疑虑或不满。客户在提出异议时，可采用四步法处理：第一，采取积极的态度。当客户提出一些反对意见时，应该说是件好事，他们往往是真正关心这个产品，有比较强烈的购买意向的，但自身有一些要求又不知道销售方是否能给予满足，于是导致异议产生。第二，认同客户的感受。认同不等同于赞同，赞同是同意对方的看法，而认同是认可对方的感受，理解对方的想法，但并不是同意对方的看法。销售人员要做的不是赞同而是认同。认同的作用是淡化冲突，提出双方需要共同面对的问题，以利于进一步解决异议。第三，使反对意见具体化。客户反对的细节是什么？是哪些因素导致了客户的反对？找出异议的真正原因。如何使反对意见具体化，可以采用发问的方式。第四，给予补偿。在掌握了客户异议的真实原因之后，给予客户补偿是解决问题、达成交易的一种有效途径。其方式有：用产品的其他利益对客户进行补偿、巧将异议变成卖点等，给予补偿时应考虑自己让步的权限范围有多大，让步的价值和自己所要求的回报是什么等。

（8）达成协议。

经过阶段性的营销工作，客户开发会显现成功或失败的结果。客户开发成功后，会通过合同等形式达成合作的协议，物流企业面对新客户会进行全方位的优质服务，致力于培养客户忠诚。对于失败的客户开发，要查找原因积累经验，等待今后再次进行客户开发的时机。

二、物流企业客户开发

1. 物流企业客户的特点

在制定企业客户关系管理决策方案时，应当对企业的客户群体进行详细的分析以便掌握客户特性。对新兴的物流企业来说，其客户特点是研究客户关系管理首先要解决的问题。物流企业的客户与传统产业或其他服务行业的客户相比具有以下特点：

（1）物流企业客户的双重性。

传统企业所实施的客户关系管理多是一维的，即一对一或者面对面地与单向客户交流，不涉及第三方的参与，企业的服务目标是维持好与顾客间的长久关系以留住客户。但物流企业则不同，众所周知，第三方物流就是通过物流管理的代理企业——物流企业，为供应方和需求方提供物料运输、仓库存储、产品配送等各项物流服务，是处于供方和需方之间的连接纽带。可见，第三方物流企业每进行一项服务就要同时面对两个以上的服务对象，也就是介于买者和卖者之间的"第三者"，在供应链条上，是介于供应商和制造商之间，或供应商与零售商之间的"第三者"，一方面要服务于供应商，另一方面还要服务于制造企业或零售商。此时，企业一方面要满足现实客户，另一方面要考虑利用这个业务机会取得潜在客户的认同，使其成为现实客户。任何一个客户（现实客户和潜在客户）的不满意都可能导致双倍客户的流失。如，对汽车整车第三方物流企业来说，一个客户是汽车制造商，另一个客户或潜在客户是汽车零售商，如果不能满足制造商的需要，将会失去零售商客户。图7-1比较直观地展示了第三方物流企业的"三角"客户关系。

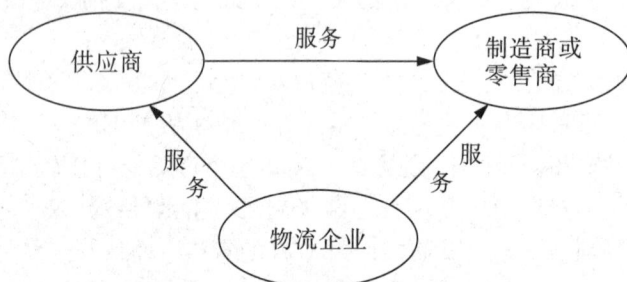

图 7 - 1 物流企业"三角"客户关系示意图

（2）第三方物流企业客户的满意标准不同。

传统服务型企业（如银行、电信行业）的客户大多以个人客户为主，而第三方物流企业的客户则以团体为主，尤其是面向大型供货商和生产制造企业。这些大型客户具有较高的消费理性，他们常常通过绩效考核和利润比率来衡量所获得的服务的满意程度，因为客户企业的满意程度与该企业内多个享受服务的部门相关，是多部门综合效应的汇总。因此第三方物流企业不能仅停留在单一顾客的单向满意，而要充分考虑服务对象各部门的要求，通过各部门的满意达到客户的整体满意。

$$S = F (d_1, d_2, d_3, \cdots, d_i, \cdots, d_n)$$

其中：S 代表客户企业满意程度，是客户企业各个部门（$d_1, d_2, d_3, \cdots, d_i, \cdots, d_n$）满意程度的复合函数。在进行客户关系管理时要同时考虑到各个部门的要求，尽量使每个部门达到满意以及综合满意。

（3）第三方物流企业客户数量相对较少，且变化率大。

传统企业的客户大都是分散的个人，数量较多。而第三方物流企业的客户是较大的生产企业或是零售企业，其客户数量相对集中而且较少。此外，第三方物流企业服务的双重性还暗示着，一旦一方客户流失将导致网络客户（客户的客户）的流失，这样会出现客户加倍流失现象。相反，如果一方客户对物流企业服务满意，则企业会以较大速率获得客户忠诚。

2. 物流企业客户开发的特殊性

和其他行业相比，物流企业由于自身行业特点，客户开发具有一定的特殊性，因而更增加了开发的难度。

（1）行业竞争的激烈性。

目前，我国有70多万家物流服务行业公司，物流企业竞争非常激烈，而随着经济全球化的不断深化，国外知名物流企业不断进入我国物流市场抢夺跨国公司的物流业务，使我国的物流市场面临更加白热化的竞争格局。这都给物流客户开发带来很大的难度，尤其在全球金融危机的背景下，客户群的缩减使物流开发工作面临更严峻的挑战。

（2）服务展示的困难性。

在众多企业客户开发过程中，样品或产品原理展示是重要的环节，它提供给客户直观的感受和比较鉴别的空间。由于物流企业提供的服务是无形的，物流环节的演示和呈现也颇具困难。对于那些没有先进系统和一定规模、没有大型复杂的硬件设施、没有特殊物流服务只从事一般物流业务的中小型物流企业来说，客户开发尤其是大客户的开发难度是非常大的。

（3）成本核算的复杂性。

服务报价是物流客户开发中必不可少的部分，它在很大程度上决定客户的选择。为了获得客户，报价既要使企业有利可图又要有竞争力，而价格的形成很大程度就来源于对物流成本的测算。根据物流成本的冰山理论，有很多物流成本项目是隐藏的，物流成本可大可小，在于其计算的范围和方法，同时也与企业实际的物流环节和客户的要求相关。部分企业会在取得客户并为之服务很长时间后才发现该客户的利润很低甚至是负利润，因而蒙受了一定程度的损失。

3. 物流企业客户开发手段的选择运用

客户开发手段是多种多样的，但对物流企业来说，很多传统的针对产品营销的客户开发方式从成本效益的角度考量已经不具备实施的优势。从当前物流行业的运作情况来看，下面几种方式是相对适宜选择运用的手段。

（1）广告营销。

这是所有物流企业都可以利用的常规营销手段，问题在于广告购买价格的逐年攀升带来广告成本的不断增加，企业的规模和实力就决定了广告媒体和广告方式的选择。对于中小物流企业来说，立足地方，更多使用广播和印刷媒体等成本低廉的广告媒介可以在一定程度上提高广告的效益。

（2）参加招标会。

对于大型客户来说，物流商的选择往往是通过招标来进行的。时时关注大型企业的信息发布情况，及时获得和自身物流服务有关的招标工作的信息，做好充分的投标准备，这是很多大中型物流企业常用的客户开发手段。而对于规模较小的物流企业来说，虽然可能无法获得直接中标的机会，但是通过分包中标物流企业的一部分或全部区域性物流服务，仍然可以起到间接客户开发的效果。

（3）数据库营销。

为了建立和保持良好的客户关系，物流企业需要建立内容丰富的客户数据库，这些综合数据源为企业利用数据库营销进行客户开发成为可能。通过数据库，企业可以更准确地识别目标客户的需求及数量，可以发现新的市场机会，获得新的物流服务的设想，并从中找到有价值的准客户，有的放矢地进行物流客户的开发。如根据客户数据库物流企业可以进行准确的电话营销和 DM（直邮广告）投递，得到积极反馈后再进行人员营销，可以大大降低客户开发的成本和增加成功的机会。

（4）关系营销。

关系营销在物流客户开发领域的运用可以理解为依靠既有的客户关系、合作和竞争者关系、影响者关系来创造新的客户伙伴关系。物流客户的地域性特征拓宽了关系营销延展的范围和路径，物流协会、物流采购联合会以及其他非物流的行业协会和组织都是拓展物流客户的关系渠道。物流企业在与公共机构、上下游合作伙伴甚至竞争者的互动过程中，要努力缔造一种长期合作的共赢关系，并从这种关系中得到开发新客户的机会，增加成功的概率。

任务二　物流客户的服务

1. 客户服务的含义

莱隆德（Lalonde）和金斯哲（Zinszer）认为，客户服务是一种过程，它以费用低廉的方法给供应链中各成员企业提供增值服务。他们认为可以从三个方面去理解这个概念：

（1）客户服务是一种活动，诸如运输服务、配送企业和供应商选择与管理等具体的活动。这意味着对客户服务要有控制能力。

（2）客户服务是一套绩效评价体系，如缺货频率、订货完成率等。

（3）客户服务是一种管理理念。这意味着客户服务是对客户的一种承诺，突出了以顾客为核心的重要性。

2. 物流客户服务的含义和特征

物流客户服务是客户服务的一种类型，同样要满足客户服务的三方面的界定，即物流服务是一些可以控制的活动，活动的好坏可以比较精确测量，物流客户服务是一种先进的管理理念。具体而言，物流客户服务是指为了满足客户要求而提供的高效率、低成本的一系列互相关联的基本物流活动和使整个供应链产生价值的各种增值服务。

一般来说，物流客户服务具有以下特征：

（1）无形性。

无形性是物流客户服务的最主要特征，也是服务的共同特征。

（2）不可储存性。

这是由于物流服务本身的无形性，以及服务的生产和消费同步性，使得服务不能像有形产品一样被储存，以备未来消费，或者客户可以一次购买较多的服务回去以备未来使用。

（3）不可分离性。

物流客户服务的生产与消费是同步的，具有不可分离性。也就是说物流服务人员在提供服务给顾客的同时，顾客也在消费服务。

（4）差异性。

是指物流服务的构成因素与质量水准经常变化，很难统一界定。通常物流企业会在其工作手册中明确规定某项服务的员工行为标准，但是因为不同客户要求的物流服务不完全相同，加之人的个性影响，使提供的服务不能始终如一，所以物流的客户服务是存在差异的。

（5）可靠性。

物流质量与物流服务的可靠性密切相关。物流服务最基本的问题是质量问题，其实质是处理客户服务需求的能力与作业完成的质量。由于物流核心服务是围绕输送、保管、装卸搬运、包装及相关信息活动来进行的，所以这些活动的可靠与否直接影响物流服务的质量。

3. 客户服务过程三要素

客户服务的要素可以分为三类：交易前、交易中和交易后。这种分组与市场营销中的销售前期、销售中期和销售后期相关联。

（1）交易前要素。

交易前要素是指产品销售前为客户提供服务的各种要素，它倾向于非日常性，与政策有关，良好的交易前服务能为企业稳定持久地开展客户服务活动打下良好基础。交易前要素主要包括以下内容：

①客户服务条例。

客户服务条例是客户服务政策的书面说明，包括如何为顾客提供满意的服务、客户服务标准、每个职位的责任和义务等。

②客户服务组织结构。

客户服务组织是企业组织的主要组成部分，且其自身应有一个完善的组织机构，总体负责客户服务工作。通常情况下，客户组织结构不但要明确组织内各层次的权责范围，而且要有利于客户服务政策所涉及的职能部门之间的沟通与合作，为客户服务提供保障。

③系统柔性。

柔性和应急计划应当被纳入系统中，它使组织能够成功地应付不可预见的事情，比如物料短缺、恶劣气候等自然灾害。

④管理服务。

在产品销售中为客户提供帮助，改进库存管理和订货是组织能够提供给客户的服务的一些例子，可以通过培训手册、专题讨论会或一对一的咨询形式实现。

（2）交易中要素。

交易中要素是指直接发生在物流过程中的、与客户服务相关的活动，包括以下内容：

①缺货水平。

缺货水平用于衡量产品的可得性。为更好地跟踪产品潜在问题，生产者和客户应该检测缺货情况。当出现缺货时，组织应通过提供合理的替代品，竭力满足客户的要求。

②订货信息。

随着通信技术的快速发展，客户对获取各种订货信息的期望值大幅提高。订货信息包括库存状态、订货情况、期望或实际装运日期，以及延迟订货情况等。

③系统准确性。

除了能快速获取广泛而多样化的数据以外，客户希望所收到的关于订单执行情况和库存水平的信息是准确的。不准确的数据应被注意并尽可能及时做出改动。连续发生的问题需要采取措施改正，并要高度注意。对客户和供应商来说，纠正时间延误和文件错误的代价是很高的。

④订货周期。

订货周期是从客户开始订货到收到产品或服务的时间总和。订货周期的要素包括下达订单、订单录入、订单处理、拣货、包装、运输和货物到达。随着更加强调时间竞争，全面减少订货周期总时间越来越受到重视。

⑤转运。

转运是指为了避免缺货，在不同的配送点之间运输产品。对于有多个配送点的公司，为应对延迟订货或直接从多个而非一个地点直接装运给客户，一些与转运有关的政策必须到位。

⑥订货的便利性。

订货的便利性是指客户下达订单的难易程度。客户希望其供应商对客户是友好的。如果形式紊乱，条款不标准，或者通话等待时间过长，客户会感觉很不满意。公司应通过直接与客户交流，监控和识别与订单有关的问题，并对存在的问题加以重视并纠正。

（3）交易后要素。

交易后要素即售后服务，是物流客户服务中非常重要且容易被忽视的要素。

①安装、质量保证、更换、保修及提供零部件。

公司应确保及时地安装、调试等，保证客户能及时获得维修服务，允许客户合理更换不满意的产品。

②产品跟踪。

产品跟踪是指公司应及时从市场上收回存在隐患的产品，防止客户因产品或服务问题而投诉。

③处理客户抱怨。

客户抱怨包括客户投诉、退货和索赔等。物流企业要建立一个准确的在线信息系统，处理来自客户的信息并向客户提供最新的信息。对待客户的抱怨，要有明确的规定，以便尽可能及时有效地处理，以维持客户的忠诚度。

4. 物流客户服务的基本评判标准

（1）可得性。

可得性是指物流企业拥有的满足客户需求的库存能力。可得性可以通过各种方式实现，最普通的做法就是按预期的客户订货进行存货储备，于是，仓库的数目、地点和储存政策等变成了物流系统设计的基本问题之一。可利用 3 个指标对可得性进行评判：缺货频率，即缺货将发生的概率；供应比率，衡量缺货的程度或缺货带来影响的大小；订货完成率，衡量企业拥有一个顾客所预定的全部存货的时间。

（2）作业完成。

对作业的衡量可以通过速度、一致性、灵活性、故障与恢复等方面来说明所期望的完成周期。分析综合物流的最基本单位是完成周期，物流企业应该把完成周期看作是一种作业的使命，以及所提供服务的客户类型与随时间所经历的作业变化程度等。显然，作业完成涉及物流活动对所期望的完成时间和可接受的变化所承担的义务。

（3）可靠性。

物流服务的可靠性对系统物流服务的贡献十分重要。物流活动中最基本的问题就是如何实现已计划的存货可得性及作业完成能力，同时还要保证物流服务的持续改善，从故障中吸取教训，改善作业系统，防止故障的再次发生。

（4）经济性。

物流服务是物流活动的结果，这意味着不同的客户服务水平对应着相应的成本水平。随着物流活动的增加，企业可以达到更高的服务水平，成本亦将相应增加。不同服务水平下收入与成本之差就决定了对客户服务水平的经济评判标准。

5. 影响物流客户服务水平的因素

客户服务涉及公司的许多部门。从物流的角度看，客户服务有4个传统要素：时间、可靠性、沟通与方便。下面探讨这些要素对物流服务的买卖双方的影响。

（1）时间。

从卖方的角度，时间因素通常以订单周期表示；而从买方的角度则是备货时间或补货时间。不管是从什么角度及采用什么术语，影响时间因素有以下几个基本变量。

①订单传送时间。

订单传送包括订单从客户到卖方传递所花费时间，少则用电话只需几秒钟，多则通过信函需时几天。卖方若能提高订单传送速度就可减少备货时间，但可能会增加订单传送成本。EDI（电子数据交换）使订单传送发生了革命，通过买卖双方的计算机联结，卖方可以登录到买方的计算机，在实时系统中，买方可以知道有关产品供货的可能性以及可能的装运日期等信息。买方也可以通过计算机来挑选所需要的商品，并通过电子信息交换传送给卖方。EDI自动订货系统已广泛地用于买卖双方。

②订单处理时间。

卖方需要时间来处理客户的订单，使订单准备就绪并发运货物。这一功能一般包括调查客户的信誉、把信息传送到销售部做记录、传送订单到存货区、准备发送的单证。其中许多功能可以用电子数据同时进行处理。

③订单准备时间。

订单准备时间包括订单的挑选和包装发运。不同种类的物料搬运系统以不同方式影响着订单准备工作，物料搬运系统可以是简单的靠人力操作的系统，也可以是复杂的高度自动化的系统。它们的订单准备时间相差很大，物流经理要根据成本和效益选择不同的系统。

④订单发送时间。

订单发送时间是从卖方把指定货物装上运输工具开始计算至买方卸下货物为止的时间。当卖方雇用运输公司时，计算和控制订单发送时间是比较困难的。要减少订单发送时间，买方必须雇用一个能提供快速运输的运输公司，或利用快速的运输方式，这时运输成本会上升。

（2）可靠性。

对有些客户来说，可靠性比备货时间更重要。如果备货时间一定，客户可以使存货最小化。也就是说，若客户百分之百地保证备货时间是 10 天，则可把存货水平在 10 天中调整到相应的平均需求，并不需要用安全存货来防止由于备货时间的波动所造成的缺货。

①周期时间。

因为备货时间的可靠性直接影响客户存货水平和缺货成本，提供可靠的备货时间可以减少客户面临的这种不确定性。卖方若能提供可靠的备货时间，可使买方尽量减少存货与缺货成本，以及订单处理时间，优化生产计划。

②安全交货。

安全交货是所有物流系统的最终目的。如果货物到达时受损或丢失，客户就不能按期望使用，从而加重客户的成本负担；如果所收到的货物是受损的货物，就会破坏客户的销售或生产计划，这会产生缺货成本，导致利润或生产损失。因此，不安全的交货会使买方发生较高的存货成本或利润和生产损失。对致力于实施一定程度的零库存计划以尽量减少存货的公司，这种状况是不能接受的。

③订单的正确性。

可靠性包括订单的正确性。正在焦急等待所需货物的客户，如果因为卖方发错了货，使之没有收到想要的货物，则客户可能面对潜在的销售或生产损失。不正确的订单使客户不得不重新订货，或客户会转而寻找另一供应商。如果客户是营销渠道的中间商，缺货状态也会直接影响卖方。

（3）沟通。

与客户沟通和交流对物流服务来说是基本的。供需双方交流渠道必须永远畅通。没有与客户的接触，物流经理就不能提供最有效和经济的服务，而且，沟通是一个双向的过程，卖方必须能够传达客户重要的物流服务信息。例如，供应商应很好地通知采购方潜在的服务水平下降，使采购方做出必要的操作调整。此外，许多客户要求得到货物的物流状态信息，例如有关发运时间、承运人或线路等问题。

（4）柔性。

柔性是对物流服务水平必须灵活的另一种说法。

任务三 第三方物流

1. 第三方物流的概念和特征

第三方物流（Third-Party Logistics，简称 3PL 或 TPL）是物流专业化的一种重要形式，是指由商品的供方与需方以外的第三方提供物流服务，第三方不参与商品供、需方之间的直接买卖交易，而只是承担从生产到销售过程中的物流业务，包括商品的包装、储存、运输、配送等一系列服务活动。自 20 世纪 90 年代以来，第三方物流作为一种新的物流形态，受到了广泛关注。

在物流运作中，根据运作主体的不同，可将物流的运作模式分为第一方物流、第二方物流及第三方物流。第三方物流实际上就是相对于第一方物流和第二方物流而言的。第一方物流是指由卖方、生产者或供应方组织的物流，这种组织的核心业务是生产或供应商品，为了自身生产或销售业务需要，而进行自身物流网络及设施设备的投资、经营与管理。第二方物流是指由买方或再销售者组织的物流，这些组织的核心业务是采购并销售商品，为了销售业务需要投资建设物流网络、物流设施和设备，并进行具体的物流组织和管理。

第三方物流的特征突出表现在五个方面：

（1）关系契约化。

首先，第三方物流是通过契约形式来规范物流经营者与物流消费者之间关系的。物流经营者根据契约规定的要求，提供多功能直至全方位一体化物流服务，并以契约来管理所有提供的物流服务活动及其过程。其次，第三方物流发展物流联盟也是通过契约的形式来明确各物流联盟参加者之间的权责利相互关系的。

（2）服务个性化。

首先，不同的物流消费者存在不同的物流服务要求，第三方物流需要根据不同物流消费者在企业形象、业务流程、产品特征、顾客需求特征、竞争需要等方面的不同要求，提供针对性强的个性化物流服务和增值服务。其次，从事第三方物流的物流经营者也因为市场竞争、物流资源、物流能力的影响需要形成核心业务，不断强化所提供物流服务的个性化和特色化，以增强物流市场竞争能力。

（3）功能专业化。

第三方物流所提供的是专业的物流服务。从物流设计、物流操作过程、物流技术工具、物流设施到物流管理必须体现专门化和专业水平，这既是物流消费者的需要，也是第三方物流自身发展的基本要求。

（4）管理系统化。

第三方物流应具有系统的物流功能，是第三方物流产生和发展的基本要求，第三方物流需要建立现代管理系统才能满足运行和发展的基本要求。

（5）信息网络化。

信息技术是第三方物流发展的基础。物流服务过程中，信息技术发展实现了信息实时共享，促进了物流管理的科学化，极大地提高了物流效率和物流效益。

2. 第三方物流兴起的原因

（1）降低作业成本。

调查显示，我国与发达国家在物流成本、周转速度，以及产业化方面存在较大差距。国内市场许多商品总成本中，物流费用已占到20%～40%，其中每年因包装造成的损失约150亿元；因装卸、运输造成的损失约500亿元；因保管不善造成的损失在30亿元上下，物流成本居高不下。一般地说，第三方物流可以为货主降低10%左右的费用，目前欧美发达国家与物流相关的成本占GDP的10%左右。2002年，美国物流总成本创历史新低，总计为9 100亿美元，占当年GDP的8.7%。据统计，2002年中国与物流相关的费用总支出约为19 000亿元人民币，物流成本占GDP的比重为20%左右，如果总体物流成本能够降低10%的话，就将节省出1 900亿的物流成本。

（2）致力于核心业务。

企业将物流相关的业务外包，可集中精力于所擅长的核心业务，从而专注于所从事的专业领域，增强核心业务的竞争力。

（3）利用第三方物流的先进技术减少投资。

物流作业的高效率有赖于先进的设施和信息管理系统，利用第三方物流可以大大减少企业在此领域的巨额投资。据有关资料统计，74%的第三方物流购买物流技术装备、条码系统的平均年支出达108万美元，软件上的年平均花费是61万美元，通信和追踪设备上年花费约为40万美元。

（4）整合供应链，适应国际化发展。

随着信息化的发展和第三方物流成本的降低，企业国际化采购、配送已成为一种趋势，借助第三方物流的操作，可使企业充分整合供应链，实现国际化的发展。国际上，第三方物流被称为第三利润源泉。第一利润源泉：提高生产率，降低成本；第二利润源泉：扩大市场占有率，提高销售收入；第三利润源泉：物流管理。

3. 国内外第三方物流的发展现状

（1）国外第三方物流的发展现状。

作为物流业的新兴领域，第三方物流在国外的物流市场上已占据了相当可观的分量，欧洲目前使用第三方物流服务的比例约为76%，美国约为58%，日本约为80%；同时，欧洲有24%、美国有33%的非第三方物流服务用户已积极考虑使用第三方物流；欧洲62%、美国72%的第三方物流服务用户认为他们有可能在未来几年内再增加对第三方物流服务的需求。美国IDC（互联网数据中心）公司进行的一项供应链和物流管理服务研究表明：全球物流业务外包将平均每年增长17%。

（2）国内第三方物流的发展现状。

①我国第三方物流起步晚，经验少。

20世纪90年代中期，第三方物流的概念才开始传到我国。根据中国仓储协会的调查，在工业企业中，82%的原材料物流由企业自己和供应方承担，商业企业比例更高，两者相加达到94.1%。目前我国物流企业多半为原先的仓储、运输企业改造而成，业务多局限于传统范围，机械化程度低、运输方式单一、规模小、市场份额少、融资能力弱、结构单一、货源不稳定、服务功能少、竞争力弱。其中最主要的问题还是高效和广泛的服务网络量设备和计算机网络的缺乏、管理软件的缺乏及高素质人才的缺乏。而且，在货物处理、配载、运输计划的制订以及资产管理的实际运作方面，也缺乏切实有效的营运保证。

②对第三方物流服务的需求不平衡。

不同企业间的物流理念以及物流需求层次差异很大，先进的与传统的物流模式并存。一方面随着中国成为全球制造业的中心，进入中国的先进制造业和分销业产生高端的物流需求，第三方物流需求主要集中在外资领域。这些企业物流理念先进、物流外包水平高、供应链管理要求严格且自主性较强，对第三方物流服务需求迫切、要求高。另一方面，我国物流社会化、专业化程度依然较低。国内企业与外资企业物流形式、形态存在明显的差异。以制造业为例，根据有关机构调查，我国内资企业平均使用仓储面积大约是14.1万平方米，平均自有仓储面积8.2万平方米，租用的仓储面积是5.9万平方米，分别是外资企业的 4.9 倍、3.4 倍和 12.3 倍，也就是说我们的外包明显不足。内资企业的货运车辆平均拥有量为 66 台，装载设备 38 台，分别是同期外资企业的 3.7 倍和 1.5 倍，明显反映出国内外企业在物流社会化、专业化运作方面的理念和实际运作的差距。这种先进与落后物流形态并存的现象造成我国物流需求的多元化和社会物流结构的不均衡性。

③行业集中度较低。

根据咨询机构的分析，2006 年中国第三方物流市场有 18 000 多个服务商和终端，排名前十位的服务商占市场总额仅 1.3%，没有一家物流企业的市场份额超过 2%，说明我国物流行业尚未实现充分的整合。在竞争模式上主要体现在成本与价格竞争，而对第三方物流所带来的供应链增值效应关注不够，低水平过度竞争成为我国第三方物流发展的瓶颈问题，大家在行业中可能都感觉到这种竞争压力。根据分析，我国第三方物流行业目前利润率为 3%～8%，行业利润空间尚未完全挖掘出来，和国际上相比差距还是很大。

④增值服务薄弱，功能单一。

物流服务商的收益 85% 来自基础性服务，如运输管理和仓储管理；增值服务的收益只占 15%。增值服务主要是货物拆拼箱、重新贴签/重新包装、包装/分类/并货/零部件配套、产品退货管理、组装/配件组装、测试和管理。

⑤目前仍处于起步阶段，但市场潜力大，发展迅速。

总体上讲，第三方物流在我国处于起步阶段，企业物流和公众物流服务仍然是社会物流的主要形式，严格意义上的第三方物流有效需求不足的局面短时期难以明显改观。同时，第三方物流在中国已经有了大约 10 年的探讨过程和发展过程，在全球经济一体化影响下，中国正在成为第三方物流发展最迅速的国家之一。

根据有关分析，2011 年中国第三方物流市场达到 53 亿美元，年均复合增长率达到 27%。与此同时，社会物流外包比例不断上升，2008 年我国销售物流外包以 5%～10% 的速度增长，运输与仓储外包以 10%～15% 的速度增长，运输业务委托第三方的占企业运输业务的 67%，这些都为我国第三方物流发展创造了良好条件。

4．第三方物流的优越性

（1）第三方物流帮助企业大幅降低成本。

在竞争激烈的市场上，降低成本往往是企业追求的首要目标。物流成本通常是企业经营总成本中较高的部分，控制了物流成本就等于是控制了总成本。企业将物流业务外包给专业的第三方物流企业，由专业化的物流管理人员和技术操作人员利用专业优势和大规模作业的成本优势，充分提高各环节的效率，节省物流费用。

（2）第三方物流使企业将资源集中于核心业务，提高竞争力。

通过第三方物流企业的管理控制能力和强大的信息系统，对企业物流资源统一管理、共同配送，提高整体物流效率，可使企业实现有限资源最优配置，将有限的人力、资金等集中于主营业务，进而提高竞争力。实践证明，利用第三方物流，对于企业培养核心竞争力尤为关键。

（3）第三方物流可以使企业获得增值性的物流服务。

在社会化大生产更加扩大、专业化分工愈加细化的今天，服务成为企业竞争的关键因素，而物流服务是企业服务的主要内容之一，会影响企业的客户服务水平。服务水平的提高有利于提高客户的满意度，增强企业信誉，扩大销售，提高利润率，进而提高市场占有率。第三方物流的增值服务方式，一般是从仓储、运输等物流基本功能开始延伸，直至实现一体化物流和供应链集成的增值服务。物流一体化的增值服务是向客户端延伸的服务，通过参与、介入客户的供应链管理以及物流系统来提供服务，能够帮助客户提高其物流管理水平和控制能力，优化客户自身的物流系统，加快响应速度，为企业提供制造、销售和决策方面的支持。

（4）第三方物流有助于缓解城市交通压力，提高社会效益。

通过第三方物流企业的专业技能，加强运输管理，制定更合理的运输路线，采用合理的运输方式，组织共同配送，可减少城市交通运行数量，减少车辆空驶、迂回运输等现象，解决由于各种不合理运输造成的城市交通混乱、拥挤等问题，减少废气排放量和噪声等，有利于环境的保护和改善，促进经济的可持续发展。

5. 第三方物流的类型

第三方物流公司根据其核心能力和历史因素大体可分为两大类型，即资产型和非资产型。

（1）资产型物流公司。

所谓资产型第三方物流，是指本身拥有仓库、运力等一种或多种有形物流资产，并依托其资源提供核心服务。包括：

①以提供运输服务为主的物流公司。

②以提供仓储服务为主的物流公司。

③以提供终端服务为主的物流公司。

资产型第三方物流的主要优点：

①可以向货主企业提供稳定的、可靠的物流服务。

②由于资产的可见性，这种物流企业的资信程度也比较高，这对货主企业来讲，是很具有吸引力的。

资产型第三方物流的主要缺点：

①因为需要建立一套物流工程系统，这需要有很大的投资，同时维持和运营这一套系统仍然需要大量经常性的投入。

②虽然这套系统可以有效地提供高效率的确定服务，但是很难按照货主企业的需求进行灵活的改变，往往会出现灵活性不足的问题。

（2）非资产型物流公司。

非资产型第三方物流，又称管理型第三方物流，是指自身没有多少固定资产，凭借其自身优异的管理和项目运作能力，通过信息技术整合其满足客户物流服务所需的运输或仓储等物流资源的物流提供商。

非资产型第三方物流不把拥有第一种类型的资产作为向货主企业提供服务的手段，而是以本身的管理、信息、人才等优势作为核心竞争能力。这种类型的第三方物流，不是没有资产，而是主要拥有第二种类型的资产。它们通过网络信息技术的运用，以高素质的人才和管理力量，利用社会的设施、装备等劳动手段最终向货主企业提供优良服务。

非资产型物流公司大体可分为几类：

①以提供货物代理为主的物流公司。

②以提供信息和系统服务为主的物流公司。

③以提供物流增值服务为主的物流公司。

④第四方物流公司。

非资产型第三方物流的主要优点：

①基本上不进行大规模的固定资产投资，不需要大量的资金投入，利用的主要是社会资源。

②由于不拥有庞大的资产，同时因为有效地利用虚拟库存等手段，因此可以获得低成本优势。

③由于拥有比较优秀的社会资源组织能力，管理型第三方物流企业往往可以成为供应链上主导的物流企业。

主要缺点：

①资信度比资产型低，对货主企业吸引力一般不如后者。

②需要很好的信息技术支撑。

③基本上只有在买方市场环境下才能存在。

6. 第三方物流的服务内容

（1）常规服务。

常规服务就是提供物流的几大基本功能要素，即提供仓储、运输、装卸搬运、包装、配送等服务，它们提供了空间、时间效用以及品种调剂效用。常规服务大多是与完成货物交付有关的服务，主要依靠现代物流设施、设备等硬件来完成，是资产和劳动密集型服务，具有标准化的特征。

（2）增值服务。

增值服务分为广义的增值服务和狭义的增值服务两种。广义的增值服务是传统意义上第三方物流服务的延伸，如运输、仓储、分拣、包装、订单处理、配送方面的增值服务，侧重点在于如何使物流过程更有效率，更及时准确，更节省物流成本，为客户及股东创造价值。狭义的增值服务则是指近几年来衍生的一些第三方物流服务，如流通生产、加工、重新包装、贴标签、售后服务中心等提供的专门服务，将传统的需要由工厂部门完成的一部分工作分离出来，委托给指定的在此领域有竞争优势的物流企业来承担，从而降低工厂的运作费用及物流成本，满足甚至超出客户的期望值，帮助提高企业产品的市场占有率及企业的竞争优势，物流企业也分享一部分因此创造出来的价值。

增值物流服务是物流行业发展到一定阶段的产物，也是物流行业成熟的标志，更是我国物流行业发展的趋势。在竞争激烈的今天，谁拥有先进的物流理念，谁就可以取得竞争优势。所以对我国物流行业来说，掌握先进的物流理念，提高物流服务水平是当务之急，只有这样，才能更好地参与国际竞争，赶上物流发展的最新潮流。

7. 第三方物流的利润来源

第三方物流发展的推动力就是要为客户及自己创造利润。第三方物流公司必须以有吸引力的服务来满足客户需要，服务水平必须符合客户的期望，要使客户在物流方面得到利润，同时自己也要获得收益，因此，第三方物流公司必须通过自己物流作业的高效化、物流管理的信息化、物流设施的现代化、物流运作的专业化、物流量的规模化来创造利润。

（1）作业利益。

第三方物流服务首先能为客户提供"物流作业改进"利益。一方面，第三方物流公司可以通过第三方物流服务，提供给客户自己不能自我提供的物流服务或物流服务所需要的生产要素，这是产生物流外包并获得发展的重要原因。在企业自行组织物流活动情况下，或者局限于组织物流活动所需要的专业知识，或者局限于自身的技术条件，企业内部物流系统难以满足自身物流活动的需要，而企业自行改进或解决这一问题又往往是不经济的。物流作业的另一个改进就是改善企业内部管理的运作表现，增加作业的灵活性，提高质量和服务、速度和服务的一致性，使物流作业更具效率。

（2）经济利益。

第三方物流服务为客户提供经济或与财务相关的利益是第三方物流服务存在的基础。一般低成本是由于低成本要素和规模经济而创造的，其中包括劳动力要素成本。通过物流外包，可以将不变成本转变成可变成本，又可以避免盲目投资而将资金用于其他用途从而降低成本。

知识与技能训练

一、知识题

1．填空题

（1）莱隆德（Lalonde）和金斯哲（Zinszer）认为可以从三个方面去理解客户服务这个概念：即客户服务是一种（　　）、客户服务是一套（　　）和客户服务是一种（　　）。

（2）（　　）是从客户开始订货到收到产品或服务的时间总和。

（3）影响物流客户服务水平的因素包括（　　）、（　　）、（　　）、（　　）。

（4）第三方物流公司根据其核心能力和历史因素大体可分为两大类型，即（　　）和（　　）。

（5）第三方物流的利润来源包括（　　）、（　　）。

2．单项选择题

（1）以下不属于系统中要素的是（　　）。

A．缺货水平　　　　　B．订货信息　　　　　C．产品跟踪　　　　　D．订货周期

（2）以下不属于非资产型第三方物流优点的是（　　）。

A．不必进行大规模的固定资产投资　　　　　B．可以获得低成本优势

C．资信度高　　　　　D．拥有比较优秀的社会资源组织能力

（3）以下关于第三方物流兴起原因的描述错误的是（　　）。

A．降低作业成本的需要

B．企业多元化发展的需要

C. 利用第三方物流的先进技术减少投资的需要

D. 整合供应链，适应国际化发展的需要

（4）第三方物流是（　　）。

A. 供方组织的物流 　　　　　　　　　　　B. 需方组织的物流

C. 供需双方组织的物流 　　　　　　　　　D. 契约物流

（5）以下哪项不是影响物流客户服务水平的时间因素的组成变量（　　）。

A. 订单传送时间　　　B. 订单处理时间　　　C. 订单准备时间　　　D. 订货周期时间

3. 多项选择题

（1）关于国内第三方物流的发展现状的说法，正确的有（　　）。

A. 我国第三方物流起步晚，经验少

B. 目前仍处于起步阶段，但市场潜力大，发展迅速

C. 行业集中度较低

D. 增值服务薄弱，功能单一

E. 对第三方物流服务的需求不平衡

（2）以下属于资产型物流公司的有（　　）。

A. 以提供运输服务为主的物流公司

B. 以提供仓储服务为主的物流公司

C. 以提供货物代理为主的物流公司

D. 以提供信息和系统服务为主的物流公司

E. 以提供物流增值服务为主的物流公司

（3）第三方物流的增值效用包括（　　）。

A. 形态效用 　　　　　　　B. 地点效用 　　　　　　　C. 时间效用

D. 服务效用 　　　　　　　E. 空间效用

（4）以下属于系统前要素的有（　　）。

A. 客户服务条例 　　　　　B. 客户服务组织结构 　　　C. 系统柔性

D. 系统准确性 　　　　　　E. 缺货水平

（5）物流客户服务的基本评判标准有（　　）。

A. 可得性　　　B. 作业完成　　　C. 可靠性　　　D. 经济性　　　E. 及时性

4. 思考题

（1）什么是客户服务？物流客户服务有哪些方面的特征？

（2）提高客户服务水平应具备哪些要素？

（3）什么是第三方物流？第三方物流具有哪些特征？

（4）第三方物流有哪些优越性？

（5）第三方物流的发展趋势如何？

二、实训题

主题：建立第三方物流公司

目的和要求：

1. 注册物流公司时要注意成立时间地点等细节问题。

2. 企业目标应简约清晰，企业介绍应详细具体。

3. 法人代表角色应由本人担任。

步骤：

1. 注册公司名称及地址。

2. 设定注册资金及法人代表。

3. 填写其他相关信息。

4. 企业使命及远景目标描述。

5. 企业简单介绍。

项目八
国际物流

能力目标

1. 能够解释国际物流的基本内涵。

2. 能将所学知识应用到国际贸易和国际物流的实际中。

3. 通过案例的学习和分析，能基本应用国际物流基本知识来合理地选择各种国际物流运输方式。

知识目标

1. 掌握国际物流的基本概念。

2. 了解国际物流的特点。

3. 掌握国际物流各种运输方式及其特点，特别是海洋运输以及国际多式联运的特点和正确选择。

4. 一般了解国际物流的发展过程、国际物流与国际贸易的关系、国际物流网络的作用。

情景导入

索尼集团公司是日本一家跨国经营和生产电子产品的厂商，在全球拥有 75 家工厂和 200 多个销售网点。据国际物流专家估计，仅仅在电子产品方面，索尼集团公司每年的全球集装箱货运量已经超过 16 万标准箱，是世界上规模比较大的发货人之一。为了充分发挥跨国经营的杠杆作用，扩大其在国际市场上的竞争能力，该集团公司每年都会与承运人及其代理展开全球性商谈，以便进一步改善物流供应链，提高索尼集团公司的经济效益。

1. **每年一度的全球物流洽谈**

索尼集团公司每年都会举行一次与承运人的全球物流洽谈会，通过认真谈判把计划中的集装箱货运量配送给选中的承运服务提供人。在一年中，如果索尼提供的箱量低于许诺，索尼向承运人赔款，如果箱量超过许诺，索尼不要求承运人提供回扣。在合同中，索尼只要求承运人提供半年至一年的运价成本。索尼集团公司这样做的目的是为了加强与同样艰苦奋斗、拼搏不止的承运人的合作和联系，建立质量上乘、价位低廉的物流链服务网络。

负责与承运人展开全球性物流谈判的一般是索尼物流采购公司总经理。他的任务非常艰巨复杂，但是可以用两句话概括：落实成交条件，扩大物流成本节约范围。在全球性谈判中究竟要选用哪一家承运人，这不仅要看承运人开出的运价，更要看承运人实质性的东西，即全面评估有关承运人过去三年中的经营业绩、信誉程度、交货速度、船舶规范和性能，还有一些对公司命运至关重要的因素，如客户服务、售后服务、经营管理作风、经营风险意识、公司高级职员自身素质等。这体现了索尼运营物流的务实态度。

2. 务实的经营理念与立足长远的物流理念

索尼的经营理念是："竭尽全力，接近客户，要想客户之所想，急客户之所急，凡是客户想到的，索尼争取先想到；凡是客户还没有想到的，索尼必须抢先想到。"这种理念也已经渗透到公司的物流活动中来。几年以前，索尼曾经遇到这么一件事情，欧洲市场客户急需当地市场已经断档多时的索尼牌超高速凸轮缓冲器，这种用于电视接收设备的产品当时只在日本本土生产，在欧洲和世界其他地区的索尼公司均不生产，这种产品以往都是通过集装箱海运发往世界各地。但是索尼集团公司最高执行官当即决定，急事特办，采用运价比海运高出十几倍的空运物流，把凸轮缓冲器运到欧洲国际市场和其他急需这种产品的市场。如果索尼集团当时不这样做，欧洲和其他地区的零售商货架上一直找不到索尼产品，消费者必然会另外寻找途径，索尼就会逐渐失去市场，等于把竞争的"胜利花环"主动让给对手。索尼公司虽然在缓冲器产品的物流上多赔了一些运费，但是用局部的牺牲赢得了全局的胜利，保持和扩大了市场信誉和占有率。

与经营理念相对应，索尼的物流理念是：必须从战略高度去审视和经营物流，每时每刻都不能忽视物流，满足客户及市场的需要是物流的灵魂，索尼集团公司麾下的各家公司必须紧紧跟随市场的潮流。索尼物流涉及采购、生产和销售等项目，一般是在不同地区与承运人商谈不同的物流项目。如索尼公司在北美和亚洲的物流谈判就不包括采购项目，在欧洲的物流谈判就包括采购项目，这是因为索尼是跨国经营集团，要做的是全球性的物流，需要的是全球性物流供应链管理。

3. 独特务实的远洋运输业务处理方式

随着国际分工的细化，索尼公司不可能把某一个特定消费市场所需要的所有产品全部生产出来。当然，倘若分布在世界各地的索尼子公司能够把工厂所在地四周和附近市场所需要的产品全部生产出来，把本地的这些市场全部包下来，那是最理想的。但是由于产品成本的问题，在实际操作上，这是不可能的。为了既要把市场包下来，同时又要保证产品成本不上扬，务实的索尼集团公司鼓励各地区索尼子公司互相协作，尽量从别的地区寻找本地区缺乏而又必需的零部件产品。

索尼在处理自己产品的远洋运输业务中，往往是与集装箱运输公司直接洽谈运输合同而不是与货运代理谈，但是在具体业务中索尼也乐意与货运代理打交道。索尼与其他日本实业公司不同的是，索尼与日本的商船三井、日本邮船、川崎船务等实力雄厚的航运集团结成联盟。因此索尼集团公司在业务上始终保持独立自主。但是索尼非常重视电子信息管理技术（EICT），使用比较先进的通用电子信息服务（GEIS）软件，与日本和世界各地的国际集装箱运输公司建立密切的电子数据交换联系（EDIL）。

为了进一步降低物流成本，索尼集团公司常常根据实际需要，办理集装箱货物的多国拼箱。例如，索尼公司把半箱货物的集装箱从某产地发往新加坡，在那里把另外一种产品补充装入箱子，变成满箱货物的集装箱，然后继续运输，直至北美或者欧洲某目的港。这种物流方法的最大好处，首先是避免了等候时间，因为集装箱运输时间本身就是用金钱买来的，降低成本的同时也大幅度减少通关时间。现在索尼集团已经把新加坡和中国台湾高雄作为索尼产品多国拼箱的集装箱枢纽港。其他方法还有满箱货物的"工厂直接装箱"，或者在一个国家内的几家索尼子公司的产品进行拼箱。索尼集团目前把这些物流服务委托给香港东方海外集运公司和马士基海陆船务公司。索尼集团公司在对美国的跨太平洋出口贸易航线上，常常把产品集中到北美内地某一个配送中心站，或者把货物运送到洛杉矶附近混合中心进行中转或者拼箱，充分发挥索尼集团在北美的亚特兰大、纽约和洛杉矶等地区拥有的仓储能力。索尼集团还利用欧洲荷兰作为其拼箱中心。凡是准备运往东欧地区的货物先从其他各国进口和集中到荷兰这个拼箱中心，然后发送到东欧各地的配送站。但是发往莫斯科的货物一向不是从荷兰出去的，而是先运往芬兰的赫尔辛基，然后再从那里转运到莫斯科和俄罗斯其他腹地。

4. 全球各地物流分支机构联合服务

分布在世界各地，特别是一些主要国家的物流分支机构已经成为索尼物流管理网络中的重要环节，目前这种环节的重要作用已经越来越显著。

过去索尼分布于各个国家的物流分支机构主要功能是为在同一个国家的索尼公司提供服务，经过进行改革调整，把这些物流分支机构的服务联合起来，发挥全球性索尼物流网络功能。虽然机构还是原有物流机构，但是功能更大，服务范围更广泛，索尼公司的物流成本降低，经济效益得到极大提高。例如：新加坡或者马来西亚有一家索尼物流分支公司把来自当地的零部件拼装箱，运到位于日本的另一家索尼物流分支公司。后者收到集装箱货后，立即拆箱，把货物迅速配送到分布于日本各地的索尼工厂车间。近来在索尼物流分支机构中全球业务搞得最大的是索尼物流新加坡公司，该公司主要经营东南亚各国到越南和中国的物流服务。

5. 组织"牛奶传送式"服务

索尼集团公司在世界各地组织"牛奶传送式"服务，进一步改善索尼公司在全球，特别是在亚洲地区的索尼产品运输质量。"牛奶传送式"服务是一种日本人特有的快递服务，高效、快捷、库存量合理，又深得人心，特别受到要求数量不多、产品规格特别的客户的欢迎，他们非常赞同这种服务方式，因而起到了很好的口碑效应。这种服务非常灵活，客户可以通过电话、传真和电子邮件申请服务，甚至可以租用"牛奶传送式"服务车辆进行自我服务。索尼新加坡物流公司正在进一步缩短海运和空运物流全程时间。由于采用出口优先规划，海运已经缩短到 4 天，空运缩短到 1 天。

索尼集团公司向系统内的各家索尼物流公司提出了三大要求：

一是竭尽全力缩短从产品出厂到客户手中的过程和时间，特别是要缩短跨国转运、多式联运和不同类型运输方式之间货物逗留的时间，必须做到"零逗留时间，零距离，零附加费用，零风险"物流服务。

二是大力加强索尼集团公司和物流链服务供应方之间的合作关系和始终保持电子数字信息交换联系的畅通。

三是当前最紧迫的任务是在东欧地区和中国地区迅速建立索尼物流的基础设施。因为索尼认为："如果物流服务质量低劣，任何严重问题都可能产生。"

◉讨论与分析：

什么是国际物流？索尼是如何改善物流供应链的？

任务一　国际物流概述

1. 国际物流的含义

国际物流是指在两个或两个以上国家（或地区）之间进行的物流。

由于国际分工的日益细化和专业化，任何国家都不能够包揽一切专业分工，因此必须要有国际合作与交流。随之而来的国际商品、物资的流动便形成了国际物流。只有国际物流工作做好了，才能将国外客户需要的商品适时、适地、按质、按量、低成本地送到，从而提高本国商品在国际市场上的竞争能力，扩大对外贸易。同时可将本国需要的设备、物资等商品及时、高效、便宜地进口到国内，满足国内人民生活、生产、科学技术与国民经济发展的需要。国际物流是国际贸易的一个必然组成部分，各国之间的贸易最终都将通过国际物流来实现。

国际物流过程离不开贸易中间人，即由专门从事商品使用价值转移活动的业务机构或代理人来完成。如国际货物的运输通过国际货物运输服务公司代理货物的出口运输。另外如报关行、出口商贸易公司、出口打包公司和进口经纪人等，它们主要接受企业的委托，代理与货物有关的各项业务。这正是国际物流与国内物流最重要的区别之一。

2. 国际物流的特点

（1）物流环境存在差异。

国际物流的一个非常重要的特点是各国物流环境的差异，尤其是物流软环境的差异。不同国家的不同物流适用法律使国际物流的复杂性远高于一国的国内物流，甚至会阻断国际物流；不同国家不同经济和科技发展水平会造成国际物流处于不同科技条件的支撑下；不同国家不同标准，也会造成国际"接轨"的困难，因而使国际物流系统难以建立；不同国家的风俗人文也使国际物流受到很大局限。

（2）国际物流必须有国际化信息系统的支持。

国际化信息系统是国际物流，尤其是国际联运非常重要的支持手段。国际信息系统建立的管理困难大，同时投资巨大，另外由于世界上有些地区物流信息水平较高，有些地区较低，也会出现信息水平不均衡的情况，因而信息系统的建立更为困难。

当前国际物流信息系统一个较好的建立办法是和各国海关的公共信息系统联机，以及时掌握有关各个港口、机场和联运线路、站场的实际状况，为物流决策提供支持。

（3）国际物流的标准化要求较高。

国际物流除了国际化信息系统支持外，还要求物流各国家和地区物流基础设施结构标准化和签订贸易协定，以保证国际物流的畅通。

（4）国际物流以远洋运输为主，多种运输方式组合。

与国内物流相比，国际物流以远洋运输为主，多种运输方式组合。国际物流涉及多个国家，地理范围跨度大，运输距离也更长，因此需要合理选择运输路线和方式，尽量缩短运输距离和货运时间，加速货物的周转，降低物流成本。

3. 国际物流的发展

（1）第一阶段——20世纪50年代至80年代初。

这一阶段物流设施和物流技术得到了很大的发展，建立了配送中心，电子计算机被广泛运用来进行管理，一些国家建立了本国的物流标准化体系等。物流系统的改善促进了国际贸易的发展，物流活动已经超出了一国范围，但物流国际化的趋势还没有得到人们的重视。

（2）第二阶段——20世纪80年代初至90年代初。

这一阶段物流国际化的趋势局限在美、日和欧洲一些发达国家。

随着经济技术的发展和国际经济往来的日益扩大，物流国际化趋势开始成为世界性的共同问题。美国密歇根州立大学教授波索克斯认为，进入20世纪80年代，美国经济已经失去了兴旺发展的势头，陷入长期倒退的危机之中。因此，必须强调改善国际性物流管理，降低产品成本，并且要改善服务、扩大销售，在激烈的国际竞争中获得胜利。与此同时，日本正处于成熟的经济发展期，以贸易立国，要实现与其对外贸易相适应的物流国际化，并采取了建立物流信息网络、加强物流全面质量管理等一系列措施，提高物流国际化的效率。

（3）第三阶段——20世纪90年代初至今。

这一阶段国际物流的概念和重要性已被各国政府和外贸部门所普遍接受。贸易伙伴遍布全球，必然要求物流国际化，即物流设施国际化、物流技术国际化、物流服务国际化、货物运输国际化、包装国际化和流通加工国际化等。世界各国广泛开展国际物流理论和实践方面的大胆探索。人们已经形成共识：只有广泛开展国际物流合作，才能促进世界经济繁荣，物流无国界。

4. 国际贸易与国际物流

国际贸易与国际物流之间有着密切的关系。国际物流是随着国际贸易的发展而发展起来的，同时国际物流也已成为影响和制约国际贸易进一步发展的重要因素。国际物流的发展极大地改善了国际贸易的环境，为国际贸易提供了各种便利的条件，世界贸易的飞速增长与国际物流的发展是分不开的。国际贸易的进一步发展需要国际物流的支持，如果国际物流的发展无法跟上国际贸易发展的脚步，将会大大阻碍国际贸易的纵深发展。

（1）国际贸易促进了国际物流的产生与发展。

所谓国际物流，是国内物流的延伸和进一步扩展，是跨越国界的、流通范围扩大了的"物的流通"，是实现货物在两个或两个以上国家（或地区）间的物理性的移动而发生的国际贸易活动。从这个概念我们可以看到，国际物流实质上就是国际贸易活动的一部分，是为国际贸易活动服务的。因此，国际物流得以产生的前提是国际贸易的存在。如果没有国际贸易，也就没有商品的国际流动，那么，也就不需要有国际物流了。

①国际贸易促进了国际物流的产生。

国际贸易是国际物流产生的前提，同时，国际物流也是国际贸易得以实现的必要条件。如果没有国际物流的支持，商品无法在国家间进行移动，国际贸易也就无法完成。因此，国际贸易必然会推动国际物流的产生。可以说，国际贸易产生了国际物流，并且促进了其向现代化国际物流发展。

②国际贸易的发展促进了国际物流技术的进步。

物流技术是指物流活动中所采用的自然科学与社会科学方面的理论、方法，以及设施、设备、装置与工艺的总称。国际贸易的发展给企业及社会的物流预测管理等技术方面提出了更高的要求，也是促使物流技术发展的主要动因之一。国际贸易的发展要求从各个方面降低成本：原材料价格、订单成本、运输价格、库存成本等。这就对国际物流的各个环节提出了新的挑战和要求。在国际贸易的这种推动下，国际物流从理论上到技术上都有了重大的创新和发展。

③国际贸易的发展不断对国际物流提出新的要求。

全球经济的发展，人类需求层次的提高，一方面，使得国际贸易取得了长足的发展；另一方面，也使国际贸易的结构产生了巨大的变化，传统的初级产品、原料等贸易品种正逐步让位于高附加值、精密加工的产品。国际贸易的变化发展对国际物流的质量、效率、安全等提出了新的要求。

④国际贸易对国际物流发展趋势的影响。

由于国际贸易发展到了买方市场，很多贸易商为迎合消费者日益个性化的产品需求，而采取多样、少量的贸易方式，因而高频度、小批量的配送需求也随之产生。伴随着国际贸易商经营取向的变革，物流经营的专业化、集约化、电子物流和绿色物流等应运而生。

总之，国际贸易的发展必将推动国际物流在各个方面取得新的进展和突破。当今世界，各国间的联系越来越紧密，全球的贸易量也在不断上升，这必将给国际物流提供更大的发展空间，也会给国际物流的发展以更大的推动力。

（2）高效的国际物流系统成为国际贸易持续发展的保证。

国际贸易导致了国际物流的诞生，但是，从其诞生之日起，国际物流就开始了自己独立发展的历程，不断发展壮大，并且，国际物流不息的进步与发展对国际贸易的发展也起到了深远的促进作用。

在大量跨越国境的贸易中，不可忽视的是货物跨国转移所带来的国际物流量的上升。贸易量势必带来更多的物流量，这要求国际物流为货物转移在货物的运输、装卸、仓储、信息传输等各个环节都提供便利。

随着全球化市场竞争的加剧，很多产品完成了由卖方市场向买方市场的转变。贸易商竞争的重点是如何更好、更快地满足客户多样化、个性化的需求。国际贸易中的产品和服务趋向于多样化、定制化。生产商用标准化的零件实现规模经济，贸易商获知国际市场上客户的具体要求，通过物流的流通加工功能，对零部件按照多种方式进行组合，形成符合客户要求个性化产品，再经过包装、运输、配送把产品送到消费者的手中，实现"门到门"的服务。

为了实现成本最低化，很多企业从世界成本最低的国家和地区进行原材料、零部件的采购，同时，又把产成品销往世界各地。跨国企业的采购和销售在国际贸易中占据的比重越来越大，据统计，跨国企业掌握着全球2/3的国际贸易。在目前多品种、小批量生产趋势逐渐加强、产品生命周期日益缩短以及日趋激烈的贸易竞争情况下，企业不可能孤军奋战，只有通过合作伙伴，如供应商、贸易商、零售商、代理商共同参与，才能对产品进行动态改进，不断挖掘客户新的需求，这就需要形成高效的全球供应链体系来不断整合全球资源。企业可以凭借高度灵活和快速响应的物流和供应链系统，实现全方位重组，进一步优化配置、生产定位和布局，进而实现贸易利益的最大化。

（3）国际贸易与国际物流的关系。

由上述分析，我们可以看出，国际贸易与国际物流存在相辅相成、互相促进的关系。国际贸易的进一步发展需要国际物流的支持，如果国际物流的发展无法跟上国际贸易发展的脚步，将会大大阻碍国际贸易的纵深发展。因此，除了政策支持、全球合作等促进国际贸易的传统方法以外，必须大力发展国际物流，以适应国际贸易发展的需要，促进国际贸易的持久发展。

任务二　国际物流管理

1．国际物流管理的内容

国际物流系统由商品的包装、运输、仓储、检验、报关、外贸加工及国际配送等子系统构成。国际物流管理就是通过对国际物流各个子系统的计划、组织和协调，实现货物的时空效应。国际物流作为将货物在各国之间进行物理性移动的国际商务活动，是一种集各种一般物流功能于一体的开放系统。

（1）运输子系统。

运输的作用是将商品使用价值进行空间移动，物流系统依靠运输作业克服商品生产地和需要地的空间距离，创造了商品的空间效益。国际货物运输是国际物流系统的核心，商品通过国际货物运输作业由卖方转移给买方。国际货物运输具有路线长、环节多、涉及面广、手续繁杂、风险性大、时间性强等特点。运输费用在国际贸易商品价格中占有很大比重。国际运输主要包括运输方式的选择、运输单据的处理以及投保等有关方面。

（2）仓储子系统。

商品储存、保管使商品在其流通过程中处于一种或长或短的相对停滞状态，这种停滞是完全必要的。因为，商品流通是一个由分散到集中，再由集中到分散的源源不断的流通过程。国际贸易和跨国经营中的商品从生产厂或供应部门被集中运送到装运港口，有时须临时存放一段时间，再装运出口，是一个集和散的过程。它主要是在各国的保税区和保税仓库进行的。从物流角度看，应尽量减少储存时间、储存数量，加速货物和资金周转，实现国际物流的高效率运转。

（3）商品检验和报关子系统。

①商品检验。

由于国际贸易和跨国经营具有投资大、风险高、周期长等特点，使得商品检验成为国际物流系统中重要的子系统。通过商品检验，确定交货品质、数量和包装条件是否符合合同规定。如发现问题，可分清责任，向有关方面索赔。在买卖合同中，一般都订有商品检验条款，其主要内容有检验时间与地点、检验机构与检验证明、检验标准与检验方法等。

②进出口货物报关。

a．报关的含义。

从广义上讲，报关是指进出境运输工具负责人、进出口货物收发货人、进出境物品的所有人或者他们的代理人向海关办理运输工具、货物、物品进出境手续及相关海关事务的全过程。其中，进出境运输工具负责人、进出口货物收发货人、进出境物品的所有人或者他们的代理人是报关行为的承担者，是报关的主体，也就是报关人。这里所称的报关人包括法人和其他组织，比如进出口企业、报关企业。进出口货物的报关人也称报关单位。报关的对象是进出境运输工具、货物和物品。报关的内容是办理运输工具、货物和物品的进出境手续及相关海关事务。

b. 进出口货物通关的一般程序。

进出口货物通关，分为五个基本环节，即：申报—查验—征税—放行—结关。

申报的有关单证："有关单证"系指与所报货物相适应的，支持"报关单"填报的单据和证件，主要包括因进出口交易而产生的货物成交、包装、运输、结算和保险等进出口商业单据（例如发票、装箱单、提单等）、各进出境管理机关签发的管制批准文件（例如许可证、机电产品进出口证明、特定商品进口登记证明等）等。

（4）商品包装子系统。

杜邦定律（美国杜邦化学公司提出）认为：63%的消费者是根据商品的包装装潢进行购买的，国际市场和消费者是通过商品来认识企业的，而商品的商标和包装就是企业的面孔，它反映了一个国家的综合科技文化水平。

（5）国际物流信息子系统。

这个子系统主要功能是采集、处理和传递国际物流和商流的信息情报。没有功能完善的信息系统，国际贸易和跨国经营将寸步难行。国际物流信息的主要内容包括进出口单证的作业过程、支付方式信息、客户资料信息、市场行情信息和供求信息等。

上述主要系统应该和配送系统、装搬系统以及流通加工系统等有机联系起来，统筹考虑，全面规划，建立我国适应国际竞争要求的国际物流系统。

2. 国际物流结点

国际物流结点是指那些从事与国际物流相关活动的物流结点。在国际物流中由于各个物流系统的目标不同以及结点在网络中的地位不同，结点的主要作用也往往不同。其中口岸、港口、保税区、出口加工区、保税物流园区、保税港区、自由贸易区是国内物流所不具有的特殊结点，这些特殊结点在国际物流中发挥着重要作用。下面主要介绍自由贸易区、保税区和出口加工区。

（1）自由港或自由贸易区。

自由港（Free Port）有的被称为自由口岸，自由贸易区（Free Trade Zone）也被称为对外贸易区、自由区、工商业自由贸易区等。自由港或自由贸易区都划在关境以外，对进出口商品全部或大部分免征关税，并且准许在港内或区内开展商品自由储存、展览、拆散、改装、重新包装、整理、加工和制造等业务活动，以便于本地区的经济和对外贸易的发展，增加财政收入和外汇收入。

自由贸易区是国际物流中多功能的综合物流结点。在自由贸易区内，可以提供仓储、再加工、展示及各种服务，未售出的各种商品可以前来储存，或针对市场需要对商品进行分类、分级和改装，或进行商品展销，以便选择有利时机，就地销售或改运临近市场销售。许多自由贸易区都直接经营转口贸易，因其具有优越的地理位置和各种方便及优惠的条件，所以大量货物是在流经自由贸易区后投放世界市场的。最重要的是，各国的自由贸易区普遍豁免关税和减免其他税收，还在土地使用、仓库、厂房租金、水电供应、劳动工资等方面采取低收费的优惠政策。这是大量商品、物品聚集于此的重要原因。

自由贸易区各种功能的发挥，促进了国际贸易的发展。自由贸易区方便商品进出、储存及整理的条件，以及可以降低产品成本并增加市场竞争能力的优惠措施，吸引了广大的投资者，极大地促进了国际贸易和国际物流的发展。

①自由贸易区的分类。

一般说来，自由港或自由贸易区可以分为两种类型。一种是把港口或设区的所在城市都划为自由港或自由贸易区，如香港整个就是自由港。在香港，除了个别商品外，绝大多数商品可以自由进出，免征关税，甚至允许任何外国商人在那里兴办工厂或企业。另一种是把港口或设区所在城市的一部分划为自由港或自由贸易区。例如，汉堡自由贸易区是由汉堡市的两部分组成的，只有划在卡尔勃兰特（KoNprld）航道以东的自由港和划在卡尔勃兰特航道以西的几个码头和邻近地区才是汉堡自由贸易区。这个自由贸易区位于港区的中心，占地14.5平方千米。外国商品只有运入这个区内才能享有免税等优惠待遇，不受海关监督。

②自由贸易区的一般规定。

许多国家对自由港或自由贸易区的规定大同小异，归纳起来，主要有以下几点：

a. 关税方面的规定。对于允许自由进出自由港或自由贸易区的外国商品，不必办理报关手续，免征关税。少数已征收进口税的商品如烟、酒等再出口，可退还进口税。但是，如果港内或区内的外国商品转运入所在国的国内市场销售，即必须办理报关手续，缴纳进口税。这些报关的商品，既可以是原来货物的全部，也可以是一部分；既可以是原样，也可以是改样；既可以是未加工的，也可以是加工品。有些国家对在港内或区内进行加工的外国商品往往有特定的征税规定。例如，美国政府规定，用美国的零配件和外国的原材料装配或加工的产品，进入美国市场时，只对该产品所包含的外国原材料的数量或金额征收关税。同时，对于该产品的增值部分也可免征关税。又如，奥地利政府规定，外国商品在其自由贸易区内进行装配或加工后，商品增值1/3以上者，即可取得奥地利原产地证明书，可免税进入奥地利市场；增值1/2以上者，即可取得欧洲自由贸易联盟原产地证明书，可免税进入奥地利市场和其他欧洲自由贸易联盟成员国市场。

b. 业务活动的规定。对于允许进入自由港或自由贸易区的外国商品，可以储存、展览、拆散、分类、分级、修理、改装、重新包装、重新贴标签、清洗、整理、加工和制造、销毁、与外国的原材料或所在国的原材料混合、再出口或向所在国国内市场出售。

由于各国情况不同，有些规定也有所不同。例如在加工和制造方面，瑞士政府规定储存在区内的外国商品不得进行加工和制造，如要从事这项业务，必须取得设立在伯尔尼的瑞士联邦海关厅的特别许可，方可进行。但是，在第二次世界大战后，许多国家为了促进经济与对外贸易的发展，都在放宽或废除这类规定。

c. 禁止和特别限制的规定。许多国家通常对武器、弹药、爆炸品、毒品和其他危险品以及国家专卖品如烟草、酒、盐等实行禁止输入或凭特种进口许可证才能输入的规定；有些国家对少数消费品的进口要征收高关税；有些国家规定对某些生产资料在港内或区内的使用也应缴纳关税，例如意大利规定在的里雅斯特自由贸易区内使用的外国建筑器材、生产资料等也包括在应征关税的商品范围之内。此外，有些国家如西班牙等，还禁止在区内零售。

（2）保税区。

有些国家如日本、荷兰等，没有设立自由港或自由贸易区，但实行保税区制度。保税区（BondedArea）又称保税仓库区，是海关所设置的或经海关批准注册的，受海关监督的特定地区和仓库。外国商品存入保税区内，可以暂时不缴纳进口税；如再出口，不缴纳出口税；如要运进所在国的国内市场，则需办理报关手续，缴纳进口税。运入区内的外国商品可进行储存、改装、分类、混合、展览、加工和制造等。此外，有的保税区还允许在区内经营金融、保险、房地产、展销和旅游业务。因此，许多国家对保税区的规定与自由港、自由贸易区的规定基本相同，保税区起着类似自由港或自由贸易区的作用。

1990年，经国务院批准，我国借鉴国际通行的做法，按照自由贸易区模式建立了中国第一个保税区——上海外高桥保税区，随后又先后建立了天津港、深圳福田、深圳沙头角、大连、广州、江苏张家港、青岛、宁波、福州、厦门、汕头、海口、深圳盐田港和珠海保税区，使保税区总数达到了15个。我国的保税区为海关监管区域，不完全等同于国外的自由贸易区（自由港）、出口加工区。对其政策的制定主要是根据中国国情，同时，也参考和借鉴了上述国外类似区域的有关政策和通行做法。

我国的保税区在发挥招商引资、出口加工、国际贸易、转口贸易和仓储等功能，带动区域经济发展等方面显示出了独特的优势。

保税区具有进出口加工、国际贸易、保税仓储商品展示等功能，享有"免证、免税、保税"政策，实行"境内关外"运作方式，是中国对外开放程度最高、运作机制最便捷、政策最优惠的经济区域之一。由于保税区按照国际惯例运作，实行比其他开放地区更为灵活优惠的政策，它已成为中国与国际市场接轨的"桥头堡"。经过多年的探索和实践，全国各个地区的保税区已经根据保税区的特殊功能和依据地方的实际情况，逐步发展成为当地经济的重要组成部分，目前集中开发形成的功能有保税物流和出口加工。

（3）出口加工区。

出口加工区，又称为工业型自由贸易区。它是指一个国家或地区在其港口或邻近港口、国际机场的地方，划出一定的范围，新建和扩建码头、车站、道路、仓库和厂房等基础设施以及提供免税等优惠待遇，鼓励外国企业在区内投资设厂，生产以出口为主的制成品的加工区域。出口加工区的类型主要有综合性出口加工区（即区内可以经营多种出口加工工业）和专业性出口加工区（即在区内只准经营某种特定的出口加工产品）。出口加工区内外资企业可以免税进口原材料、机械设备及其他零部件，制成品出口也享受免税待遇。它以开拓远洋市场为目标，利用外资和外国技术搞产品加工出口，以促进本国（或地区）工业和经济的发展。

出口加工区是海关监管的特殊封闭区域，其功能比较单一，仅限于产品外销的加工贸易，区内可设置出口加工企业及其相关仓储、运输企业。出口加工区将实行封闭式的区域管理模式，在管理手段等方面较之传统的监管模式具有较大的优越性。海关在实行24小时监管的同时，将简化现行手续，为规范的出口加工企业提供更宽松的经营环境和更快捷的通关便利，实现出口加工货物在主管海关"一次申报，一次审单，一次查验"的通关要求，逐步满足现代跨国型企业"零库存生产"的需要。它与自由贸易区的区别在于自由贸易区主要是发展贸易和转口贸易，增加商业收入以繁荣设区国经济，而出口加工区则通过规定有关的投资优惠条件，引进外资和先进技术，发展面向出口的加工工业，取得工业方面的收益，并以此促进设区国经济的发展。

任务三 国际物流的运输方式

在国际贸易中，货物从卖方国家位移到买方国家必须通过运输来实现。国际贸易运输有多种方式，其中包括海洋运输、铁路运输、航空运输、河流运输、邮政运输、公路运输、管道运输、大陆桥运输以及由各种运输方式组合的国际多式联运等。在实际业务中，应根据进出口货物的特点、货运量大小、距离远近、运费高低、风险程度、自然条件和装卸港口的具体情况等因素的不同，选择合理的运输方式。

1. 海洋运输

（1）海洋运输的特点。

海洋运输（Ocean Transportation）简称海运，它是利用货船在国内外港口之间通过一定的航线和航区进行货物运输的一种运输方式。具体特点是：

①运输量大。国际货物运输是在全世界范围内进行的商品交换，地理位置和地理条件决定了海上货物运输是国际货物运输的主要手段。国际贸易总运量的75%以上是利用海上运输来完成的，船舶的载运能力远远大于火车、汽车和飞机，是运输能力最大的运输工具。

②通过能力大。海上运输利用天然航道的四通八达，不像火车、汽车要受轨道和道路的限制，因而其通过能力要超过其他各种运输方式。

③运费低廉。船舶的航道天然构成，船舶运量大，港口设备一般均为政府修建，船舶经久耐用且节省燃料，所以货物的单位运输成本相对低廉。

④对货物的适应性强。由于上述特点使海上货物运输基本上适应各种货物的运输。

⑤运输的速度慢。由于商船的体积大，水流的阻力大，加之装卸时间长等其他各种因素的影响，所以货物的运输速度比其他运输方式慢。

⑥风险较大。由于船舶海上航行受自然气候和季节性影响较大，海洋环境复杂，气象多变，随时都有遇上狂风、巨浪、暴风、雷电、海啸等人力难以抗衡的海洋自然灾害袭击的可能，遇险的可能性比陆地、沿海要大。同时，海上运输还存在着社会风险，如战争、罢工、贸易禁运等因素的影响。为转嫁损失，海上运输的货物、船舶保险尤其应引起重视。

（2）海洋运输船舶的经营方式。

国际海洋货物运输，按船舶的营运方式来分，有班轮运输和租船运输两种。

①班轮运输。

班轮运输（Liner Transport）也叫定期船运输，它是在一定航线上，在一定的停靠港口，定期开航的船舶运输。班轮运输有以下特点：

a. 具有"四固定"的基本特点，即航线固定、港口固定、船期固定和费率相对固定。

b. 运费中包括装卸费用，承运人管装管卸，承、托双方不计装卸时间以及滞期费或速遣费。

c. 各类货物都可接受，包括冷冻、易腐、液体及危险品之类的货物，且一般在码头交接货物，方便货主。

d. 承运人和托运人双方的权利、义务和责任豁免以班轮提单上所载的条款为依据。

②租船运输。

租船运输方式主要包括定程租船和定期租船两种，无论是按航程或按期限租船，船、租双方都要签订租船合同，以明确双方的权利和义务。

a. 定程租船（Voyage Charter），又称航次租船。它是由船舶所有人负责提供船舶，在指定港口之间进行一个航次或数个航次，承运指定货物的租船运输。

b. 定期租船（Time Charter）。它是船舶所有人将船舶出租给承租人，供其使用一定时期的租船运输，承租人也可以将此期租船充作班轮或程租船使用。

2. 国际铁路货物运输

（1）铁路货物运输的特点。

铁路是国民经济的大动脉，铁路运输是现代化运输业的主要运输方式之一，它与其他运输方式相比较，具有以下主要特点：

①铁路运输的准确性和连续性强。铁路运输几乎不受气候影响，一年四季可以不分昼夜地进行定期的、有规律的、准确的运转。

②铁路运输速度比较快。铁路货运速度每昼夜可达几百千米，一般货车每小时可达100千米左右，远远高于海上运输。

③运输量比较大。铁路一列货物列车一般能运送3 000～5 000吨货物，远远高于航空运输和汽车运输。

④铁路运输成本较低。铁路运输费用仅为汽车运输费用的几分之一到十几分之一；运输耗油约是汽车运输的二十分之一。

⑤铁路运输安全可靠，风险远比海上运输小。

⑥初期投资大。铁路运输需要铺设轨道、建造桥梁和隧道，建路工程艰巨复杂；需要消耗大量钢材、木材；占用土地，其初期投资大大超过其他运输方式。

（2）国际铁路货物运输的作用。

①有利于发展同欧亚各国的贸易。

通过铁路把欧亚大陆连成一片，为发展中东、近东和欧洲各国的贸易提供了有利的条件。在新中国成立初期，我国的国际贸易主要局限于东欧国家，铁路运输占我国进出口货物运输总量的50%左右，是当时我国进出口贸易的主要运输方式。自20世纪50年代以来，我国与朝鲜、蒙古、越南、原苏联的进出口货物，绝大部分仍然是通过铁路运输来完成的；我国与西欧、北欧和中东地区一些国家也通过国际铁路联运来进行进出口货物的运输。进入20世纪60年代以后，我国海上货物运输发展，铁路运输进出口货物所占的比例虽然有所下降，但其作用仍然十分重要。

②有利于开展同港澳地区的贸易，并通过香港进行转口贸易。

铁路运输是我国联系港澳地区，开展贸易的一种重要的运输方式。港澳地区所需的食品和生活用品多由内地供应，随着内地对该地区出口的不断扩大，其运输量逐年增加。做好对港澳地区的运输工作，达到优质、适量、均衡、应时的要求，在政治上和经济上都非常重要。为了确保该地区的市场供应，从内地开设了直达港澳地区的快运列车，对繁荣稳定港澳市场，以及该地区的经济发展起到了积极的作用。

③对进出口货物在港口的集散和各省、市之间的商品流通起着重要作用。

我国幅员辽阔，海运进口货物大部分利用铁路从港口运往内地的收货人，海运出口货物大部分也是由内地通过铁路向港口集中，因此铁路运输是我国国际货物运输的重要集散方式。至于国内各省市和地区之间调运外贸商品、原材料、半成品和包装物料，主要也是通过铁路运输来完成的。我国国际贸易进出口货物运输大多都要通过铁路运输这一环节，铁路运输在我国国际货物运输中发挥着重要作用。

④利用欧亚大陆桥运输是必经之道。

大陆桥运输是指以大陆上铁路或公路运输系统为中间桥梁，把大陆两端的海洋连接起来的集装箱连贯运输方式。

大陆桥运输一般都是以集装箱为媒介，采用国际铁路系统来运送。我国目前开办的西伯利亚大陆桥和新欧亚大陆桥的铁路集装箱运输具有安全、迅速、节省的优点。这种运输方式对发展我国与中东、近东及欧洲各国的贸易提供了便利的运输条件。为了适应我国经济贸易的发展需要，利用这两条大陆桥开展铁路集装箱运输也是必经之道，将会促进我国与这些国家和地区的国际贸易发展。

3. 国际公路货物运输

公路运输（一般是指汽车运输）是陆上两种基本运输方式之一，在国际货物运输中，它是不可缺少的重要运输方式。

（1）公路货物运输的特点。

①机动灵活、简捷方便、应急性强，能深入到其他运输工具到达不了的地方。

②适应点多、面广、零星、季节性强的货物运输。

③运距短、单程货多。

④汽车投资少、收效快。

⑤港口集散可争分夺秒，突击抢运任务多。

⑥是空运班机、船舶、铁路衔接运输不可缺少的运输形式。

⑦随着公路现代化、车辆大型化，公路运输是实现集装箱在一定距离内"门到门"运输的最好的运输方式。

⑧汽车的载重量小，车辆运输时震动较大，易造成货损事故，费用和成本也比海上运输和铁路运输高。

（2）国际公路货物运输的作用。

①公路运输的特点决定了它最适合于短途运输。它可以将两种或多种运输方式衔接起来，实现多种运输方式联合运输，做到进出口货物运输的"门到门"服务。

②公路运输可以配合船舶、火车、飞机等运输工具完成运输的全过程，是港口、车站、机场集散货物的重要手段。尤其是鲜活商品、集港疏港抢运，往往能够起到其他运输方式难以起到的作用。可以说，其他运输方式往往要依赖汽车运输来最终完成两端的运输任务。

③公路运输也是一种独立的运输体系，可以独立完成进出口货物运输的全过程。公路运输是欧洲大陆国家之间进出口货物运输的最重要的方式之一。我国的边境贸易运输、

港澳货物运输，其中有相当一部分也是靠公路运输独立完成的。

④集装箱货物通过公路运输实现国际多式联运。集装箱由交货点通过公路运到港口装船，或者相反。美国陆桥运输，我国内地通过香港的多式联运都可以通过公路运输来实现。

4. 国际航空货物运输

航空运输（Air Transport）是一种现代化的运输方式，它与海洋运输、铁路运输相比，具有运输速度快、货运质量高且不受地面条件限制等优点。因此，它最适宜运送急需物资、鲜活商品、精密仪器和贵重物品。其不足是运量小、运费高。

航空运输方式主要有班机运输、包机运输、集中托运和航空快递业务。

（1）班机运输。

班机运输（Scheduled Airline）指具有固定开航时间、航线和停靠航站的飞机。通常为客货混合型飞机，货舱容量较小，运价较贵；但由于航期固定，有利于客户安排鲜活商品或急需商品的运送。

（2）包机运输。

包机运输（Chartered Carrier）是指航空公司按照约定的条件和费率，将整架飞机租给一个或若干个包机人（包机人指发货人或航空货运代理公司），从一个或几个航空站装运货物至指定目的地。包机运输适合于大宗货物运输，费率低于班机，但运送时间则比班机要长些。

（3）集中托运。

集中托运（Consolidation）可以采用班机或包机运输方式，是指航空货运代理公司将若干批单独发运的货物集中成一批向航空公司办理托运，填写一份总运单送至同一目的地，然后由其委托当地的代理人负责分发给各个实际收货人。这种托运方式，可降低运费，是航空货运代理的主要业务之一。

（4）航空快递业务。

航空快递业务（Air Express Service）是由快递公司与航空公司合作，向货主提供的快递服务，其业务包括：由快速公司派专人从发货人处提取货物后以最快航班将货物出运，飞抵目的地后，由专人接机提货，办妥进关手续后直接送达收货人，称为"桌到桌运输"（Desk to Desk Service）。这是一种最为快捷的运输方式，特别适合于各种急需物品和文件资料。

外贸企业办理航空运输，需要委托航空运输公司作为代理人，负责办理出口货物的提货、制单、报关和托运工作。委托人应填妥国际货物托运单，并将有关报关文件交付航空货运代理；空运代理向航空公司办理托运后，取得航空公司签发的航空运单，即为承运开始。航空公司需对货物在运输途中的完好负责。货到目的地后，收货人凭航空公司发出的到货通知书提货。

5. 集装箱与国际多式联运

（1）集装箱运输。

集装箱运输是以集装箱作为运输单位进行货物运输的现代化运输方式，目前已成为国际上普遍采用的一种重要的运输方式。集装箱运输具有以下优越性。

①对货主而言，它的优越性体现在大大地减少了货物的损坏、偷窃和污染的发生；节省了包装费用；由于减少了转运时间，能够更好地对货物进行控制，从而降低了转运

费用，也降低了内陆运输和装卸的费用，便于实现更迅速的"门到门"的运输。

②对承运人来说，集装箱运输的优点在于减少了船舶在港的停泊时间，加速了船舶的周转。船舶加速周转可以更有效地利用它的运输能力，减少对货物的索赔责任等。

③对于货运代理来说，使用集装箱进行货物运输可以为他们提供更多的机会来发挥无船承运人的作用，提供集中运输服务，分流运输服务，拆装箱服务，"门到门"运输服务和联运服务的机会。

（2）国际多式联运。

国际多式联运是在集装箱运输的基础上产生和发展起来的一种综合性的连贯运输方式，它一般是以集装箱为媒介，把海、陆、空各种传统的单一运输方式有机结合起来，组成一种国际上的连贯运输。

①国际多式联运的优点。

a. 手续简便，责任统一。

在国际多式联运方式下，货物运程无论多远，无论由几种运输方式共同完成货物运输，也无论货物在途中经过多少次转运，所有运输事项均由多式联运承运人负责办理。而货主只需办理一次托运、订立一份运输合同、支付一次运费、办理一次保险，并取得一份联运提单。由于责任统一，一旦在运输过程中发生货物灭失或损坏时，由多式联运经营人对全程运输负责，而每一运输区段的分承运人仅对自己运输区段的货物损失承担责任。

b. 减少运输过程中的时间损失，使货物运输更快捷。

多式联运作为一个单独的运输过程而被安排和协调运作，能减少在运转地的时间损失和货物灭失、损坏、被盗的风险。多式联运经营人通过他的通信联络和协调，确保运转地各种运输方式的交接可连续进行，使货物更快速地运输，从而弥补了与市场距离远和资金积压的缺陷。

c. 节省了运杂费用，降低了运输成本。

国际多式联运由于使用了集装箱，集装箱运输的优点都体现在多式联运中，多式联运经营人一次性收取全程运输费用，一次性保险费用。货物装箱后装上一程运输工具后即可用联运提单结汇，有利于加快货物资金周转，减少利息损失。同时也节省了人、财、物资源，从而降低了运输成本。这有利于减少货物的出口费用，提高商品在国际市场上的竞争能力。

d. 提高了运输组织水平，实现了"门到门"运输，使合理运输成为现实。

多式联运可以提高运输的组织水平，改善不同运输方式间的衔接工作，实现各种运输方式的连续运输，可以把货物从发货人的工厂或仓库运到收货人的内地仓库或工厂，做到"门到门"的运输。

②构成多式联运应具备的条件。

a. 有一个多式联运合同，合同中明确规定多式联运经营人和托运人之间的权利、义务、责任和豁免。

b. 必须是国际上两种或两种以上不同运输方式的连贯运输。

c. 使用一份包括全程的多式联运单据，并由多式联运经营人对全程运输负总的责任。

d. 必须是全程单一运费率,其中包括全程各段运费的总和、经营管理费用和合理利润。

③开展国际多式联运应注意的事项。

a. 要考虑货价和货物性质是否适宜装集装箱。

b. 要注意装运港和目的港有无集装箱航线,有无装卸及搬运集装箱的机械设备,铁路、公路、沿途桥梁、隧道、涵洞的负荷能力如何。

c. 装箱点和起运点能否办理海关手续。

在当前国际贸易竞争激烈的形势下,货物运输要求速度快、损失少、费用低,而国际多式联运适应了这些要求。因此,在国际上越来越多地采用多式联运,可以说,国际多式联运是当前国际货物运输的发展方向。我国地域辽阔,更具有发展国际多式联运的潜力。可以预料,随着我国内陆运输条件的改善,我国国际多式联运必将蓬勃地发展起来。

6. 其他运输方式

(1) 管道运输。

管道运输是一种特殊的运输方式,是货物在管道内借高压气泵的压力推动向目的地输送的一种运输方式。

(2) 国际邮政运输。

邮政运输是一种简便的运输方式,手续简便,费用不高,适于量轻体小的货物。

(3) 内河运输。

内河运输是水上运输的一个组成部分。它是连接内陆腹地和沿海地区的纽带,也是边疆地区与邻国边境河流的连接线,在进出口货物的运输和集散中起着重要的作用。

内河运输具有投资少、运量大、成本低的优点。

我国有着广阔的内河运输网,长江、珠江等一些主要河流的内河港口已对外开放,我国同一些邻国还有国际河流相通连,这就为发展我国对外贸易内河运输提供了十分有利的条件。

任务四　国际货运代理

1. 国际货运代理的基本概念

(1) 国际货运代理的含义。

国际货运代理协会联合会(FIATA)的定义:国际货运代理是根据客户的指示,并为客户的利益而揽取货物运输的人,其本身并不是承运人。国际货运代理也可以依这些条件,从事与运输合同相关的活动,如储货(也含寄存)、报关、验收和收款等。

《中华人民共和国国际货物运输代理业管理规定》的定义:接受进出口货物收货人、发货人的委托,以委托人的名义或以自己的名义,为委托人办理国际货物运输及相关业务并收取服务费用的行业。

（2）货运代理的服务对象。

从国际货运代理人的基本性质看，货运代理主要是接受委托方的委托，办理有关货物运输、转运、仓储、装卸等事宜。一方面他与货物托运人订立运输合同，同时他又与运输部门签订合同，所以对货物托运人来说，他又是货物的承运人。目前，相当部分的货物代理人掌握各种运输工具和储存货物的库场，在经营其业务时办理包括海陆空在内的货物运输。国际货代所从事的业务主要有：

①为发货人服务。

货代代替发货人承担在不同货物运输中的任何一项手续：

a. 以最快最省的运输方式，安排合适的货物包装，选择货物的运输路线。

b. 向客户建议仓储与分拨。

c. 选择可靠、效率高的承运人，并负责缔结运输合同。

d. 安排货物的计重和计量，货物的拼装。

e. 办理货物的各种运输保险。

f. 从承运那里取得提单，并把他们交给发货人。

g. 装运前或在目的地分拨货物之前把货物存仓。

h. 办理有关货物运输的任何外汇交易。

i. 通过承运人与货运代理在国外的代理联系，监督货物运输进程，并使托运人知道货物去向。

②为海关服务。

当货运代理作为海关代理办理有关进出口商品的海关手续时，它不仅代表他的客户，而且代表海关当局。事实上，在许多国家，他得到了这些当局的许可，办理海关手续，并对海关负责，负责申报货物确切的金额、数量、品名，以使政府在这些方面不受损失。

③为承运人服务。

货运代理向承运人及时定舱，议定对发货人、承运人都公平合理的费用，安排适当时间交货，以及以发货人的名义解决和承运人的运费账目等问题。

④为航空公司服务。

货运代理在空运业上，充当航空公司的代理。在国际航空运输协会以空运货物为目的而制定的规则上，他被指定为国际航空协会的代理。在这种关系上，他利用航空公司的货运手段为货主服务，并由航空公司付给佣金。同时，作为一个货运代理，他通过提供适于空运程度的服务方式，继续为发货人或收货人服务。

⑤为班轮公司服务。

货运代理与班轮公司的关系，随业务的不同而不同。近几年来由货代提供的拼箱服务，即拼箱货的集运服务已建立了他们与班轮公司及其他承运人（如铁路）之间较为密切的联系，然而一些国家却拒绝给货运代理支付佣金，所以他们在世界范围内争取对佣金的要求。

⑥提供拼箱服务。

随着国际贸易中级装运输的增长，引进集运和拼箱的服务，在提供这种服务中，货代担负起委托人的作用。集运和拼箱的基本含义是：把一个出运地若干发货人发往另一个目的地若干收货人的小件货物集中起来，作为一个整件运输的货物发往目的地的货代，并通过他把单票货物交给各个收货人。货代签发提单，即分提单或其他类似收据交给每票货的发货人；货代目的港的代理，凭初始的提单交给收货人。拼箱的收、发货人不直接与承运人联系，对承运人来说，货代是发货人，而货代在目的港的代理是收货人。因此，承运人给货代签发的是全程提单或货运单。如果发货人或收货人有特殊要求的话，货代也可以在出运地和目的地从事提货和交付的服务，提供"门到门"的服务。

⑦提供多式联运服务。

在货代作用上，集装箱化的一个更深远的影响是他介入了多式联运，这是他充当了主要承运人并承担了组织一个单一合同下，通过多种运输方式进行"门到门"的货物运输。他可以以当事人的身份，与其他承运人或其他服务提供者分别谈判并签约。但是，这些分拨合同不会影响多式联运合同的执行，也就是说，不会影响发货人的义务和在多式联运过程中，他对货损及灭失所承担的责任。在货代作为多式联运经营人时，通常需要提供包括所有运输和分拨过程的一个全面的"一揽子"服务，并对他的客户承担一个更高水平的责任。

（3）国际货运代理的责任。

目前，各国法律对货运代理所下的定义及其活动有所不同，但按其责任范围的大小，大体可归纳为三大类。

①货运代理作为一个代理，仅对自己的错误和疏忽负责。

②货运代理作为一个代理，不仅对自己的错误和疏忽负责，还应使货物完好地抵达目的地，这就意味着他承担承运人的责任和第三者造成损失的责任。

③货运代理的责任取决于合同的条文和自由选择的运输工具等。

（4）国际货运代理的权利。

国际货运代理接受客户支付的因货物的运送、保管、投保、报关、签证、办理汇票的承兑和其他服务所发生的一切费用，同时还接受客户支付的因国际货运代理不能控制的原因致使合同无法履行而产生的其他费用。如果客户拒付，国际货运代理人对货物享有留置权，有权以某种适当的方式将货物出售，以此来补偿所应收取的费用。国际货运代理人接受承运人支付的订舱佣金。

（5）除外责任。

①由于委托方的疏忽或过失。

②由于委托方或其他代理人在装卸、仓储或其他作业过程中的过失。

③由于货物的自然特性或潜在缺陷。

④由于货物的包装不牢固、标志不清。

⑤由于货物送达地址不清、不完整、不准确。

⑥由于对货物内容申述不清楚、不完整。

⑦由于不可抗力、自然灾害、意外原因。

但如能证明货物的灭失或损害是由货运代理人过失或疏忽所致，货代对该货物的灭失、损害应负赔偿责任。

（6）国际货运在国际物流服务中的地位。

①组织协调者地位：运输的设计师，是"门到门"运输的组织者和协调者。

②开拓控制者地位：新运输方式、新运输线路、新运输费率及新产品的市场开拓。

③中间人地位：同时为托运人和承运人服务。

④顾问地位：提供各种咨询和建议。

（7）国际货运代理的种类。

①租船代理，指以船舶为商业活动对象而进行船舶租赁业务的人，主要业务是在市场上为租船人寻找合适的运输船舶或为船东寻找货运对象，以中间人身份使租船人和船东双方达成租赁交易，从中赚取佣金。因此，根据它所代表的委托人身份的不同又分为租船代理人和船东代理人。

②船务代理，指接受承运人的委托，代办与船舶有关的一切业务的人，主要业务有船舶进出港、货运、供应及其他服务性工作等。主要有航次代理和长期代理。

③货运代理，指接受货主的委托，代表货主办理有关货物报关、交接、仓储等业务的人，主要有订舱揽货代理、货物装卸代理、货物报关代理等。

④咨询代理，指专门从事咨询工作，按委托人的需要，以提供有关国际贸易运输情况、数据和信息服务而收取一定报酬的人。

知识与技能训练

一、知识题

1. 填空题

（1）海洋运输的特点是（　　）、（　　）、（　　）、（　　）、（　　）、（　　）。

（2）国际多式联运具有（　　）、（　　）、（　　）、（　　）等优越性。

（3）中国第一个保税区是在（　　）。

（4）国际航空运输的主要方式有：（　　）、（　　）、（　　）、（　　）。

（5）海洋运输分为（　　）、（　　）两种运输方式。

2. 选择题

（1）国际贸易对物流提出新的要求，包括（　　）。

A. 质量要求　　　　　B. 效率要求　　　　　C. 经济要求　　　　　D. 安全要求

（2）保税仓库的类型包括（　　）。

A. 专业性保税仓库　　　　　　　　　B. 公共保税仓库

C. 保税工厂　　　　　　　　　　　　D. 海关监管仓库

（3）国际物流运输的主要功能是（　　）。

A. 物品储存　　　B. 物品转移　　　C. 物品配送　　　D. 物品维护

（4）国际运输中可以做到直达的有（　　）。

A. 航空运输　　　B. 海洋运输　　　C. 铁路运输　　　D. 公路运输

（5）国际物流的特点是风险大，适应性强，借助国际服务业帮助，获取信息手段新，有高级管理人才以及（　　）。

A. 路途远　　　　　B. 变化多　　　　　C. 成本高　　　　　D. 结算慢

3. 思考题

（1）什么是国际物流？现代国际物流具有哪些特点？

（2）简述国际物流与国际贸易的关系。

（3）国际物流运输方式有哪些？

（4）什么是国际多式联运？开展国际多式联运必须具备哪些条件？

（5）班轮运输有哪些特点？

二、实训题

1. 我出口公司规定按发票金额 110% 投保，如发票金额是 1 500 万美元，投保金额是多少？又如投保一切险和战争险，前者保险费率为 0.66%，后者保险费率为 0.14%，共应付保险费多少？

2. 某出口公司按 CIF 条件出售一批食品，根据交易双方约定成交金额为 10 000 美元，保险费率为 0.4%，按 CIF 价加成 10% 投保平安险，试计算出保险金额和保险费各为多少？（要求写出计算公式及计算过程）

项目九
多式联运与集装物流系统

能力目标

1. 能熟练掌握多式联运的概念与特征、类型。
2. 掌握国际标准集装箱的分类、规格、标记。
3. 掌握托盘的概念、类型、使用。

知识目标

1. 了解多式联运。
2. 理解大陆桥运输。
3. 集装箱物流。
4. 托盘物流。

情景导入

1988 年 10 月，中国土畜产进出口公司×畜产分公司委托×对外贸易运输公司办理 333 只纸箱的男士羽绒滑雪衫出口手续，外运公司将货装上××远洋运输公司的货轮并向土畜产进出口公司签发了北京中国对外贸易运输总公司的清洁联运提单，提单载明货物数量共为 333 箱，分装 3 只集装箱。同年 6 月 29 日，货轮抵达目的港日本神户，7 月 6 日，日方收货人在港口装卸公司开箱时发现其中一个集装箱 A 的 11 只纸箱中，有 5 箱严重湿损，6 箱轻微湿损。7 月 7 日，运至东京日方收货人仓库，同日由新日本商检协会检验，10 月 11 日出具的商检报告指出货损的原因是由于集装箱有裂痕，雨水进入造成箱内衣服损坏，实际货损约会 1 868 338 日元。在东京进行货损检验时，商检会曾邀请×远洋运输公司派人共同勘察，但该公司以"出港后检验无意义"为由拒绝。日方收货人从 AIU 保险公司取得赔偿后，AIU 公司取得代位求偿权，于 1989 年 9 月 25 日向上海海事法院提起诉讼，要求被告货运代理人和实际承运人赔偿日方损失，并承担律师费和诉讼费。两被告答辩相互指出应由另一被告承担全部责任，并要求原告进一步对减少货损的合理措施进行举证。

上海海事法院认为，根据两被告 1982 年签订的集装箱运输协议以及提单条款，两被告有相当的责任牵连，但日方收货人与×远洋运输公司在开箱时交割不清，商检又在港口外进行，故原告对货物损害索赔及所受损害的确切数额的请求举证不力。

经法院调解，1990 年 3 月 28 日，原被告三方达成协议，两被告根据损害事实及提单条款规定，赔付原告人民币 8 000 元（其中 300 元为原告预支的诉讼费），赔款先由货运代理人先行给付，再由他与实际承运人自行协商解决，案件受理费由原告负担。

●讨论与分析：

什么是多式联运？结合案例分析三方权利与义务。

任务一　多式联运

随着世界贸易结构的变化和运输技术的发展，传统的海、陆、空、公路和江河运输等相互独立的单一的运输方式已不能适应现实发展的需要，在集装箱运输发展的基础上，出现了一种新的运输方式，即国际多式联运（International Multimodal Transportation）。

1. 多式联运的概念与特征

（1）多式联运概念。

多式联运是多种方式联合运输的简称，是指根据单一的联合运输合同，使用两种或两种以上的运输方式，由联运经营人组织将货物从指定地点运至交付地点的全程连续运输。多式联运是不同运输方式的综合组织，即在一个完整的货物运输过程中，不同运输企业、不同运输区段、不同运输方式和不同运输环节之间衔接和协调的组织，是一种新的符合综合物流思想的运输组织方式。

（2）多式联运的特征。

多式联运与传统单一运输方式、单程运输相比，具有如下一些主要特征：

①简化货运手续，大大方便货主。在多式联运方式下，无论运输距离有多远，由几种运输方式来完成，且无论运输途中货物经过多少次中转，所有一切运输事项均由多式联运经营人负责办理。且托运人只需办理一次托运，订立一份运输合同，一次支付费用，一次保险，从而省去托运手续的许多不便。同时由于多式联运采用一份货运单证，统一计费，因而也可简化制单和结算手续，节省人力物力。此外，一旦运输过程中发生货损货差，由多式联运经营人对全程运输负责，从而可简化理赔手续。

②提高货运质量，缩短运输时间。多式联运各个运输环节和各种运输工具之间配合密切，衔接紧凑，货物所到之处中转迅速及时，大大减少货物的在途停留时间，从而从根本上保证了货物安全、迅速、准确、及时地运抵目的地，因而也相应地降低了货物的库存量和库存成本。同时，多式联运系统以集装箱为运输单元进行直达运输，货损货差事故大为减少，从而在很大程度上提高了货物的运输质量。

③降低运输成本，节省各种支出。对货主来说，在将货物交由第一承运人以后即可取得货运单证，并据以结汇，从而提前了结汇时间。这不仅有利于货物占用资金的周转，而且可以减少利息的支出。此外，还可相应地节省货物的包装、理货和保险等费用支出。

④提高运输管理水平，实现运输合理化。由不同的货运经营人共同参与多式联运，经营的范围可大大扩展，同时可以最大限度地发挥其设备的作用，选择最佳运输线路，组织合理化运输。

2. 多式联运运输组织方法

货物多式联运的全过程就其工作性质的不同，可分为实际运输过程和全程运输组织业务过程两部分。实际运输过程是由参加多式联运的各种运输方式的实际承运人完成的，其运输组织工作属于各方式运输企业内部的技术、业务组织。全程组织业务过程是由多式联运全程运输的组织者——多式联运企业或机构完成的，主要包括全程运输所涉及的所有商务性事务和衔接服务性工作的组织实施，其运输组织方法可以有很多种，但就其组织体制来说，基本上可分为协作式联运和衔接式联运两大类。

（1）协作式多式联运组织方法。

协作式多式联运的组织者是在各级政府主管部门协调下，由参加多式联运的各种方式运输企业和中转港站共同组成的联运办公室。货物全程运输计划由该机构制定，这种联运组织下的货物运输过程如图9-1所示：

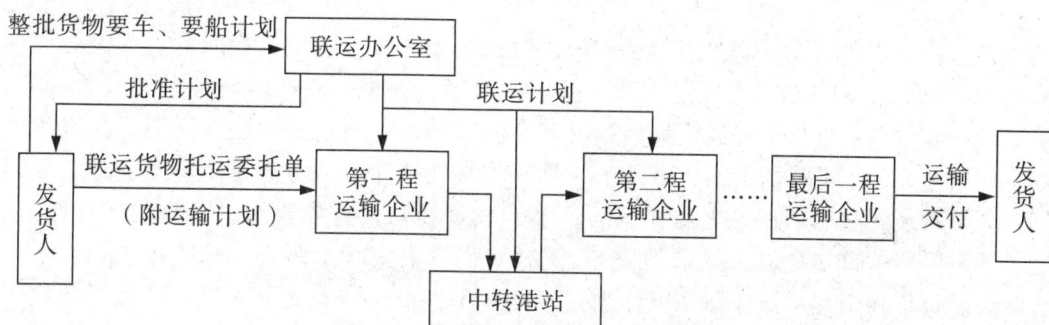

图9-1 协作式多式联运组织过程示意图

在这种机制下，需要使用多式联运形式运输整批货物的发货人根据运输货物的实际需要，向联运办公室提出托运申请并按月申报整批货物要车、要船计划，联运办公室根据多式联运线路及各运输企业的实际情况制定该托运人托运货物的联运计划，并把该计划批复给托运人及转发给各运输企业和中转港站。发货人根据计划安排向多式联运第一程的运输企业提出托运申请并填写联运货物托运委托书（附运输计划），第一程运输企业接受货物后经双方签字，联运合同即告成立。第一程运输企业组织并完成自己承担区段的货物运输至后一区段衔接地，直接将货物交给中转港站，经换装由后一程运输企业继续运输，直至最终目的地由最后一程运输企业向收货人直接交付。在前后程运输企业之间和中转港站与运输企业交接货物时，需填写货物运输交接单和中转交接单（交接与费用结算依据）。联运办公室（或第一程企业）负责按合程费率向托运人收取运费，然后按各企业之间商定的比例向各运输企业及中转港站分配。

在这种组织体制下，全程运输组织是建立在统一计划、统一技术作业标准、统一运行图和统一考核标准基础上的，而且在接受货物运输、中转换装、货物交付等业务中使用的技术装备、衔接条件等也需要在统一协调下同步建设或协商解决，并配套运行以保证全程运输的协同性。

这种多式联运的组织体制，也称为"货主直接托运制"。这是国内过去和当前多式联运（特别是大宗、稳定重要物资运输）中主要采用的体制。

（2）衔接式多式联运组织方法。

衔接式多式联运的全程运输组织业务是由多式联运经营人完成的，这种联运组织下的货物运输过程可用图9-2来说明。

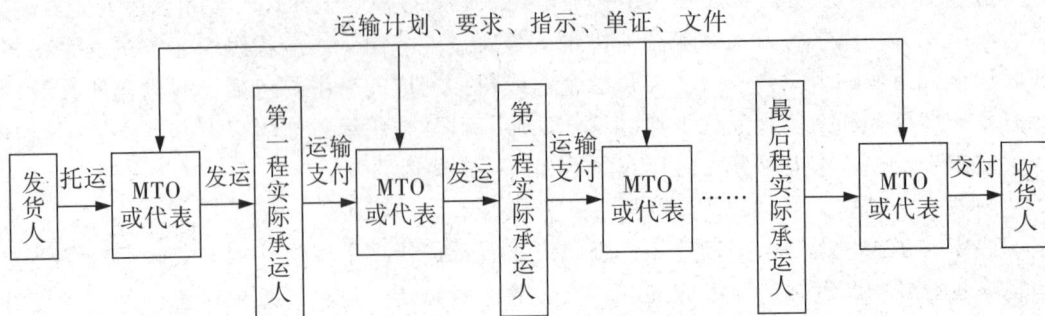

图9-2　衔接式多式联运过程示意图

在这种组织体制下，需要使用多式联运形式运输成批或零星货物的发货人首先向多式联运经营人（MTO）提出托运申请，多式联运经营人根据自己的条件考虑是否接受，接受时由双方订立货物全程运输和多式联运合同，并在合同指定的地点（可以是发货人的工厂或仓库，也可是指定的货运站中转站、堆场或仓库）双方办理货物的交接，联运经营人签发多式联运单据。接受托运后，多式联运经营人首先要选择货物的运输路线，划分运输区段（确定中转、换装地点）、选择各区段的实际承运人，确定零星货物集运方案，制订货物全程运输计划并把计划转发给各中转衔接地点的分支机构或委托的代理人。然后根据计划与第一程、第二程等的实际承运人分别订立各区段的货物运输合同。通过这些实际承运人来完成货物全程位移。全程各区段之间，由多式联运经营人（或其代表或其代理人）采用从前程实际承运人手中接收货物再向后程承运人交接货物，在最终目的地从最后一程实际承运人手中接收货物后再向收货人交付货物的方式衔接。在与发货人订立运输合同后，多式联运经营人根据双方协议（协议内容除货物全程运输及衔接外，还包括其他与货物运输有关的服务业务），按全程单一费率收取全程运费和各类服务费、保险费（如需向各实际承运人支付运费及其他必要的费用）。在各衔接地点委托代理人完成衔接服务业务时，也需向代理人支付委托代理费用。

在这种多式联运组织体制下，承担各区段货物运输的运输企业的业务与传统分段运输形式下完全相同，这与协作式体制下还要承担运输衔接工作是有很大区别的。

这种联运组织体制，也称为"运输承包发运制"。目前在国际货物多式联运中主要采用这种组织体制，在国内多式联运中采用这种体制的也越来越多。随着我国经济体制的改革，这种组织体制将成为国内多式联运的主要组织体制。

3. 国际多式联运

（1）概念。

《联合国国际货物多式联运公约》对国际多式联运所下的定义是："按照多式联运合同，以至少两种运输方式，由多式联运经营人把货物从一国境内接运货物地点运至另一国境内指定交付货物的地点。"是一种把铁路、水运、公路和航空等传统单一的运输方式有机地结合起来，组成一个连贯的运输系统，以便更好地实现"门到门"运输，为客户或货主提供经济、合理、迅速、安全、简捷的运输服务方式，是一种新的符合综合物流思想的运输组织形式。

（2）国际多式联运的优点。

国际多式联运是一种较高级的运输组织方式，它集中了各种运输方式的特点，扬长避短，融合一体，组成连贯运输，达到简化货运环节、加速周转、减少货损货差、降低运输成本、实现合理运输的目的。它相对于单一运输方式具有较大的优越性，主要表现在如下几个方面。

①提高运输组织水平。

国际多式联运开展以前，各种运输方式都是自成体系的，因此其经营的范围是有限的，承运的数量也是有限的。多式联运的开展，实现了运输的合理化，改善了不同运输的衔接协作，从而提高了运输的组织和管理水平。

②综合利用各种运输的优势。

多式联运通过各种运输方式的合理搭配，充分发挥各类运输工具的效能，提高了运输效率，减少了货物的库存时间和费用，降低了运输成本。

③实现"门到门"运输的有效途径。

国际多式联运综合了各种运输的特点，组成了直达连贯运输，可以把货物从发货人的内地工厂或仓库，直接运到收货人的内地工厂或仓库，还可以运到收货人指定的任何适宜的地点。

④手续简便、提早结汇。

在多式联运方式下，所有运输事宜均由多式联运经营人统一负责办理。对货主而言，只需办理一次托运手续，指定目的地，多式联运经营人就会以此为基础，把海、陆、空组织起来，设定最佳路线，提供统一单证和至目的地的统一费率，承担运输的全部责任。货物在启运地装上第一程运输工具后，货主即可取得多式联运单据，并可凭此向银行办理收汇手续，加速资金周转，节省利息支出。

⑤安全迅速。

整个多式联运过程由多式联运经营人统一组织与管理，各个环节配合密切，中途停留时间短。且采用集装箱为主体，减少货损货差，能较好地保证货物安全、迅速、准确、及时地运到目的地。

⑥降低运输成本，节约运杂费用。

多式联运可以从多方面节约费用，降低成本，对货主而言是优惠的运价，对承运人而言是高利润。

（3）国际多式联运存在的问题。

①各国的集装箱标准尚未统一。目前欧洲大陆各国、日本和其他发达国家都是按国际标准化组织（ISO）所规定尺寸，即各国通用的 6 米（20 英尺）和 12 米（40 英尺）的标准集装箱。但美国的国内运输中，通常使用 13.7 米（45 英尺）或 14.6 米（48 英尺）的集装箱，同时还采用加长、加高的集装箱。由于以上原因，使得美国与其他国家之间的多式联运存在一定的困难和摩擦。

②各国集装箱运输的发展不平衡。当前许多发展中国家尚停留在集装箱化的初级阶段，这些地区成为多式联运路线的薄弱环节，然而，其地理位置却处于多式联运的路线的中途，这便成了国际多式联运的主要障碍之一。同时，这些国家由于财政和其他原因，其港口建设与内陆交通状况等的改善成为难题之一。

③国际多式联运的法律问题尚未统一。至今《联合国国际多式联运公约》尚未达到30个国家的有效批准而未能生效，尽管国际货运代理协会联合会（FIATA）制定了多式联运单证，但是，由于各国船公司、承运单位及其企业规模的大小不同，以及各国的法律不同，使得规定了多式联运经营人责任的多式联运单证及其背面条款存在差异，加之国际上尚无一个可为各国通用的、统一规范的标准联运单证，造成了多式联运单证纷繁杂乱的状态。

（4）国际多式联运发展概况。

①国外国际多式联运的发展状况。

从20世纪70年代开始，国外国际多式联运得到较快的发展，进入海陆空国际联运全面发展时期。目前国际集装箱总运量中，采用国际多式联运方式完成的运量占10%～15%。国外主要的国际多式联运线路有：

a. 西伯利亚大陆桥运输线。

b. 北美大陆桥运输线。

c. 北美小陆桥运输线。

d. 北美、东北亚、东南亚、澳新各港口—中国沿海主要港口—中国内地，或反向运输。

e. 远东各港口—欧洲各港口—欧洲内地，或反向运输。

f. 远东、东南亚各港口—澳大利亚港港口—澳大利亚内地，或反向运输。

②我国国际多式联运的发展概况。

我国于1980年8月由中国对贸易运输总公司（以下简称中国外运）开办境内国际集装箱接转西伯利亚大陆桥运输，当时国际多式联运业务量不大。1986年，铁道部运输局与中国远洋运输总公司（以下简称中远）合作开办国际集装箱海铁联运业务，从而使得我国国际集装箱多式联运得到了较快的发展。从1994年开始，铁道部所属的中国铁路集装箱运输中心、中国铁路对外服务公司先后与香港九龙广州铁路公司、香港东方海外货柜航运有限公司、美国总统轮船公司、丹麦马士基航运公司合作开办国际集装箱多式联运业务。目前，中外运系统、中远系统、中国铁路系统、中国海运集团系统以及地方国际航空公司、国际货运代理企业、中外合资与中外合作企业等都在不同程度上开办国际集装箱多式联运业务。

目前，我国已开办的国际多式联运路线主要有：

a. 我国内地—我国港口—日本港口—日本内地，或反向运输。

b. 我国内地—我国港口（包括香港）—美国港口—美国内地，或反向运输。

c. 我国港口—肯尼亚的蒙巴萨港—乌干达内地，或反向运输。

d. 我国内地—我国港口（包括香港）—德国汉堡港或比利时安特卫普港—北欧、西欧内地，或反向运输。

e. 我国内地—我国港口（比如上海、新港）—科威特—伊拉克，或反向运输。

f. 我国东北地区—图们—朝鲜清津港—日本港口，或反向运输。

g. 我国内地接转西伯利亚大陆桥运输，或反向运输。

（5）国际多式联运的主要业务。

国际多式联运的主要业务及办理顺序如下：

①接受托运申请，订立多式联运合同。

②空箱发送、提取及运送。

③出口报关。

④货物装箱及接受货物。

⑤订舱及安排货物运送。

⑥办理保险。

⑦签发多式联运提单、组织完成货物的全程运输。

⑧运输过程中的海关业务。

⑨货物交付。

⑩货运事故处理。

（6）国际多式联运的类型。

```
                                  ┌─────────────────────┐
                                  │     海上、航空        │
                                  └─────────────────────┘
                                  ┌─────────────────────┐
                                  │     航空、公路        │
               国              ┌──└─────────────────────┘
               际              │  ┌─────────────────────┐
               物              │  │ 铁路、公路、内河或     │
               流  ────────────┤  │ 海上、铁路、内河       │
               运              │  └─────────────────────┘
               输              │  ┌─────────────────────┐
               方              │  │     微型陆桥          │
               式              └──└─────────────────────┘
                                  ┌─────────────────────┐
                                  │      陆桥             │
                                  └─────────────────────┘
```

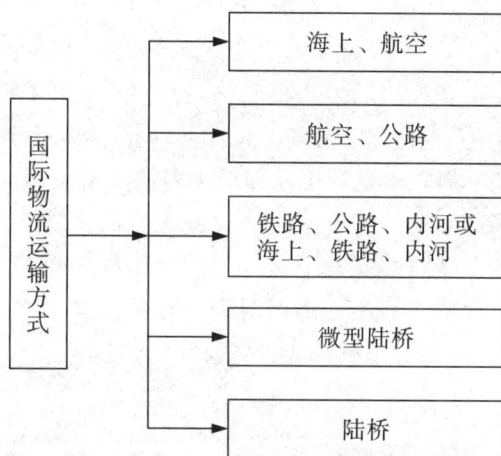

图 9-3　国际物流联运方式

根据《联合国国际货物多运式联运公约》的定义，从运输方式的组成看，多式联运必须是两种或两种以上不同运输方式组成的连贯运输。按这种方法分类，理论上多式联运有海—铁、海—空、海—公、海—江、铁—公、铁—空、公—空、海—铁—海、海—公—海、公—铁—海、公—海—空等共11种类型，但由于当今国际运输中海运占绝大多数的比例，因此目前多式联运主要有海—铁、海—空、江—海共3种类型。

①海—铁多式联运。

海—铁包括海—铁—海多式联运，是当今多式联运的主要类型，特别是利用大陆桥开展海—铁或海—铁—海多式联运。所谓大陆桥（Land Bridge）是指大陆两端的港口之间，不通过跨洋过运河的海运，而是通过横贯大陆的铁路，把货物从一端港口运至另一端港口，人们形象地把这种跨接大陆两端连接海运的铁路，称为大陆桥。利用大陆桥进行海—铁—海多式联运，比单—海运可缩短运输距离，节省运输时间和运输成本。例如从日本至鹿特丹利用西伯利亚大陆桥的海—铁多式联运，比经苏伊士运河的全海承运缩短距离约7 000千米，节省时间和运费20%左右，经济效益十分显著。当今世界主要有三座大陆桥，即位于欧亚大陆的第一欧亚大陆桥（即西伯利亚大陆桥）、第二欧亚大陆桥（即中国大陆桥）和位于北美大陆的北美大陆桥（主要为美国大陆桥）。

②海—空多式联运。

海—空多式联运结合海运运量大、成本低和空运速度快、时间要求紧的特点，能对不同运量和不同运输时间要求的货物进行有机结合。随着世界商品技术含量的不断提高，并向轻、小、精、薄方向发展以及跨国公司对及时运输的需求，发达国家已出现采用大型飞机进行国际标准集装箱（空水陆联运集装箱）的海—空多式联运方式。目前世界上海—空多式联运主要线路是远东至欧洲的联运，约占海—空联运总运量的50%以上。该运输线路的西行线是远东通过海运至美西港口，如温哥华、西雅图、洛杉矶等，再通过空运至欧洲目的地，东行线主要通过符拉迪沃斯托克、香港等港口，再通过空运中转至欧洲目的地。另一条主要海—空联运线是远东至中南美，即远东海运至美西的温哥华、洛杉矶等港口，再转空运至中南美内陆目的地。随着世界范围内物流业的兴起，一些大型国际配送中心根据资料预测用户的货物需求量，通过运输成本低廉的海运事先取得货物，然后根据用户的订单采取空运，可在24小时内完成交货。

③江—海多式联运。

江—海多式联运把海运和内河运输连接起来，既可充分发挥海运量大、成本低的优点，又可发挥内河运输价廉、灵活的优点，能方便地把货物运至内河水系的广大地区。目前世界范围最典型的江—海联运是利用欧洲国际内河水道莱茵河。在数千公里的沿岸，一些重要的工商业中心都通水路，建设了设备设施先进的高效率的内河集装箱码头，开辟了各内陆工商业中心到鹿特丹、安特卫普等海港频繁的定班船，一方面保证了运输时间，另一方面大大缩短了货物在海港的滞留时间，方便而又高效。我国也利用长江、珠江开展了不同形式的江—海联运，取得了明显的经济效益。

任务二　大陆桥运输

一、大陆桥运输

1. 大陆桥运输概述

大陆桥运输是指以横贯大陆上的铁路、公路运输系统作为中间桥梁，把大陆两端的海洋连接起来形成的海陆联运并连贯运输，是指国际集装箱过境运输，是国际集装箱多式联运的一种特殊形式。

陆桥运输与海运相比，不仅有能够缩短运输里程、降低运输费用、加快运输速度等优点，而且对于沿桥地区的社会和经济发展也有巨大的推动作用。大陆桥运输是国际贸易运输中最重要的方式之一，它起到了沟通国际港、内河港、铁路与公路货运站、物流枢纽等的经济联系，成为国际物流的重要依托。同时，大陆桥运输可以加快先进生产力的传递速度，推动沿线特别是内陆性区域经济结构的调整和经济发展，能够带动更多的内涵型区域参与世界市场活动，促进世界经济一体化。

2. 世界大陆桥运输线

（1）北美大陆桥主要是指美国大陆桥和加拿大大陆桥。

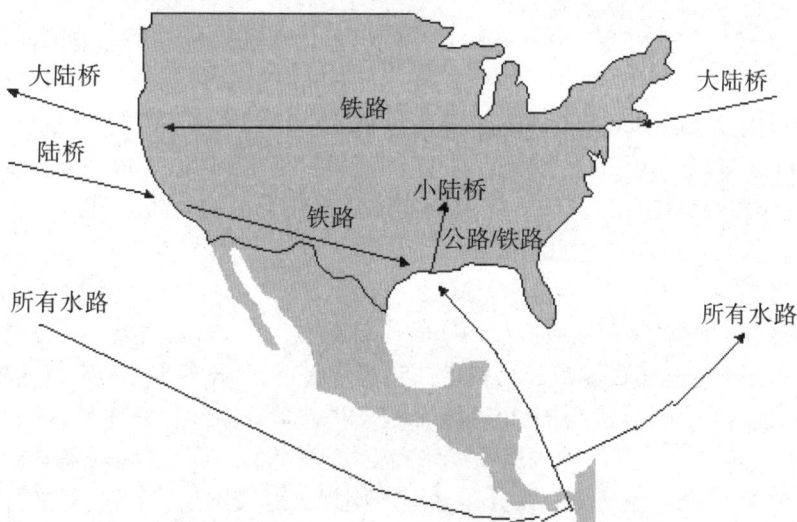

图 9 - 4　美国陆桥运输线

加拿大大陆桥是从太平洋口岸的温哥华、美国的西雅图换装上桥，经美国、加拿大两大铁路线横穿北美大陆（加拿大和美国），运抵加拿大的大西洋口岸蒙特利尔。

这里主要介绍美国大陆桥运输线。它包括两条路线，一条是从西部太平洋口岸至东部大西洋口岸的铁路（或公路）运输系统，全长约 3 200 千米。另一条是西部太平洋沿岸至南部墨西哥湾口岸的铁路（或公路）运输系统，全长 500 千米 ~ 1 000 千米。由于东部港口和铁路太拥挤，货物到达后很难保证及时换装，使大陆桥运输带来的优越性——节省时间不能体现。因此，目前美国的大陆桥运输基本处于停顿状态。但是，由此派生而成的小陆桥（Mini - Land Bridge）和微型陆桥（Micro-Land Bridge）运输方式却在不断发展。

目前，美国是我国第二大贸易国，从我国运往美国内地的集装箱货物很大一部分采用海—铁联运或多式联运方式，主要有以下几种。

①OCP 运输。

OCP 的英文全称是 Overland Common Point，意为内陆公共点，美国中部和西部约占三分之二的本土均为 OCP 地区。所谓 OCP 运输，是指远东通过海运至美西港口，再转运铁路将货物运至 OCP 地区目的地交货的一种海—铁分段联运方式。与过巴拿马运河、绕加勒比海至美东港口再通过陆运运至美国东部或中部地区交货相比，OCP 运输可缩短运输距离，节省运输时间和运输成本，是一种较为合理的运输方式。

由于 OCP 运输不是真正的多式联运，因此托运人必须分别与海运和铁路承运人订立运输合同，通过接力方式将货物运至目的地。对我国出口企业而言，以 CFR（Cost and Freight，成本加运费）或 CIF（Cost, Insurance and Freight，成本加保险费加运费）贸易术语成交的合同，其责任和费用终止于美西港口，同时在买卖合同、信用证以及运输单证中均应注明"OCP"字样，以便顺利结汇。

②MLB 运输。

MLB 的英文全名是 Miniland Bridge，意为小陆桥运输。所谓 MLB 运输，是指远东海运至美西港口再转运铁路将货物运至美东或加勒比海沿海地区交货的一种海—铁多式联运方式。MLB 运输的前身为大陆桥运输，不同的是，大陆桥运输是把美国横贯东西的铁路作为"桥梁"，组成海—铁—海多式联运，而小陆桥运输仅为海—铁多式联运。按照国际多式联运的要求，其适用的贸易术语应为 FCA①、CPT② 或 CIP③，目前我国出口企业仍沿用 FOB④、CFR、CIP 贸易术语，但要注意使用这三个海运贸易术语时，应按照 FCA、CPT、CIP 买卖双方的责任、费用及其风险责任划分的要求。同时，在贸易合同、信用证以及多式联运单据中注明"MLB"字样。

③IPI 运输。

IPI 运输的英文全名是 Interior Point Intermodal，意为内陆公共点多式联运。所谓 IPI 运输，是指远东海运至美西港口，再转运铁路将货物运至 OCP 地区指定目的地交货的一种海—铁多式联运。IPI 运输与 MLB 运输都是海—铁多式联运，其主要区别是交货地有所不同；IPI 运输和为 COP 运输的运输线路和交货地相同，其主要区别是 IPI 运输是海—铁多式联运，而 OCP 运输是海—铁分段联运。同样，对我国出口企业来说采用 IPI 运输时也应尽量选用 FCA、CPT 或 CIP 贸易术语，并在贸易合同、信用证和多式联运单据上注明"IPI"字样。

（2）西伯利亚大陆桥。

又称欧亚大陆桥，它主要是利用东起符拉迪沃斯托克，西至车里宾斯克长达 7 000 多千米的西伯利亚大铁路为主干，安排日本各港到欧洲各收交货点的运输，因而称为西伯利亚大陆桥。

（3）新亚欧大陆桥。

新亚欧大陆桥 1992 年开始运营，它东起中国的连云港，经新疆阿拉山口，西至荷兰鹿特丹，把太平洋和大西洋连接了起来。新亚欧大陆桥，比经过西伯利亚的欧亚大陆桥缩短运距 2 200 千米，节约运费 12%；比由连云港或鹿特丹，经新加坡和苏伊士运河走海路缩短运距 9 089 千米，缩短运输时间一个月左右，节省运费 20% ~ 25%；使运输于中国西部和欧洲之间的货物比走海运节省时间和费用 50% 左右。而且也使中国去欧洲的货物不必绕道满洲里、二连浩特迂回入欧亚大陆桥外运，其社会效果和经济效果非常显著。

新亚欧大陆桥在中国内部横贯东西，穿越江苏、安徽、河南、陕西、甘肃和新疆等

---

① FCA（free carrier）是"货交承运人（指定地点）"，是指卖方只要将货物在指定的地点交给买方指定的承运人，并办理了出口清关手续，即完成交货。

② CPT 是 carriage paid to …（… named place of destination）的缩写形式，意为运费付至……（"……"指指定目的地），是指卖方向其指定的承运人交货，但卖方还必须支付将货物运至目的地的运费。即买方承担交货之后一切风险和其他费用。

③ CIP（carriage and insurance paid to）是指卖方向其指定的承运人交货，其间卖方必须支付将货物运至目的地的运费，并办理买方货物在运输途中灭失或损坏风险的保险。亦即买方承担卖方交货之后的一切风险和额外费用。

④ FOB（free on board，insert named port of shipment），也称"船上交货价"。

十几个省（自治区），近百个市、地、州、铁路辐射面已达大半个中国，促进西北、西南、中原、华东、华北等地区的双向开放，形成沿桥全方位对外开放的格局（见图9-5）。

图9-5　亚欧大陆桥

二、集装箱物流

1. 集装箱的概念

（1）概念。

集装箱是我国大陆的称谓，在中国香港称为"货箱"，在中国台湾省称作"货柜"。集装箱是进行散、杂货及特殊单元组合的大型容器性工具。一般集装箱具备下述功能。

①能长期反复使用。

②以箱为整体进行物流，途中转运时箱中货物无需倒装、换装。箱内货物只在起点和终点进行逐个处置。

③对物流过程中以集装箱为一体进行运输的转换及运输形态和其他形态的转换。

④对内装货物有较强的防护、保护能力。

⑤箱内净空在1立方米以上。

（2）集装箱的分类。

如图9-6所示为集装箱分类。

（3）集装箱运输。

集装箱运输是指货物装在集装箱内进行运送的运输方式。它冲破了过去交通运输中的一切陈旧的规章制度和管理体制，形成了一套独立的规章制度和管理体制，是最先进的现代化运输方式。它具有安全、迅速、简便、价廉的特点，有利于减少运输环节，可以通过综合利用铁路、公路、水路和航空等各种运输方式，进行多式联运，实现"门到门"运输。所以集装箱运输一出现，就深受各方面的欢迎，显示出其强大的生命力和广阔的发展前景。

		通用干货集装箱
		保温集装箱
		罐式集装箱
		干散货集装箱
	按用途分	台架和平台敞顶集装箱
		敞顶集装箱
		汽车集装箱
		动物集装箱
		生皮集装箱
集装箱的分类	按箱体材料分	铝合金集装箱
		钢质集装箱
		琉璃钢集装箱
		不锈钢集装箱
	按箱体结构分	内柱式和外柱式集装箱
		折叠式和固定式集装箱
		预制式骨架和薄壳式集装箱
	按外部尺寸分	

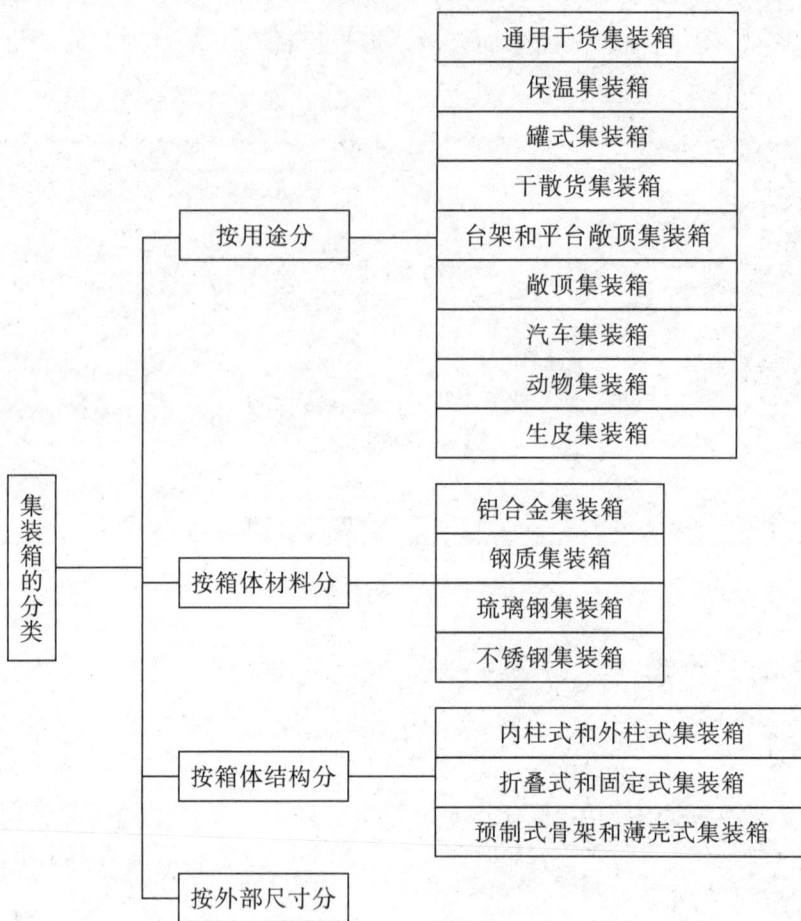

图 9 - 6　集装箱的分类

2. 集装箱运输的特点和优越性

（1）特点。

传统件杂货运输方式的特点在集装箱化之前，件杂货运输的传统方式通常有两种。

①用原始的袋、箱、盒、篓、桶、捆等方式进行运输。

②用托盘或网络将上述原始包装的货物成组后进行运输。

用第一种方式运输存在明显的缺点：

a. 货物搬运、倒载次数多，劳动强度大。货物从运输的起始点到终点，往往经过多个接运点，经过多种运输方式的转换（如从卡车转为火车、火车转为船舶、船舶再转为卡车等）。每次转换，每件货物都需经过一次装卸搬运，或倒载。由于原始包装的使用机械，在车、船等中只能使用人力，所以劳动强度非常大，对人安全的威胁也大。

b. 货物多次搬运，货损、货差大，理货工作量繁重。由于多数为单件人力搬运、装卸，所以货物搬运次数越多，形成货损、货差的可能性越大。为防止货损，只能加强货物包装的强度，造成包装费用上升。同时，为了分清各个承运人的责任，在运输过程的每个转运点转换运输方式时，都必须清点货物、办理交接、进行理货，办理各种文件交接的工作量巨大。这些都直接导致物流成本的上升。

c. 货物装卸时间长。由于基本依靠人力装卸货物，所以在运输各环节货物装卸的作业效率很低，装卸时间很长。以装卸普通的40千克包装的袋装货为例，装卸一个6米（20英尺）集装箱（假定装载20吨货物），只需一个桥吊司机2分钟～3分钟的时间；而使用人力，则大约需要18个工人至少作业半小时以上。原始包装的货物改为用托盘或网络成组进行运输，虽然可以使用机械，劳动强度下降，劳动生产率有所上升，装卸时间有所减少，但成组货物的装卸单元（通常为2吨左右）比集装箱小得多，效率仍然大大低于集装箱。而且，成组化以后货物仍然容易破损；在多次倒载过程中，成组货物容易散开。这些都无法改变货损、货差严重和理货工作量大的缺陷。

（2）集装箱运输的优越性。

①扩大成组单元，提高装卸效率，降低劳动强度。

在装卸作业中，装卸成组单元越大，装卸效率越高，托盘成组化与单件货物相比，装卸单元扩大了20～40倍；而集装箱与托盘成组化相比，装卸单元又扩大了15～30倍，所以集装箱化对装卸效率的提高是个不争的事实。

②减少货损、货差，提高货物运输的安全与质量水平。

货物装入集装箱后，在整个运输过程中不再倒载。由于减少了装卸搬运的次数，就大大减少了货损、货差，提高了货物的安全和质量。据我国的统计，用火车装运玻璃器皿，一般破损率在30%左右，而改用集装箱运输后，破损率下降到5%以下。在美国，类似运输破损率不到0.01%，日本也小于0.03%。

③缩短货物在途时间，降低物流成本。

集装箱化给港口和场站的货物装卸、堆码的全机械化和自动化创造了条件。标准化的货物单元加大，提高了装卸效率，缩短了车船在港口和场站停留的时间。据航运部门统计，一般普通货船在港停留时间约占整个营运时间的56%；而采用集装箱运输，则在港时间可缩短到仅占营运时间的22%。这一时间的缩短，对货主而言就意味着资金占用的大幅下降，可以很大程度地降低物流成本。

④节省货物运输包装费用，简化理货工作。

集装箱是坚固的金属（或非金属）箱子。集装箱化后，货物自身的包装强度可减弱，包装费用下降。据统计，用集装箱方式运输电视机，本身的包装费用可节约50%。同时，由于集装箱装箱通关后，一次性铅封，在到达目的地前不再开启，也简化了理货工作，降低了相关费用。

⑤减少货物运输费用。集装箱可节省船舶运费；节省运输环节的货物装卸费用；由于货物安全性提高，运输中保险费用也相应下降。据英国有关方面统计，该国在大西洋航线上开展集装箱运输后，运输成本仅为普通件杂货运输的九分之一。

3. 集装箱运输在我国的发展前景

集装箱运输在我国的发展前景一片光明，发展势头良好。

（1）我国经济已进入良性发展的轨道，经济增长将极大刺激运输量的增长。

1997年以后，我国的GDP以每年7%～8%的增速上升，经济增长十分稳健。开发西部的政策有效执行，使西部与东南部的经济循环开始建立，这对西部经济的发展和东南部经济的发展，都会有良好的影响。国际贸易稳步增加，外汇储备稳定增加。经济的良性增长，必定刺激物流量的增长，促使运输量增加，促进集装箱运输的发展。

（2）运输货物结构变化，适箱货比例迅速上升，刺激集装箱运输发展。

无论是国际贸易还是国内贸易，我国运输货物的结构均在发生明显的变化，适箱货的比例迅速上升，货物集装箱化的程度在提高。从国际贸易的角度看，我国正在渐渐地成为世界的"工厂"。我国传统产业（农业）迄今为止还存在巨大的过剩劳动力储备，在相当长的时间内还能源源不断地转向现代产业（制造业、服务业），这使得我国现代产业的工资水平不会因为对劳动力需求的增加而过快上升，使我国产品可以在相当长的时间内，保持劳动力成本低的竞争优势，使世界各国的制造业进一步向我国转移；近年来我国教育水平的不断提高，进入企业的劳动力训练程度提高较快，素质不断提高，这使得我国制造业的技术含量很快提高，出口产品的档次不断上升；随着我国加入 WTO，国际贸易的门也开得越来越大。这些都使我国国际货物运输的数量迅速上升，货物结构明显变化，由早期的初级产品（不适箱货）出口转向现在的加工业制成品（适箱货）出口，直接刺激了集装箱国际水路运输数量的上升。据统计，自 1979 年以后，我国对外贸易的数量上升了 25 倍，而同期国际加工贸易的数量却上升了 145 倍。这就解释了我国港口国际集装箱运输的吞吐量为什么会增加得那么快，也可以看出未来的发展势头。从国内贸易的角度看，在 20 世纪 70—80 年代，我国国内运输的主要格局是"北煤南运"和"南粮北调"，燃料和粮食运输占了沿海水路运输和铁路运输的大半江山。煤和粮都是不适箱货，所以货物集装箱化的程度很低，各地集装箱的生成量也很低。20 世纪 90 年代以后，由于能源格局的变化和北方粮食产量的增加，"北煤南运"和"南粮北调"的格局被彻底打破，沿海与内陆运输的货物主要变成了各种类型的制成品和水果、花卉等高档农产品，适箱货的比例大幅上升。在国内运输中，集装箱的"生成量"也迅速提高。国际与国内贸易运输货物的结构变化，使集装箱货物生成量上升，客观上刺激了集装箱运输的发展。

（3）随着国力上升，加大了对基础设施投资的力度，使集装箱运输发展的客观基础加强。

改革开放开始的几年，由于我国综合国力比较薄弱，对道路、港口等基础设施的投资一直滞后，这在某种程度上制约了运输和经济的增长，形成恶性循环。之后，由于我国宏观经济已进入良性循环的轨道，有能力加大对基础设施的投入，这就为集装箱运输的发展创造了良好的条件。如 1995 年，国务院就提出了以上海为中心，江浙为两翼，建设上海"国际航运中心"的设想。2002 年，这一设想迈出了重大实质性步伐。"洋山集装箱深水枢纽港"开始动工兴建。这一宏大的港口工程包括洋山深水港、30 千米的跨海大桥和 30 万人口的芦潮港"海港新城"三部分。2005 年，形成一期生产能力后，改变了东亚集装箱港口的竞争格局。洋山新港依托江、浙、沪三地的经济实力和中国经济的强大背景，在东亚集装箱港口的激烈竞争中取得有利地位，成为"东亚—北美"钟摆式运输中东亚一侧的枢纽港，推动我国集装箱运输的整体发展。

（4）我国的行政管理体制和法律、法规建设，也正在向有利于集装箱运输的方向发展。

多年来，我国主要集装箱港口几乎没有"转口运输"，这极大地制约了我国集装箱运输的发展。如上海口岸，多年来集装箱国际转口运输量，只占总吞吐量的不足 1%；

深圳盐田港国际转口运输量，也不足 1%。而与此同时，中国香港集装箱转口运输量，占总吞吐量的 40%；中国台湾高雄和新加坡集装箱转口运输量，更高达 70%。这固然有所处地理位置的原因，但也有法律、法规方面的原因。如中国香港、高雄以及新加坡等地，集装箱转口运输不作为进、出口处理，可以从一条船上卸下来，直接装上另一条船；而我国内地的口岸则将转口运输作为进、出口看待，既要纳关税，又要办理复杂的手续。这就严重阻碍了我国内地港口集装箱转口运输的发展。有关方面已开始对此进行积极的改革，这一问题将很快得以解决。

4. 集装箱运输组织

（1）集装箱货物的装箱方式。

根据集装箱货物装箱数量和方式分为整箱和拼箱两种。整箱是指托运人自行将货物装满整箱以后，以箱为单位托运的集装箱。这种方式通常在货主有足够货源装载一个或数个整箱时采用。除有些大的货主自己备有集装箱外，一般都向承运人或集装箱租赁公司租用一定的集装箱。空箱运到工厂或仓库后，在海关人员监管下，货主把货装入箱内，加锁、铅封后交承运人并取得站场收据，最后凭收据换取提单或运单。

拼箱是指承运人接受货主托运的数量不足整箱的小票货运后，根据货类性质和目的地进行分类整理，把去向同一目的地的货集中到一定数量，拼装入箱。由于一个箱内有不同货主的货拼装在一起，所以叫拼箱。这种方式在货主托运的货物数量不足装满整箱时采用。拼箱货的分类、整理、集中、装箱、交货等工作均在承运人码头集装箱货运站或内陆集装箱转运站进行。

（2）集装箱货物的交接方式。

如上所述，集装箱货运分为整箱和拼箱。因此在交接方式上也有所不同，一般有以下几类。

①整箱交、整箱接。货主在工厂或仓库把装满货后的整箱交给承运人，收货人在目的地以同样的整箱接货。也即，承运人以整箱为单位负责交接。货物的装箱和拆箱均由货方负责。

②拼箱交、拆箱交。货主将不足整箱的小票托运货物在集装箱货运站或内陆转运站交给承运人，由承运人负责拼箱和装箱，运到目的地货运站或内陆转运站，由承运人负责拆箱，拆箱后收货人凭单接货。货物的装箱和拆箱均由承运人负责。

③整箱交、拆箱接。货主在工厂或仓库把装满后的整箱交给承运人，在目的地的集装箱货运站或内陆转运站由承运人负责拆箱后，各收货人凭单接货。

④拼箱交、整箱接。货主将不足整箱的小票托运货物在集装箱货运站或内力转运站交给承运人。由承运人分类调整，把同一收货人的货集中拼箱成整箱，运到目的地后，承运人以整箱交，收货人以整箱接。

在上述各种交接方式中，以整箱交、整箱接效果最好，也能发挥集装箱的优越性。

（3）集装箱货物的交接地点。

货物运输中的交接地点是指根据运输合同，承运人与货方交接货物、划分责任风险和费用的地点。由于国际公约或各国法律通常制定了强制性的法律规范，因此承运人不能通过合同的方式减轻自己的责任；而有关费用问题，则可以由双方当事人另行约定。在集装箱运输中，根据实际需要，货物的交接地点并不固定。

目前集装箱运输中货物的交接地点有船边或吊钩（ship's rail or hook/tackle）、集装箱堆场、集装箱货运站和其他双方约定的地点（"门 door"）。

集装箱堆场（CY，container yard），是交接和保管空箱（empty container）和重箱（loaded container）的场所，也是集装箱换装运输工具的场所。

集装箱货运站（CFS，container freight station），是拼箱货交接和保管的场所，也是拼箱货装箱和拆箱的场所。

根据承运人从发货人手中接收货物和向收货人交付货物地点的不同组合，集装箱货物的交接方式可分为以下8种。

①"门到门"交接方式。一般理解为发货人负责装箱办理通关和加封，承运人在发货人处接收货物后，对货物运输的全程负责直到运至收货人处交付货物时止，货物交接的形态均为整箱货。

②"门"至堆场交接方式。一般理解为发货人负责装箱、办理通关和加封，承运人在发货人处接收货物后，对货物运输全程负责，直到运至运输合同中指定的码头或内陆堆场向收货人交付货物为止，货物交接形态均为整箱货。

③"门"至集装箱货运站交接方式。一般理解为发货人负责装箱、办理通关和加封，承运人在发货人处接收货物后，对货物全程运输负责，直到运至运输合同中指定的码头或码头附近或内陆地区的集装箱货运站，并负责拆箱，直至向收货人交付为止。在这种交接方式下，承运人接受的是整箱货，交付时为拼箱形态。

④堆场至堆场交接方式。一般理解为发货人负责装箱，办理通关及加封手续，并自行负责将集装箱由装箱地运输合同中指定的码头或内陆堆场，承运人在该堆场接收货物后，负责将货物运至合同中指定的目的地堆场的全程运输，并在目的地堆场向收货人交付货物，收货人负责到拆箱地运输和拆箱、还箱工作。货物的交接形态均为整箱货。

⑤堆场至集装箱货运站交接方式。一般理解为发货人负责装箱，办理通关及加封手续，并自行负责将集装箱由装箱地运至运输合同中指定的堆场交给承运人。承运人负责将货物运至合同中指定的目的地堆场的全程运输，并负责拆箱后向收货人交付货物。承运人以整箱形态接受货物，以拼箱形态交付货物。

⑥集装箱运站至"门"交接方式。一般理解为发货人以原来的形态把货物运至运输合同指定的集装箱货运站，承运人集装箱货运站接收货物负责装箱、加封后，负责将货物运至手货人处交付货物。承运人以拼箱形态接收货物，以整箱形态交付货物。这种交接方式一般应用于多个发货人，一个收货人的情况。

⑦集装箱货运站至堆场交接方式。

⑧集装箱货运站至集装箱货运站交接方式。

以上8种交接方式，进一步可以归纳为以下4种方式。

a."门到门"。这种运输方式的特征是，在整个运输过程中，完全是集装箱运输，故最适合于整箱交、拆箱接。

b.门到场站。这种运输方式的特征是，由门到场站为集装箱运输，由场站到门的是货物运输，故适合于整箱交、整箱接。

c.场站到门。这种运输方式的特征是，由门至场站为货物运输，由场站至门是集装箱运输，故适合于拼箱交、整箱接。

d. 场站到场站。这种运输方式的特征是，除中间一段为集装箱运输外，两端的内陆运输均为货物运输，故适合于拼箱交，拼箱接。

（4）集装箱运输进出口程序。

①订舱。出口公司根据贸易合同装运期事先向船公司办理订舱手续。船公司确认订舱后，签发装货单，分送集装箱堆场和集装箱货运站，据以安排空箱及办理货运交接。

②发送空箱。整箱货运所需的空箱由船公司送交或发货人领取。拼箱货运所需的空箱，一般由货运站领取。

③拼箱货装箱。集装箱货运站根据订舱单核收托运货物签发场站货物收据，经分类整理，然后在站内装箱。

④整箱货运箱。发货人收到空箱后，自行装箱并按时运至集装箱堆场。集装箱堆场根据订舱单、装箱单验收并签发场站货物收据。

⑤集装箱货运交接。

5. 集装箱物流

集装箱物流，是通过集装箱将包装、装卸、储存、运输、保管连贯起来，形成贯通全程的物流活动。集装箱物流的巨大优势是通过不同运输手段的有效衔接，形成"多式联运"，以实现"门到门"的物流服务。

集装箱物流方式有单独的集装箱水路运输、集装箱公路运输、集装箱铁路运输及集装箱航空运输等方式，也有不同组合的集装箱联运。正确选择集装箱的运输方式，充分利用集装箱的优势，避免在选择上出现错误，是物流管理工作的重要内容。

（1）集装箱水运方式的选择。

集装箱物流，尤其是国际集装箱运输，船舶是主要的运输工具，国际通用6米（20英尺）及12米（40英尺）两种大型集装箱，用普通船运输，装运量有限，且装运困难，所以近几十年发展出了若干形式的专用集装箱船，这是集装箱运输，尤其是集装箱联运的主要运输工具。

能载运集装箱的船舶种类很多，但载运能力、载运方式相距甚远。现在主要采用的有以下若干种。

①吊装式集装船。

集装箱出入船作业采用吊装方式，利用岸上或船上起重设备进行吊装吊卸。主要有三种类型：第一种是专用全集装箱船，第二种是半集装箱船，第三种是集装箱—杂货两用船。这三种船集装箱货体的装卸作业都采取吊上、吊下方式，其中最典型的是全集装箱船。

a. 全集装箱船。是集装箱专用船，其特点是载运集装箱数量大，一般为大开口单甲板，舱内有稳固集装箱的箱格结构，每一箱格可堆放集装箱4~9层。甲板上可堆放集装箱2~3层，并有系紧装置稳固集装箱。全集装箱船载重量一般在万吨级以上，第四代全集装箱船已达5万吨级以上，载箱量最大已达4 000~5 000个国际标准集装箱，有很高的运输效率。

b. 半集装箱船。半集装箱船是指在船的舯部装载集装箱，而在船的艏、艉部分装载普通杂货的船舶。船的艏艉部分因形状不规则，若用于装载集装箱则舱容浪费太大，故在艏艉舱装载普通杂货。

c. 集装箱—杂货两用船。属于多用途货船，这种船主要适合货种、货流变化量大，未形成有效集装箱集运系统的航线上采用，往往是集装箱和各种散杂货混载，有很高的灵活性。这种船一般是双甲板船，采用大船口、平舱盖，以便在盖上放置集装箱。舱口尺寸与国际标准集装箱配套，以便装卸作业。

②滚装式集装箱船。

是将集装箱货载连同牵引车一起驶入船上，车及集装箱一同完成水运或上船后只卸下集装箱而将车辆从船上驶下的方式，连同车辆一起运输的集装箱船，所运之集装箱不能叠放堆码，因而船型必须是多层甲板。这种船与码头之间的装卸是通过船首、船尾或船侧的开口处，通过跳板将车载集装箱驶上驶下的。各层仓的沟通主要靠斜坡道或升降机。

滚装式集装箱有很大的特点，其优点是对码头要求较低、装卸速度快、装卸效率高、适应货种多。其缺点是舱容利用率低、造价高，在集装箱运输中是一种辅助船型。

③载驳集装箱船。

又称子母集装箱船或浮装式集装箱船。载有集装箱的驳船，浮进载驳船或整体吊入载驳船之后，进行"船载船"的载驳运输，到达后再将载有集装箱的子驳船放入水中。

载驳集装箱船的主要特点是利用小驳船的机动性及通达性，可将海上干线运输、内航干线运输与小河道、小水域的配送、集货运输有效地联结起来，有利于实现"门到门"的运输，尤其是大小船之间的转运，利用载驳集装箱船可节省转运时间、转运时的装卸费用。

④内河集装箱船。

用于内河航运的专用集装箱船，主要是有自航能力的自航驳船，也采用驳船组队的形式。内河集装箱船主要特点是上部建筑简单，有大开口或大甲板便于装卸集装箱。内河集装箱船受内河船运限制，船体较小，内河水深变动较大，因而主要采用吊上吊下的方式进行集装装卸。

⑤江海联运型集装箱船。

能在海上和江上运输而不需换运的集装箱船，又有江船出海型和海船进江型两种。

（2）集装箱公路运输方式的选择。

集装箱公路运输是集装箱物流的重要运输形式，尤其是集装箱"门到门"汽车直接运输和联运系统，集装箱公路运输是不可缺少的首尾运输的重要环节。对于大型集装箱而言，集装箱公路运输也进行长距离的干线运输。

集装箱公路运输车可选择的车辆种类有下列几种。

①集装箱半挂车。

集装箱半挂车又分平板式、梁架式、浮动轮式及伸缩梁架式若干种。其基本结构是：半挂车前部有支脚或浮动轮，后部为承重轮，在运输时，前部搭放于拖车之上，和拖车一起形成一个整体，集装箱自重及挂车自重由拖车和挂车共同承重。几种半挂车中，梁架式有较强的专用性，挂车车体较轻，因而运输耗能少；平板式属于多用型，除用于运装集装箱之外还可装运其他多种大重量、长尺寸货物，专用性较差，车身重量较大，因而运输集装箱的技术经济效果不如梁架式。

②集装箱全挂车。

全挂车车体是无动力可行走式车体，挂车完全承载集装箱，短距离移动时，可用各种小型车辆拉动，甚至人力推动；进行长距离集装箱运输时，则接上拖车形成集装箱全挂列车。这种车型如用于国际大型集装箱，则列车总长度太长，运行产生不便，一般用于小型集装箱，采用较短的全挂车。

③集装箱自装自卸车。

车上带有装卸集装箱设施的特殊形式的集装箱车。在进行集装箱"门到门"运输时，若一端或两端缺乏装卸工具，采用这种车型十分有利，是实现集装箱"门到门"运输的重要车辆。

（3）集装箱铁路运输方式的选择。

集装箱铁路运输主要担负"站到站"的任务，在多式联运中，承担陆地干线运输的责任。铁路的集装箱运输是有限制的，主要受到车辆、路线和接发集装箱车站的限制。

①集装箱铁路运输车辆的选择。

一般铁路货车皆可装运集装箱，但装箱大小及长度受铁道货车尺寸的制约，且普通铁道平板货车虽可装运集装箱，但自重较大，无效运输较严重，车辆构造也不适于快速装卸及大量运输。所以，除了一般混运运输线以外，专门进行集装箱运输的线路及定期集装直达列车一般都采用集装箱专用车。专用车主要类型有如下几种。

a. 梁架式集装箱专用车。车上没有平底台板，而将集装箱直接置于梁架的平面之上，集装箱装上后，有稳固装置锁固集装箱并有缓冲装置。

b. 车载车式滚装集装箱货车。采用的是低平台平板货车，拖车式集装箱可从货车的一端借助高站台或斜面开上货车，进行"车载车"运输；车载车运输又称"驮背运输""滚动公路"式运输，由于列车运行速度快，装卸速度快而且装运能力大，所以，这种运输形式在不少国家普遍采用。在美国，铁路驮背运输方式的直达列车已占相同领域集装箱货运量的44%。这种车载车方式运输集装箱，主要好处在于实行"门到门"联运时，免去烦琐的转运换载装卸，而靠载集装箱的全挂车或半挂车实现"门到门"。

c. 双层集装箱货车。铁道运输集装箱时往往受通过高度限制，一般货车只能进行单层放置，因而往往达不到货车的载重要求。然而，双层叠放，受桥梁、涵洞影响，又出现超高问题，所以采用双层集装箱专用货车，可大大提高车辆的载运能力。双层集装箱货车采用凹形车底，以降低车底高度。

②集装箱铁路运输方式选择。

铁路运输方式，受集装箱办理车站和线路的限制，需要做出不同的选择。

a. 选择一般集装箱办理站的集装箱铁路运输。由于受到铁路货站装卸设备和装卸能力的限制，同时还受到发、到货量的限制，不可能所有的铁路货站都能够承运集装箱。选择铁路集装箱运必须首先选择集装箱办理站。一般的集装箱办理站可以办理铁路集装箱运输。

b. 铁路集装箱直达列车。铁路集装箱直达列车和路线班车，是发达国家普遍采用的一种高效、快速的集装箱铁路运输方式，采用这种方式可以解决铁路干线运输领域准时、快速问题。

（4）集装箱贯通式物流。

集装箱贯通式物流，是采用集装箱多式联运的方法，实现"一票到底"的"门到门"物流，这是现代供应链的一个重要组成部分。

集装箱贯通式物流的环节如下：

①集装箱集疏运输。

集装箱集疏运输是干线运输的首尾衔接性支线运输，是国际集装箱运输的必然组成部分，这种集疏运输是在内陆进行，所以又称内陆集疏运，有内陆公路集疏运、内河集疏运及铁路集疏运三种形式。集疏运输的任务，是将各用户的集装箱通过三种形式或其中某种形式集中成能采用专用集装箱船或集装箱列车进行干线运输的批量，或将大批量到港、到站的集装箱运给用户完成疏运任务。

②集装箱干线运输。

a. 集装箱班轮。利用集装箱船在固定港口之间进行定期定航线的集装箱运输。这种运输形式在各国普遍采用，运输量巨大。我国也开辟了到美洲、欧洲、日本、地中海、东南亚等地的定期班轮航线。

b. 集装箱定期直达列车。采用固定车底的专用集装箱车皮或者平底车组成专列，定点、定线、定期运行。

c. 集装箱专运列车、快运列车。

（5）国际集装箱多式联运。

①"门到门"的集装箱联运。

这种方式全线联运，并从集装箱在货主门口装货开始直到用户门口卸箱为止，中途全部实行"一票到底"的联运并在不同运输工具之间实现有效换载。"门到门"集装箱联运在管理上采用一家承接组织全程运输的方式，在技术上主要是运输工具之间有效转换。为此，必须在专门衔接集装箱货载的站、场、港专业化地处理此项工作。

②陆桥集装箱联运。

利用大陆桥实行集装箱的运输。陆桥运输以集装箱联运为标志，也以跨不同国家的运输线为标志，所以又称国际集装箱陆桥运输。

目前，国际上已开辟了许多条多式联运线路，其中和亚洲有关、能为我国所利用的主要多式联运有如下两种。

a. 远东—欧洲多式联运。包括海陆联运和大陆桥运输两种。其中远东—欧洲多式联运所通过的大陆桥是西伯利亚大陆桥和新欧亚大陆桥。

b. 亚洲—欧美海空联运。以亚洲至欧美的海运为主，在欧、美到达地通过空运到内陆地区的多式联运。

任务三　托盘物流

1. 概述

（1）托盘的概念及定义。

托盘是为了使物品能有效地装卸、运输、保管，将其按一定数量组合放置于一定形状的台面上，这种台面有供叉车从下部叉入并将台板托起的叉入口的装置。以托盘为基本结构的平板、台板和在这种基本结构基础上形成的各种形式的集装器具都可统称为托盘。托盘的发展可以说是与叉车同步，叉车与托盘的共同使用形成的有效装卸系统，大大地促进了装卸活动的发展，使装卸机械化水平大幅度提高，使长期以来在运输过程中的装卸瓶颈得以解决或改善。所以，托盘的出现也有效地促进了全物流过程水平的提高。

托盘最初是在装卸领域出现并发展的，在应用过程中又进一步发展了托盘作为储存设施，作为一个运输单位的重要作用。托盘成了物流系统化的重要装备机具，对现代物流的形成、对物流系统的建立起到不小的作用。

托盘的出现也促进了集装箱和其他集装方式的形成和发展，现在，托盘已是和集装箱同样重要的集装方式，形成了集装系统的两大支柱。托盘以其简单、方便等优点在集装领域中颇受青睐。

（2）托盘的特点。

托盘和集装箱在许多方面是优缺点互补的，难以利用集装箱的地方可利用托盘，托盘难以完成的工作则由集装箱完成。

①托盘的主要优点。

a. 自重量小。因而用于装卸、运输托盘本身所消耗的劳动较小，无效运输及装卸相比较集装箱为小。

b. 返空容易。返空时占用运力很少，由于托盘造价不高，又很容易互相代用，互以对方托盘抵补，所以无须像集装箱那样必有固定归属者，也无须像集装箱那样返空。即使返空，也比集装箱容易。

c. 装盘容易。不需像集装箱那样深入到箱体内部，装盘后可采用捆扎、紧包等技术处理，使用简便。

d. 装载量虽较集装箱小，但也能集中一定数量，比一般包装的组合量大得多。

②托盘的主要缺点。

保护性比集装箱差，露天存放困难，需要有仓库等配套设施。

2. 各种类型的托盘

托盘的分类见图9－7所示。

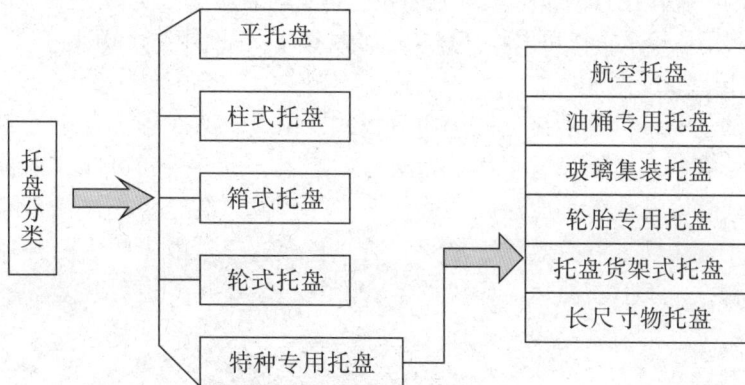

图9－7　托盘的分类

（1）平托盘。

一般所称的托盘主要指平托盘，平托盘是托盘中使用量最大的一种，是托盘中之通用型托盘。平托盘又进一步分为如下三种类型。

①根据台面分类。按承托货物台面分成单面型、单面使用型、双面使用型和翼型四种。

②根据叉车叉入方式分类。分为单向叉入型、双向叉入型、四向叉入型三种。四向叉入型，叉车可从四个方向进叉，因而叉运较为灵活。单向叉入型只能从一个方向叉入，因而在叉车操作时较为困难。

③根据制造材料不同分类。

不同的制造材料，托盘的强度不同，重量也不同，在选用时应当加以考虑。

a. 木制平托盘。木制平托盘制造方便，便于维修，本体也较轻，是使用广泛的平托盘。

b. 钢制平托盘。用角钢等异型钢材焊接制成的平托盘，和木制平托盘一样，也有各种叉入型和单面、双面使用型等各种形式。钢制平托盘自重较重，人力搬运较为困难。最近采用轻钢结构，最低重量可制成35千克的1 100毫米×1 100毫米钢制平托盘，可用人力搬移。钢制平托盘最大特点是强度高，不易损坏和变形，维修工作量较小。钢制平托盘制成翼形平托盘有优势，这种托盘不但可使用叉车装卸，也可利用两翼套吊吊具进行吊装作业。

c. 塑料制平托盘。采用塑料模制成平托盘，一般是双面使用型，两向叉入或四向叉入，由于塑料强度有限，很少有翼形的平托盘。塑料制平托盘最主要的特点是本体重量轻、耐腐蚀性能强，可着各种颜色分类区分，托盘是整体结构，不存在透钉刺破货物的问题，但塑料承载能力不如钢、木制托盘。

d. 胶合板制平托盘。用胶合板钉制台面的平板型台面托盘，这种托盘质轻，但承重力及耐久性皆较差。

（2）柱式托盘。

柱式托盘的基本结构是托盘的四个角有固定式或可卸式的柱子，这种托盘又可进一步发展成从对角的柱子上端用横梁连接，使柱子成门框型。柱式托盘的柱子部分用钢材制成，按柱子固定与否分为固定柱式和可卸柱式两种。

柱式托盘的主要作用有两个，其一是防止托盘上所置货物在运输、装卸等过程中发生塌垛；其二是利用柱子承重，可以将托盘货载堆高叠放，而不用担心压坏托盘上的货物。

（3）箱式托盘。

箱式托盘的基本结构是沿托盘四个边有板式、栅式、网式等各种平面组成箱体，有些箱体有顶板，有些箱体上没有顶板。箱板有固定式、折叠式和可卸式三种。由于四周栏板不同，箱式托盘又有各种叫法，如称作笼式托盘或集装笼。箱式托盘的主要特点有两个：一是防护能力强，可有效防止塌垛，防止货损；二是由于四周的护板护栏，这种托盘装运范围较大，不但能装运可码垛的整齐形状包装货物，也可装运各种不能稳定堆码的异型物品。

（4）轮式托盘。

轮式托盘的基本结构是在柱式、箱式托盘下部装有小型轮子，这种托盘不但具有一般柱式、箱式托盘的优点，而且可利用轮子做小距离运动，可不需搬运机具实现搬运。

可利用轮子做滚上滚下的装卸，也有利于装放车内、船内后，移动其位置，所以轮式托盘有强的搬运性。此外，轮式托盘在生产物流系统中，还可以兼作作业车辆。

（5）特种专用托盘。

上述托盘都带有一定的通用性，可适装多种中、小件杂、散、包装货物。由于托盘制作简单，造价低，所以某些较大数量运输的货物，都可制出装载效率高、装运方便、适于有特殊要求的某种物品的专用托盘。现在各国采用的专用托盘种类不可计数，都在某些特殊领域发挥作用。

①航空托盘。

航空货运或行李托运用托盘，一般采用铝合金制造，为适应各种飞机货舱及舱门的限制，一般制成平托盘，托盘上所载物品以网络覆罩固定之。

②平板玻璃集装托盘。

又称平板玻璃集装架。这种托盘能支撑和固定立放的平板玻璃，在装运时，平板玻璃顺着运输方向放置以保持托盘货载的稳定性。

③油桶专用托盘。

专门装运标准油桶的异型平托盘，托盘为双面型，两个面皆有稳固油桶的波形表面或侧挡板。油桶卧放于托盘上面，由于波形槽或挡板的作用，不会发生滚动位移。同时，还可几层叠垛，解决桶形物难以堆高码放的困难，也方便了储存。

④货架式托盘。

其结构特点是一种框架形托盘，框架正面尺寸比平托盘略宽，以保证托盘能放入架内，架的深度比托盘的尺寸宽，以保证托盘能搭放在架上。架子下部有四个支脚，形成了叉车进叉的空间。这种货架式托盘叠高组合，便成了托盘货架，可将托盘货载送入内放置。这种货架式托盘也是托盘货架的一种，是货架与托盘的一体物。

⑤长尺寸物托盘。

专门用于装放长尺寸材料的托盘，这种托盘叠高码放后便成了组装式长尺寸货架。

⑥轮胎专用托盘。

轮胎本身有一定的耐水、耐蚀性，因而在物流过程中勿须密闭，且本身很轻，装放于集装箱中不能充分发挥箱的载重能力，其主要问题是储运时怕压、挤，因此采用托盘是一种很好的选择。

3. 托盘物流方式

（1）托盘作业机械的选择。

①装卸机械类。装卸机械主要有以下两种。

a. 叉车。是托盘装卸的主体机械，全部托盘都采用叉车装卸设计，个别托盘，比如钢制翼形托盘、长尺寸物托盘、平板玻璃集装架等也有辅助以吊车装卸的设计。可以说，托盘和叉车是配套使用的两种机具。

b. 托盘移动车。在小范围中移动托盘的小型机具，这种机具的作用是在仓库内部货位之间移动托盘，调整托盘与运输工具之间的装卸位置，在运输工具内部移动托盘使货体就位。这种车分动力式与手动式两种。其工作原理是先降低托盘叉的高度，使之低于托盘底座高度，当叉入托盘叉入口后，抬高叉座，将托盘抬起，利用移动车的轮子移动托盘，到达目的地之后，再降低叉座高度，从叉入口中抽出叉爪。

②搬运机械类。适用或专用于托盘搬运的机械，主要有以下四种：

a. 辐式输送机。这种输送机承重能力大，因而适用于托盘。在托盘中，只有轮式托盘不适合采用这种输送机。

b. 链式输送机。除了轮式托盘外，适用于其他各型托盘。

c. 垂直输送机。托盘专用的托盘垂直输送机是将水平输送和垂直输送结合为一体的输送机，垂直通道按标准托盘及尺寸设计。

d. 无人搬运车。在工厂内部及物流中心、配送中心，需进行一定距离的运输，且又难以完全长期固定运输路线，因而不能安装固定式的输送机，在这种场合下除了使用一般产业车辆外也使用较大的无人搬运车系统。

③移动机械类。托盘在集装箱、火车、大型汽车、船舶内作业时，常常需要进行移动就位的活动，例如，用叉车将托盘从厢式货车后门装入后，为连续进行叉车装入托盘货物的装卸操作，就需将先装进的托盘货物向车厢内部移动，类似作业需要有一些专门的移动工具，主要有以下几种。

a. 托盘移动器。有手动、自动两种类型，是在带槽车厢底盘座上移动托盘的简单工具。将移动器叉入托盘下部的车底板上预设的槽中，按动压杆，就会将托盘抬起，移动器的小轮则可沿槽座将托盘向前移动。

b. 带有倾斜装置的车上辗子。在卡车上安装可前后小角度倾斜的辗子，在装卸时将辗子抬起，以托起托盘，辗子的前后倾斜，使装入或卸出托盘货物省力易行。在运输时，降下辗子，使托盘落坐于车台板上以保持稳定。

c. 车尾板升降机。上述托盘移动器及托盘用的带辐轮座卡车都只适用于不带轮的托盘，轮式托盘本身有移动装置，因而在车厢底板上很容易进行移动。车尾板升降机的作用是尾板可低放于地面，将轮式托盘推上以后，尾板水平上升与车台座水平相接，这样便可将轮式托盘推入车内就位，或从车内推出准备卸下。

④托盘自动装盘机。托盘自动装盘机是标准包装货物或确定规格包装货物，按预定指令反复、多层在托盘上码放形成托盘货体的机械，它是托盘作业全机械化的重要一环。

⑤托盘货架。托盘专用货架有固定式、装配式、移动式等多种一般货架，还有驶入式、重力流动式及立体托盘式等多种特殊形式的货架。

⑥配套机具。物流过程中许多环节还需有一些配套机具来提高作业效率、贯通物流系统，主要有升降台板。依靠它有升降定位的作用，将不同高度的作业面联系在一起，起到向不同高度过渡的作用。有带轮及不带轮两种。这种台板不但用于托盘，也可用于工厂中的作业。

（2）托盘转向器。

托盘转向器。是能转动托盘方向的简单器具。托盘转向器的作用，可使装卸托盘的操作人员固定在一个位置操作，依靠转向器，将新的作业面展现在操作者面前，这样可减轻操作者劳动强度。在工厂的生产线上，操作者在活动空间狭小、位置必须固定的情况下，采用这种转向器更为有效。托盘转向器分轻型、中型、重型三种，分别以不同颜色标识。其最大荷载可达 3 000 千克以上，自重一般不超过人的搬运能力。

①托盘的装盘。用平托盘运输形状整齐的包装货物，装盘是一项重要的操作，整个物流过程的托盘货体稳定与否，主要取决于装盘方式和稳固方式。装盘码垛方式：在托

盘上放装同一形状的立体形包装货物，可以采取各种交错咬合的办法码垛，这可以保证足够的稳定性，甚至不需要再用其他方式加固。托盘上货体码放方式很多，其中主要有四种码放方式：重叠式、纵横交错式、正反交错式和旋转交错式。

②托盘的塌垛。托盘塌垛是物流管理中要重点防范的问题。一旦出现塌垛，不但会造成货损，而且破坏了物流过程的贯通性，阻缓了物流速度，降低了物流效率。在物流过程中的塌垛大体有四种情形：货体倾斜；货体整体移位；货体部分错位外移，部分落下；全面塌垛。

发生塌垛危险的主要原因，一方面是运输工具、运输线路及路况意外事故等外部原因，另一方面是码放不当的内部原因。比较而言，在不发生特殊运输事故情况下，码垛问题是发生塌垛的重要因素，另外，包装表面的材质也起一定的作用，表面摩擦力大的包装物则较不易发生塌垛。

③托盘货体的紧固。托盘货体的紧固是保证货体稳固性、防止塌垛的重要手段。托盘货体紧固方法有如下若干种。

a. 捆扎。用绳索、打包带等对托盘货体进行捆扎以保证货体的稳固。捆扎方式有水平捆扎、垂直捆扎等方式。

b. 网罩。用网络罩盖托盘货体起到紧固作用。这种方法多用于航空托盘。

c. 框架。用框架包围整个托盘货体再用打包带或绳索捆绑以起到稳固作用。

d. 中间夹摩擦材料。将摩擦系数大的片状材料，如麻包片、纸板、泡沫塑料等夹入货物层间，起到加大摩擦力、防止层间滑动的作用。

e. 专用金属具。对某些托盘货物，最上部如可伸入金属放夹卡，则专用夹卡将相邻的包装物卡住，以便每层货物通过金属具构成整体，防止个别分离滑落。

f. 黏合。在每层之间贴上双面胶条，可将两层通过胶条黏合在一起，这样便可防止在物流中，托盘上货物从层间发生滑落。

g. 胶带粘扎。托盘货体用单面不干胶包装带粘捆，即使是胶带部分损坏，由于全部贴于货物表面，也不会出现散捆；而绳索、包装带捆扎，一旦一处断裂，全部捆扎便失去作用。

h. 平托盘周边垫高。将平托盘周边稍微垫高，托盘上置之货物会向中心互相依靠，在物流中，发生摇动、振动时，可防止层间滑动错位，防止货垛外倾，因而也会起到稳固作用。

i. 收缩薄膜。将热缩塑料薄膜置于托盘货体之上，然后进行热缩处理，塑料薄膜收缩后，便将托盘货体紧箍成一体。这种方法不但能起到固紧、防塌垛作用，而且塑料薄膜的不透水特性，还可起到防水、防雨作用。这有利于克服托盘货体不能露天放置、需要仓库的缺点，可大大扩展托盘的应用领域。

j. 拉伸薄膜。用拉伸塑料薄膜缠绕，捆扎拉伸薄膜，外力撤除后收缩固紧托盘货体。

4. 托盘的使用及管理

（1）托盘的使用。

托盘的使用有两种方法：

①托盘联运。托盘联运，其含义是将载货托盘货体，从发货人开始，通过装卸、运

输、转运、保管、配送等物流环节，将托盘货体原封不动地送达收货人的一种"门到门"运输方法。

由于采用了托盘，物流过程中的各个环节可以以托盘货体整体作为处理对象，而不需逐个处理每件货物，这样就可大大减少人力装卸次数，节省劳务费用，防止事故及货损的发生，节省包装及包装费用。加快托盘联运物流速度是社会化的问题，很难在一个行业、一个部分或一个小地区自行解决，因此，要解决托盘联运问题，必须实行全社会统一的托盘技术标准和托盘管理制度。实行联运的托盘有固定的尺寸标准和有限的种类，不是上述列举的所有托盘都进入联运领域，所以，实行托盘联运也就限制了托盘在专业领域和特殊场合的运用。非联运托盘必然有其应用领域和存在的优势。我国联运托盘的规格尺寸和国际标准化组织规定的通用尺寸是一致的。国家标准（GB/T 2934—1996）规定，主要有四个规格，即：1 200 毫米 × 1 000 毫米；1 200 毫米 × 800 毫米；1 140 毫米 × 1 140 毫米；1 219 毫米 × 1 016 毫米。联运用托盘都采用平托盘，以便于叉车、货架、仓库的标准化。

②托盘专用。各个产业领域，各小流通领域，各工厂、车间、仓库内部都有提高工效、追求物流合理化的问题。因此，托盘专用也是拓宽托盘使用领域不可忽视的手段。托盘专用即是按某一领域的要求，在这一领域的各个环节，采用专用托盘作为贯通一气的手段。实际上，这是一个小领域的托盘联运，托盘专用可按这一领域的特殊性选择和设计效率最高的专运托盘，而无须照顾社会物流标准化的要求，因而托盘的选择更合理，在这一领域中有别的领域无法比拟的技术经济效果。在较大的托盘自用领域也可参照托盘联运的管理方式，组织托盘交换，以在这一领域中，用尽可能少的托盘数量解决问题。

平板玻璃专用托盘的物流是典型例子。平板玻璃产量很大，也有较广阔的流通领域，但是这种产品不可能利用通用联运平托盘，其他形式的托盘也很难采用，平板玻璃专用托盘解决了其他种类不能解决的立装、紧固等问题，形成了这一领域的"门到门"的贯通运输。

但是，专用托盘的流通，有时要配以专用机具、设施，这样会降低这些机具设施的使用效率，限制了它的发展，这是专用托盘的缺点。

在工厂物流系统中，为配合流水线作业，专用托盘使用领域也很广泛。如汽车工厂的零部件专用托盘，其流程是托盘装入零部件后，进入立体仓库保管，按装配计划，从立体仓库取出托盘进入装配流水线，内置的零件在一定装配位置装配完后，空盘再回送至供应部门，如此往复使用。

（2）托盘的管理和联营体系。

托盘在联运系统中的管理和集装箱有很大的不同，主要在于联运托盘种类少，尺寸及材料大体相同，托盘价格相差不大，因此，不需像集装箱那样严格计划返运，不需像集装箱那样有明确的不可变的归属。基于这个特点，托盘可只保留一个数量的归属权，具体托盘则可在联营系统中广泛进行交换，而不强调个别托盘的归属和返盘。

联营共用托盘有以下几种方式：

①对口交流方式。

有关单位之间签订协议，各单位所属托盘可在若干有关单位之间运营，共同承担接收回送等义务，到一定时期清算。

②即时交换方式。

以运输承担人和发货人为双方。当发货人发出一批托盘后，运输承担人则给予发货人同等批量托盘。这种方式在趋近一体化的欧洲采用颇为广泛。

③租赁方式。

托盘由托盘公司所拥有，托盘公司在各地设营业点，货主自己不备托盘，使用时从附近租赁公司租用，接货后空盘就近归还租赁公司，托盘公司拥有全部托盘并调配、维修、更新托盘。这是一种社会化很强的托盘管理形式。

④租赁交换并用方式。

这种方式是运输当事人与货主之间采用交换方式，而与托盘公司之间采用租赁方式。

⑤结算交换方式。

结算交换方式是针对即时交换的缺点而制定的。即时交换方式容易出现现场空托盘数量不足的情况，空托盘无法及时回收与返还，致使托盘货物滞留，而影响整个发送过程的进行。采用结算交换方式，托盘流动方式与即时交换方式程序相同，只是不需在现场交换托盘，通过传票处理，在规定的日期内返还即可，对不能按期返还的或造成丢失的要支付赔偿金。由于该方式对托盘回收、返还的责任范围等均有明确规定，因而较即时交换方式更有优越性。

知识与技能训练

一、知识题

1. 名词解释

多式联运　集装箱　大陆桥运输　托盘

2. 填空题

（1）《联合国国际货物多式联运公约》对国际多式联运所下的定义是："按照多式联运合同，以至少（　　　）运输方式，由（　　　）把货物从一国境内接运货物地点运至另一国境内指定交付货物的地点。"是一种把（　　　）、（　　　）、（　　　）和（　　　）等传统单一的运输方式有机地结合起来，组成一个连贯的运输系统，以便更好地实现（　　　）运输，为客户或货主提供经济、合理、迅速、安全、简捷的运输服务方式。

（2）国外主要的国际多式联运线路有：①（　　　）。②（　　　）。③（　　　）。

④北美、东北亚、东南亚、澳新各港口—中国沿海主要港口—中国内地（或反向运输）。

⑤远东各港口—欧洲各港口—欧洲内地（或反向运输）。

⑥远东、东南亚各港口—澳大利亚港港口—澳大利亚内地（或反向运输）。

（3）根据《联合国国际货物多运式联运公约》的定义，理论上多式联运有（　　　）、（　　　）、（　　　）、（　　　）、（　　　）、（　　　）、（　　　）、（　　　）、（　　　）等共九种类

209

型，但由于当今国际运输中海运占绝大多数的比例，因此目前多式联运主要有（　　　）、（　　　）以及（　　　）三种类型。

（4）美国大陆桥运输线。它包括两条路线，一条是从（　　　）至（　　　）的铁路（或公路）运输系统，全长约 3 200 千米。另一条是（　　　）至（　　　）的铁路（或公路）运输系统，全长 500 千米～1 000 千米。由于东部港口和铁路太拥挤，货物到达后很难保证及时换装，使大陆桥运输带来的优越性——节省时间不能体现。因此，目前美国的大陆桥运输基本处于停顿状态。但是，由此派生而成的（　　　）和（　　　）运输方式却在不断发展。

（5）托盘的使用有两种方法：（　　　）、（　　　）。

3．选择题（单选或多选）

（1）我国出口到美国的多式联运业务，从我国运往美国内地的集装箱货物很大一部分采用海—铁联运或多式联运方式，主要有（　　　）。

A．OCP 运输　　　　　　　　　　B．MLB 运输

C．IPI 运输　　　　　　　　　　D．加拿大大陆桥运输

（2）北美大陆桥主要是指（　　　）。

A．美国大陆桥　　　　　　　　　B．加拿大大陆桥

C．西伯利亚大陆桥　　　　　　　D．新亚欧大陆桥

（3）目前在国际货物多式联运中主要采用的组织体制是（　　　）。

A．协作式多式联运　　　　　　　B．衔接式多式联运

C．货主直接托运制　　　　　　　D．"门到门"

（4）集装箱货运分为整箱和拼箱。因此在交接方式上也有所不同，一般有以下几类（　　　）。

A．整箱交、整箱接　　　　　　　B．拼箱交、拆箱交

C．整箱交、拆箱接　　　　　　　D．拼箱交、整箱接

（5）我国联运托盘的规格尺寸和国际标准化组织规定的通用尺寸是一致的。主要规格有（　　　）。

A．1 200 毫米×1 000 毫米　　　　B．1 200 毫米×800 毫米

C．1 140 毫米×1 140 毫米　　　　D．1 219 毫米×1 016 毫米

4．思考题

（1）简述多式联运的类型及主要业务。

（2）集装箱运输有哪些特点及哪些优越性？

（3）简述托盘的类型及优点。

二、实训题

主题：认识多式联运运输

目的和要求：

1．学生按计划进入实训室进行模拟实训，要求遵守实训室管理规定。

2．学生按设备数量和班级人数分组，服从安排。

3．实训过程中，学生应按指导教师提示的步骤，循序进行各项目的操作。

步骤：

1. 学习多式联运运输相关知识。
2. 根据任务，选择运输种类并订舱。
3. 多式联运运输业务办理。
4. 海运单证填写。
5. 运费核算。

参考文献

［1］唐纳德·鲍尔索克斯，戴维 J.克劳斯，比克斯比·库珀.供应链物流管理［M］. 马士华，黄爽，赵婷婷，译.北京：机械工业出版社，2010.

［2］艾伦.哈里森，等.物流管理［M］.李严锋，李婷，等译.4版.北京：机械工业 出版社，2006.

［3］唐纳德 J.鲍尔索克斯，戴维 J.克劳斯.物流管理：供应链一体化过程［M］. 林国龙，等译.北京：机械工业出版社，2006.

［4］罗纳德·H.巴罗.企业物流管理：供应链的规划，组织和控制［M］.王晓东，等 译.北京：机械工业出版社，2006.

［5］小保罗·R.墨菲，唐纳德·F.伍德.当代物流学［M］.陈荣秋，等译.9版.北 京：中国人民大学出版社，2009.

［6］汉斯·克里斯蒂安·波弗尔.物流前沿：实践·创新·前景［M］.沈欣，译.北 京：机械工业出版社，2006.

［7］兰伯特，斯托克，埃拉姆.物流管理［M］.张文杰，叶龙，刘秉镰，译.北京：电 子工业出版社，2006.

［8］科伊尔，巴蒂，兰利.企业物流管理：供应链视角［M］.文武，等译.7版.北 京：电子工业出版社，2005.

［9］闫丽丽.物流管理基础［M］.西安：西北工业大学出版社，2015.

［10］黄中鼎.现代物流管理［M］.上海：复旦大学出版社，2009.

［11］王槐林，刘明菲.物流管理学［M］.武汉：武汉大学出版社，2010.

［12］曾剑，王景锋，邹敏.物流管理基础［M］.北京：机械工业出版社，2005.

［13］李吟龙.现代物流基础［M］.北京：人民交通出版社，2004.

［14］甘卫华，尹春建.现代物流基础［M］.北京：电子工业出版社，2005.

［15］张铎，周建勤.电子商务物流管理［M］.北京：高等教育出版社，2001.

［16］桂寿平.物流学基础理论［M］.广州：华南理工大学出版社，2004.

［17］刘伟主.物流管理概论［M］.北京：电子工业出版社，2004.

［18］杨茅甄.集装箱运输实务［M］.北京：高等教育出版社，2004.

［19］张余华.现代物流管理［M］.北京：清华大学出版社，2013.